Manuel d'histoire globale

Comprendre le *« global turn »*
des sciences humaines

Du même auteur

Ouvrages

– *Che Guevara*, Paris, Ellipses, collection « Biographies historiques », 2011.
– *Histoire de l'Unesco. 1945-1974*, Paris, L'Harmattan, 2010 (préface de Pascal Ory).
– *Histoire des relations internationales depuis 1945*, Paris, Ellipses, collection « Optimum », 2010.
– *Géopolitique des impérialismes*, Paris, Studyrama, 2009.
– *La Chine et le monde*, Paris, Studyrama, 2008.

Direction d'ouvrage

– *Essais d'histoire globale*, Paris, L'Harmattan, IHMC, 2013 (préface de Christophe Charle).

Coordination de numéros de revues

– Dossier « Pourquoi l'histoire mondiale ? », *Les Cahiers d'histoire. Revue d'histoire critique*, n° 121, avril-juin 2013.
– Dossier « L'écriture de l'histoire dans les pays en développement », *Revue Tiers Monde*, n° 216, octobre-décembre 2013.

Chloé Maurel

Manuel d'histoire globale

Comprendre le « *global turn* » des sciences humaines

ARMAND COLIN

Collection U
Histoire

Illustration de couverture : *Quartier des affaires de Pudong*
©Maximum koncept7/Wikitravel
Maquette de couverture : L'Agence libre

© Armand Colin, 2014
Armand Colin est une marque de Dunod Editeur, 5 rue Laromiguière, 75005 Paris
ISBN 978-2-200-27859-5

Tous droits de traduction, d'adaptation et de reproduction par tous procédés, réservés pour tous pays. Toute reproduction ou représentation intégrale ou partielle, par quelque procédé que ce soit, des pages publiées dans le présent ouvrage, faite sans l'autorisation de l'éditeur, est illicite et constitue une contrefaçon. Seules sont autorisées, d'une part, les reproductions strictement réservées à l'usage privé du copiste et non destinées à une utilisation collective et, d'autre part, les courtes citations justifiées par le caractère scientifique ou d'information de l'œuvre dans laquelle elles sont incorporées (art. L. 122-4, L. 122-5 et L. 335-2 du Code de la propriété intellectuelle).

Introduction générale

À l'image du mouvement des « indignés » qui, après la parution en 2010 du texte *Indignez-vous* de Stéphane Hessel, s'est développé spontanément dans différents pays d'Europe et du monde, de l'Espagne aux États-Unis, en passant par la Grèce et Israël, de nombreux phénomènes qui dépassent aujourd'hui les frontières nationales et acquièrent une dimension mondiale. Quel angle d'analyse adopter à l'égard de ces phénomènes transnationaux ?

Depuis une trentaine d'années, le courant de la *world history* ou *global history*, apparu initialement aux États-Unis, a connu un développement intense et a suscité un fort engouement dans le monde anglo-saxon. L'expression « *world history* » part du principe que seule l'échelle du monde entier fournit le cadre permettant de comprendre les phénomènes historiques. On peut comparer le « tournant global » (« *global turn* ») que connaît l'histoire avec celui qu'ont connu d'autres disciplines des sciences sociales[1]. L'émergence de ce courant amène plusieurs questions : doit-on le considérer comme une forme nouvelle du comparatisme tel que l'avait défini Marc Bloch dès 1928 ? Ou faut-il, comme l'évoque Roger Chartier, « l'entendre comme l'identification de différents espaces, ou « régions » au sens braudélien du terme, qui trouvent leur unité historique dans les réseaux de relations et d'échanges qui les constituent, indépendamment des souverainetés étatiques ? »[2] Ou encore, faut-il considérer cette histoire comme étant avant tout, celle des contacts, des rencontres, des acculturations et des métissages ?

Paradoxalement, en France, ce courant a longtemps suscité la méfiance et les réticences de la communauté historienne, avant d'inspirer récemment un nombre croissant de recherches.

Au début des années 2000, l'histoire mondiale/globale apparaissait essentiellement comme un courant développé avant tout dans le monde anglo-saxon, avec la *World History Association* créée en 1982, le *Journal of world history* créé en 1990 et le *Journal of global history* créé en 2006. En Europe, l'Allemagne apparaissait pionnière, avec la revue *Comparativ* créée en 1991 et la *Zeitschrift für Weltgeschichte* créée en 2000 ainsi que le forum en ligne *geschichte transnational* créé en 2004.

---

1. Cf. le colloque organisé en septembre 2010 à l'Unesco sur le tournant global des sciences humaines.
2. *Actes du XIXᵉ Congrès International des Sciences Historiques*, Oslo, 2000, « Mondialisation de l'histoire : concepts et méthodologie », p. 3-52, cité par Roger Chartier, « La conscience de la globalité (commentaire) », *Annales. Histoire, Sciences Sociales*, 2001/1, 56ᵉ année, p. 119-123.

Puis, plusieurs travaux importants d'histoire globale sont parus en France. Après un dossier pionnier des *Annales* en 2001 intitulé « Une histoire à l'échelle globale » comportant notamment des articles de Sanjay Subramanyam, de Serge Gruzinski et de Roger Chartier[3], le livre de synthèse *Histoire globale. Un nouveau regard sur le monde*[4], coordonné par Laurent Testot aux éditions Sciences humaines, le numéro de la *Revue d'histoire moderne et contemporaine* sur « Histoire globale, histoires connectées : un changement d'échelle historiographique ? » coordonné par Caroline Douki et Philippe Minard (2007)[5], et le numéro intitulé « Écrire l'histoire du monde » de la revue *Le Débat* (2009)[6]. Les économistes Philippe Norel et Philippe Beaujard ont publié, avec l'ethnologue Laurent Berger, un recueil intitulé *Histoire globale, mondialisations et capitalisme* (2009)[7]. De plus, à l'initiative de Philippe Norel, a été créé en 2010 un blog intitulé « Histoire globale », lié à la revue Sciences humaines et géré par Laurent Testot, Philippe Norel et Vincent Capdepuy ; ce blog dynamique publie chaque semaine de courts articles stimulants sur des tendances, questionnements et ouvrages récents en histoire globale. Laurent Testot et Philippe Norel en ont tiré un livre intitulé *Une histoire du monde global* paru en 2012[8]. Enfin, en 2013, Alain Caillé et Stéphane Dufoix ont publié l'ouvrage collectif *Le « tournant global » des sciences sociales*[9].

La création récente de réseaux continentaux d'histoire globale – le *European Network in Universal and Global History* (ENIUGH) en 2000, la *Asian Association of world historians* (AAWH) en 2008, le Réseau africain d'histoire mondiale en 2009, chapeautés par le *Network of Global and World History Organizations* (NOGWHISTO, créé en 2010), et les congrès qu'ils organisent, de même que les congrès annuels de la *World History Association*, à quoi s'ajoute la création de nouvelles revues comme en France la revue *Monde(s). Histoire, espaces, relations*, créée en 2012 sous l'impulsion de Robert Frank, et au niveau international la revue d'histoire sociale mondiale *Workers of the world* créée en 2012 à l'initiative notamment de Marcel van der Linden, apparaissent prometteurs de nouveaux travaux et de synergies transnationales en histoire globale.

Comment a émergé ce courant ? Comment se définit la *world history*, quelles sont ses spécificités, ses innovations, par rapport aux courants précédents ? La *world history* est-elle en rupture avec l'histoire universelle telle qu'on la pratique depuis les siècles passés ? Quelle est la distinction entre *world history* et *global history* ? Comment a évolué ce courant jusqu'à nos jours ? Quelle a été sa réception en France ? Enfin, quel est l'état actuel de la recherche en histoire mondiale/globale ? C'est à toutes ces questions que cet ouvrage s'efforce d'apporter des réponses aussi claires et précises que possible.

---

3. *Annales. Histoire, Sciences Sociales*, 56ᵉ année, 2001/1.
4. *Histoire globale. Un nouveau regard sur le monde*, coordonné par Laurent Testot, Paris, Sciences humaines, 2008.
5. *Revue d'histoire moderne et contemporaine*, « Histoire globale, histoires connectées : un changement d'échelle historiographique ? », coordonné par Caroline Douki et Philippe Minard, numéro spécial, 54-4 bis, 2007.
6. *Le Débat*, numéro intitulé « Écrire l'histoire du monde », mars-avril 2009, n° 154, 2009/2.
7. Philippe Norel, Philippe Beaujard, Laurent Berger (dir.), *Histoire globale, mondialisations et capitalisme*, Paris, La Découverte, 2009.
8. Laurent Testot, Philippe Norel, *Une histoire du monde global*, Paris, Sciences Humaines, 2012.
9. A. Caillé et S. Dufoix (dir.), *Le « tournant global » des sciences sociales*, Paris, La Découverte, 2013.

Première partie

Historique de l'histoire globale

L'histoire globale, qu'on considère souvent comme une innovation apparue récemment aux États-Unis, a en fait une longue histoire. Elle puise ses racines dans l'Antiquité : en effet, aux origines de l'histoire globale, il y a l'histoire comparée, et celle-ci a été pratiquée, sans encore être théorisée comme telle, par Hérodote et d'autres historiens de l'Antiquité. L'histoire comparée a connu une évolution au cours des siècles mais s'est surtout véritablement développée au XXe siècle. L'histoire globale puise aussi ses racines dans le courant de l'histoire universelle, qui lui aussi remonte à l'Antiquité.

Mais c'est effectivement à partir du milieu du XXe siècle qu'est véritablement apparue l'histoire mondiale, dans le climat universaliste de l'après-guerre. Ce courant se caractérise alors par une conception pacifiste. Si c'est surtout aux États-Unis que l'histoire mondiale s'est développée alors, il est important de noter qu'elle a eu des précurseurs français, tel Fernand Braudel. Les pères fondateurs américains de l'histoire mondiale, au rang desquels figurent William McNeill et Immanuel Wallerstein, peuvent être regroupés en trois générations successives. Depuis les années 1980, l'histoire mondiale a connu un formidable essor aux États-Unis, se traduisant par la parution de nombreux ouvrages.

Si le terme de *world history* a dominé dans les débuts, peu à peu l'appellation, proche, mais distincte, de *global history*, a gagné du terrain. Le terme « global » met l'accent sur l'accroissement des phénomènes d'interdépendance et des processus d'intégration à l'échelle de la planète. Ainsi, plus encore que l'histoire mondiale, l'histoire globale tend à être pensée dans le cadre du phénomène de la mondialisation.

L'histoire globale se caractérise en outre par une forte aspiration interdisciplinaire, ce qui a donné lieu à des travaux novateurs, mêlant les compétences de l'historien à celle de l'archéologue, du biologiste, du géographe, etc., à l'image des travaux de Jared Diamond sur le rôle des facteurs biologiques dans l'évolution des civilisations. De plus, l'histoire globale permet de décentrer le regard vers des régions du monde souvent négligées par l'historien classique, et donne lieu à des innovations méthodologiques, comme l'illustre le jeu sur les échelles, le va-et-vient entre local et global qu'elle permet.

Comment a émergé l'histoire mondiale ? Comment est-on passé peu à peu de l'histoire mondiale à l'histoire globale ? Quelles sont les différentes innovations méthodologiques et épistémologiques qu'offre ce courant ? Comment l'histoire globale met-elle à contribution les différentes disciplines, de l'anthropologie à l'économie ? Quelles sont les différentes facettes de ce courant multiforme, qui utilise les apports des *cultural*, *postcolonial* et *subaltern studies*, et qui se décompose en plusieurs courants voisins : histoire transnationale, connectée, croisée, partagée… ?

Un panorama historique méthodique de l'histoire mondiale/globale permettra de répondre à ces questions.

Chapitre 1

L'histoire comparée et l'histoire universelle

Il convient pour commencer de présenter l'apparition et l'évolution de l'histoire comparée, d'expliciter ses conceptions, ses objectifs, ses méthodes, et l'intérêt de cette démarche[1].

Avant le XXe siècle : les origines de l'histoire comparée

Un précoce usage de la comparaison en histoire dès l'Antiquité

Dès l'Antiquité grecque, la méthode comparative a été utilisée par des historiens grecs, de manière intuitive, sans être théorisée, notamment par l'Ionien Hécatée de Milet, (VIe - Ve siècles avant notre ère) et surtout par Hérodote (Ve siècle avant notre ère). Ses *Histoires* fourmillent de comparaisons : par exemple, il compare les habitudes funéraires des Spartiates avec celles des Perses, ou encore les pratiques religieuses des Perses et celles des Grecs, et leurs régimes politiques respectifs. Il fait donc aussi bien des comparaisons « ethnographiques » que « politiques ». Plus tard, le grec Polybe (IIe siècle avant notre ère) utilise aussi les comparaisons historiques, notamment pour comparer des batailles militaires.

À l'époque romaine, Denys d'Halicarnasse (Ier siècle avant notre ère), dans ses *Antiquités romaines*, effectue une multitude de comparaisons entre la Grèce et Rome. Mais un des exemples les plus révélateurs à l'époque romaine est celui de Plutarque (IIe siècle de notre ère). Dans ses *Vies parallèles*, il met systématiquement en parallèle un personnage grec et un personnage romain : il veut montrer qu'en face de chaque Grec illustre peut se présenter un Romain qui soit de même niveau. Son livre se constitue ainsi de 22 couples de grands hommes (ex : Thésée – Romulus ; Démosthène – Cicéron).

---

[1]. Cet historique de l'histoire comparée s'appuie sur : Jean-Marie Hannick, « Brève histoire de l'histoire comparée », in G. Jucquois et Chr. Vielle (dir.), *Le comparatisme dans les sciences de l'homme. Approches pluridisciplinaires*, Bruxelles, De Boeck, 2000, p. 301-327.

Comparaison et élargissement des horizons à la Renaissance et à l'époque moderne (XVIe - XVIIIe siècles)

Au XVIe siècle, avec la Renaissance, le comparatisme connaît un nouvel essor, car les grandes découvertes ont élargi les horizons, et car le retour aux sources de l'Antiquité remet à l'honneur les historiens grecs comme Hérodote et Polybe. Vers le milieu du XVIe siècle, le Français Jean Bodin publie *Méthode pour la connaissance facile de l'histoire*, vaste réflexion sur l'histoire universelle, dont certaines parties sont fondées sur le comparatisme.

Une dizaine d'années plus tard, l'érudit français Loys Le Roy fait paraître un ouvrage appelé *De la vicissitude ou variété des choses de l'univers*, qui se fonde entièrement sur des comparaisons. Par exemple, un de ses chapitres s'intitule : « Comparaison des Romains avec les Égyptiens, Assyriens, Perses, Grecs, Parthes : en puissance, militie, sçavoir, langage, éloquence, poésie, et és ouvrages des autres ars... »

Au XVIIIe siècle, les historiens et notamment les historiens du droit et des institutions multiplient le recours au comparatisme. Au milieu du XVIIIe siècle, les philosophes des Lumières s'y emploient : Montesquieu l'utilise dans son *Essai sur les causes qui peuvent affecter les esprits et les caractères* ; il affirme son adhésion au comparatisme, soulignant que « la faculté principale de l'âme est de comparer ». C'est également entre autres Voltaire, qui, dans ses œuvres historiques (moins connues que ses œuvres philosophiques), utilise souvent la comparaison, notamment dans son *Essai sur les mœurs et l'esprit des nations et sur les principaux faits de l'histoire depuis Charlemagne jusqu'à Louis XIII*.

Une volonté de comparaison rigoureuse au XIXe siècle

À partir du XIXe siècle, l'emploi de la comparaison en histoire revêt un caractère plus sérieux et scientifique. Le comparatisme est utilisé dans l'étude des sociétés anciennes. Par exemple, Fustel de Coulanges emploie le comparatisme pour étudier en les confrontant les sociétés grecque et romaine[2].

Plus original, l'anthropologue britannique Henry Maine analyse l'histoire de la propriété foncière sous la Rome antique grâce à des comparaisons avec l'Inde. Avec *Les communautés villageoises d'Orient et d'Occident* (1871), il compare ces deux systèmes et s'attache notamment à analyser les influences réciproques. C'est novateur car une telle comparaison entre deux zones si éloignées n'avait alors jamais été faite.

Le véritable développement de l'histoire comparée au XXe siècle

C'est surtout au XXe siècle que l'histoire comparée connaît un développement théorique important et qu'elle devient un véritable courant de l'histoire,

---

2. Fustel de Coulanges, *La Cité antique. Étude sur le culte, le droit, les institutions de la Grèce et de Rome*, 1864.

officiellement revendiqué, avec des tentatives pour définir une méthode claire et rigoureuse.

Un essor notable au début du xxᵉ siècle

L'influence du développement des sciences sociales au tournant du xxᵉ siècle

L'essor de l'histoire comparée au tournant du xxᵉ siècle s'explique par le modèle des « sciences sociales » alors en train d'émerger, comme la linguistique ou la sociologie, qui se développent alors en France et en Allemagne. Ainsi Émile Dukheim, pionnier et fondateur de la sociologie moderne, écrit, dans la revue *L'Année Sociologique* : « L'histoire ne peut être une science que dans la mesure où elle explique, et l'on ne peut expliquer qu'en comparant ».

En 1900, l'historien allemand Karl Lamprecht, dans un article publié dans la *Revue de Synthèse Historique,* distingue, dans la méthode historique, une méthode inférieure (c'est-à-dire simplement descriptive et linéaire) et une méthode supérieure qu'il identifie avec la méthode comparative : « Il est nécessaire que les faits soient rapprochés les uns des autres, qu'ils soient comparés les uns avec les autres, et c'est ainsi que se découvrira leur sens profond, leur étroite relation ».

L'histoire comparée comme remède à l'histoire nationale et événementielle ?

En 1923, l'historien belge Henri Pirenne prononce un discours intitulé « La Méthode comparative en histoire ». Il critique l'histoire nationale, événementielle (qui avait connu un essor depuis le xixᵉ siècle, avec l'émergence du nationalisme, de l'idée d'État-nation) ; il dénonce notamment son orientation strictement nationale, qu'il juge trop patriotique ; il estime que cette histoire nationale a attisé les haines entre peuples et nations et aurait, selon lui, eu une responsabilité dans la Première Guerre mondiale (cette histoire se serait mise au service de la propagande). Il reproche aussi à cette histoire nationale d'être ethnocentrique et de cautionner la théorie des races, au détriment de la vérité historique, afin de légitimer le système colonial.

Pour lui, le remède à ces défauts est dans la méthode comparative. Il appelle donc les historiens à s'élever au-dessus de la stricte perspective nationale, afin de gagner en objectivité. Pour lui, l'histoire comparée irait donc de pair avec l'« histoire supranationale » : il s'agit de s'élever au-dessus des frontières étatiques, des cloisonnements nationaux.

L'historien Marc Bloch va approfondir ces réflexions et contribuer à donner une définition, une méthode et des objectifs plus précis à l'histoire comparée.

Le rôle déterminant de Marc Bloch (années 1920-1930)

L'historien médiéviste français Marc Bloch, (l'un des fondateurs de la revue et du mouvement historique des *Annales* en 1929), joue un rôle important pour donner une définition, une méthode et des objectifs plus précis à l'histoire comparée. Dès le début des années 1920, Marc Bloch s'intéresse beaucoup à la méthode comparative, à laquelle il a été introduit par la lecture de travaux de linguistique comparée. En 1924, dans son ouvrage *Les Rois thaumaturges. Essai sur le carac-*

tère surnaturel attribué à la puissance royale particulièrement en France et en Angleterre, il compare plusieurs pays (notamment la France et l'Angleterre). Il s'efforce de convaincre ses collègues de l'importance de l'histoire comparée. La même année, en 1924, il écrit, dans une lettre à son collègue Henri Berr : « toutes mes tendances d'esprit vont précisément vers l'histoire *comparée* ».

En 1930, il rédige pour un ouvrage collectif, le *Vocabulaire historique* mis en chantier par Henri Berr dans le cadre du *Centre International de Synthèse*, un article intitulé « Comparaison » (1930), dans lequel il s'efforce de définir l'histoire comparée et d'exposer clairement et rigoureusement son objet, ses méthodes, ses enjeux. Pour Marc Bloch, la méthode comparative consiste à « rechercher, afin de les expliquer, les ressemblances et les dissemblances qu'offrent des séries de nature analogue, empruntées à des milieux sociaux différents ». Selon lui, pour qu'on puisse réellement parler d'histoire comparée, il faut que deux conditions soient remplies : 1) « une certaine similitude entre les faits observés », et 2) « une certaine dissemblance entre les milieux où ils se sont produits ». Il précise aussi que la méthode peut s'appliquer de deux manières très différentes. 1) On peut comparer des sociétés très distantes dans l'espace et le temps, et alors dans ce cas, si on observe d'éventuelles analogies entre elles, cela ne peut pas s'expliquer par des influences de l'une sur l'autre, ni par une origine commune ; ou 2) « étudier parallèlement des sociétés à la fois voisines et contemporaines, sans cesse influencées les unes par les autres, soumises dans leur développement (...) à l'action des mêmes grandes causes, et remontant, partiellement du moins, à une origine commune », et pour Marc Bloch ce second type de méthode comparative est le plus intéressant, « scientifiquement le plus riche ».

Quel est le but de l'histoire comparée, selon Marc Bloch ? L'histoire comparée a d'abord une fonction heuristique, c'est-à-dire qu'elle permet de découvrir des phénomènes qu'on n'aurait pas aperçus à tel endroit si on n'avait pas eu en tête des réalités du même genre, plus visibles dans d'autres milieux, et si on n'avait pas adopté une vision d'ensemble, plus large.

En outre, pour Marc Bloch l'histoire comparée est également susceptible d'aider à interpréter des faits historiques, dans la mesure où elle permet d'éviter des erreurs : elle permet à l'historien d'éviter de faire de fausses analogies ; en effet, cela peut lui éviter d'être tenté d'expliquer des phénomènes généraux par des causes purement locales.

Marc Bloch attachait beaucoup d'importance à l'histoire comparée : il a ainsi candidaté à deux reprises, à la fin des années 1920 et au début des années 1930, au Collège de France, en vue de la création d'une chaire d'« Histoire comparée des sociétés européennes ». Mais cela a échoué, il s'est heurté à la résistance et au traditionalisme de cette institution et de la communauté intellectuelle de l'époque.

Toutefois, dans les années suivantes, les efforts de Marc Bloch pour diffuser l'histoire comparée semblent porter leurs fruits, puisque d'autres historiens revendiquent faire de l'histoire comparée. Par exemple, l'historien positiviste Charles Seignobos publie en 1933 un *Essai d'une histoire comparée des peuples de l'Europe* : il est remarquable d'observer l'emploi du terme « histoire comparée » dès le titre, ce qui montre que Seignobos revendique cette méthode.

Mais en réalité Seignobos, dans ce livre, comme beaucoup d'autres historiens de l'époque, se contente en réalité d'une approche descriptive, qui aborde l'histoire de différents peuples les uns après les autres, en parallèle, mais sans comparaison réflexive. C'est à partir de la seconde moitié du XXe siècle que l'histoire comparée va réellement progresser.

La réalisation d'importantes études d'histoire comparée dans la seconde moitié du XXe siècle

Dans la seconde moitié du XXe siècle, les travaux d'histoire comparée connaissent un nouveau développement. Des contributions de poids à ce courant sont publiées en Occident.

L'histoire comparée du despotisme et du féodalisme

En 1957 le sinologue américain d'origine allemande Karl August Wittfogel publie aux États-Unis *Le despotisme oriental : une étude comparative du pouvoir total*[3]. Dans ce livre érudit, il étudie l'émergence de l'État despotique dans l'Égypte ancienne, en Mésopotamie, en Inde, en Chine et associe cette forme d'organisation politique aux nécessités de l'irrigation : on serait en présence de civilisations « hydrauliques ». C'est une véritable histoire comparée, au sens où la démarche de prendre un cadre spatio-temporel large (incluant plusieurs grandes aires de civilisation et une longue période de temps) permet de faire des liens, d'identifier des mécanismes, des logiques qui autrement ne seraient pas apparus s'il s'était contenté d'étudier un seul objet, plus restreint dans l'espace et dans le temps.

Wittfogel propose de voir dans l'organisation centralisée des grands travaux hydrauliques le fondement social du « despotisme oriental », catégorie qu'il applique non seulement aux sociétés hydrauliques anciennes, mais aussi par exemple à l'URSS de Staline. Son analyse s'appuie sur la notion de « mode de production asiatique » développée par Karl Marx. Les analyses de Wittfogel suscitent rapidement un débat à l'échelle internationale, notamment du fait de leurs implications politiques, en cette époque de guerre froide. D'abord communiste et marxiste, Wittfogel est devenu ensuite anticommuniste. Le travail de Wittfogel constitue un jalon important dans l'histoire comparée, même si, en raison de son caractère idéologique, il a été jugé avec sévérité par l'historien français Pierre Vidal-Naquet (dans la préface à la traduction française).

Outre le thème du despotisme, la démarche de l'histoire comparée a permis d'étudier plusieurs autres phénomènes transnationaux, c'est-à-dire des phénomènes qui se sont développés sur des périodes assez étendues et dans des espaces plus larges que ceux d'un seul État. Par exemple, des travaux ont été menés sur le féodalisme : en 1956, l'Américain Rushton Coulborn a édité un ouvrage collectif : *Feudalism in History*, rassemblant les contributions d'une

---

3. Karl August Wittfogel, *Oriental Despotism: A Comparative Study of Total Power*, New Haven, Connecticut, Yale University Press, 1957.

dizaine d'auteurs, et couvrant un terrain immense, de l'Europe occidentale au Japon, en passant par l'Égypte ancienne, la Mésopotamie et Byzance[4].

L'histoire comparée du colonialisme et de l'impérialisme

Dans la seconde moitié du XXe siècle, l'histoire comparée se développe notamment dans le domaine de l'étude du phénomène colonial. Ainsi dès 1950, les historiens américains Merril Jensen et Robert Reynolds publient un article intitulé « L'expérience coloniale européenne. Un appel à des études comparatives », dans lequel ils revendiquent explicitement le recours à l'approche de l'histoire comparée pour étudier le phénomène colonial[5].

En 1958, l'historien britannique Ronald Syme, spécialiste d'histoire ancienne, professeur à Oxford, publie *Colonial Elites. Rome, Spain and the Americas*. Il y compare la colonisation menée par les Romains en Espagne dans l'Antiquité, à la colonisation menée aux XVIe - XVIIe siècles par les Espagnols en Amérique latine et aux XVIIe - XVIIIe siècles par les Britanniques en Amérique du Nord (Nouvelle-Angleterre). Il compare donc des zones géographiques et des époques très différentes[6].

L'histoire comparée s'est aussi penchée sur un autre thème transnational, qui englobe le colonialisme, en étant plus large que lui : l'impérialisme[7]. En 1965 l'historien britannique Peter Brunt se livre à une comparaison entre l'impérialisme romain de l'Antiquité et l'impérialisme britannique des XVIIIe - XIX - XXe siècles[8]. Lui aussi donc se livre à des comparaisons à travers l'espace et le temps.

Un récent essor du comparatisme dans le domaine de l'histoire culturelle

À partir des années 1980, avec l'essor du courant de l'histoire culturelle, des historiens occidentaux ont mené des travaux d'histoire comparée dans ce domaine. Un des plus remarquables exemples est donné par les travaux de l'historien français Christophe Charle, portant sur l'histoire sociale et culturelle comparée de l'Europe au XIXe siècle et au début du XXe siècle. Avec *Capitales culturelles, capitales symboliques. Paris et les expériences européennes, XVIIIe - XXe siècles* (2002), *Capitales européennes et rayonnement culturel, XVIIIe - XXe siècle* (2004), et *Le temps des capitales culturelles* (2009), il se livre à l'examen comparé de secteurs très divers de la vie culturelle (le théâtre, le musée, la mode, les concours artistiques, les événements sportifs, les célébrations religieuses ou le tourisme) de plusieurs capitales (Paris, Rome, Londres, Weimar, Chicago...) sur une période large. Par là, il analyse les réussites ou les échecs de transferts de modèles culturels ; cela met en lumière les polarisations de longue durée des espaces

---

4. Rushton Coulborn (dir.), *Feudalism in History*, Princeton, Princeton university press, 1956.
5. Merril Jensen et Robert Reynolds, « European Colonial Experience: A. Plea for Comparative Studies », in *Studi in Onore di Gino Luzxato* (4 vols., Milan, Italy, 1950), vol. IV, p. 75- 90.
6. Ronald Syme, *Colonial Elites. Rome, Spain and the Americas*, Oxford University Press, 1958.
7. Sur l'impérialisme, cf. Chloé Maurel, *Géopolitique des impérialismes*, Paris, Studyrama, 2009.
8. Peter Brunt, « Reflections on British and Roman Imperialism », in *Comparative Studies in Society and History*, 7.3, 1965, p. 267-288.

nationaux et des champs de production culturelle en Europe[9]. Il montre aussi les dissymétries dans les perceptions d'une culture par une autre culture : ainsi, les Italiens cultivés du XIXe siècle connaissent l'Angleterre à travers les romans anglais traduits, tandis que leurs équivalents anglais ne perçoivent l'Italie qu'à travers leurs propres projections romanesques ou les récits de voyages anglais.

Pourtant, malgré ces brillants travaux, l'histoire comparée a longtemps souffert et souffre encore de difficultés à s'imposer.

Les difficultés de l'histoire comparée à s'imposer

Un courant qui demeure marginalisé...

Malgré le plaidoyer en faveur de l'histoire comparée lancé en 2000 par Marcel Détienne avec son livre *Comparer l'incomparable*[10], dans lequel il appelle à transcender à la fois les frontières des disciplines et celles des terrains géographiques, le comparatisme semble avoir eu des difficultés à acquérir vraiment droit de cité dans le monde des historiens. On constate qu'il n'y a pas beaucoup de revues spécialisées qui aient adopté cette perspective. Exception notable, mentionnons la revue *Comparative Studies in Society and History* créée en 1958. Mais même dans cette revue, comme dans les autres rares revues d'histoire comparée, s'il est vrai que les différents articles concernent des régions du monde variées, en fait les études proprement comparatives y sont finalement assez rares. Il existe en réalité aujourd'hui beaucoup plus des revues par zones géographiques, par aires culturelles (par exemple en France : *Cahiers d'études africaines, Cahiers des Amériques latines*) que des revues d'histoire réellement comparée. De plus, dans les dernières décennies, le nombre de réunions, séminaires et colloques scientifiques consacrées spécifiquement à l'histoire comparée est resté proportionnellement faible. Et, dans les bibliographies des ouvrages d'histoire, il est assez peu fréquent que figure une rubrique « histoire comparée ». Même des entreprises bibliographiques reconnues et de grande ampleur comme l'*International Bibliography of Historical Sciences*, qui recense chaque année les publications faites en histoire, semble ignorer l'histoire comparée puisque parmi ses nombreuses rubriques ne figure pas la rubrique « histoire comparée ».

Comment expliquer cette difficulté de l'histoire comparée à réellement s'imposer auprès de la communauté des historiens, alors que s'est faite depuis plusieurs décennies la prise de conscience de l'importance de cette démarche, de l'intérêt, des avantages qu'elle présente pour analyser des phénomènes historiques ?

---

9. Christophe Charle, Daniel Roche (dir.), *Capitales culturelles capitales symboliques, Paris et les expériences européennes, XVIIIe-XXe siècles*, Paris, Publications de la Sorbonne, 2002 ; Christophe Charle, *Capitales européennes et rayonnement culturel, XVIIIe-XXe siècles*, Paris, Éditions rue d'Ulm, 2004 ; et Christophe Charle (dir.), *Le temps des capitales culturelles, XVIIIe-XXe siècles*, Seyssel, Champ Vallon (Époques), 2009.
10. Marcel Détienne, *Comparer l'incomparable*, Paris, Seuil, 2000.

... à cause d'un flou méthodologique persistant et de difficultés pratiques

Malgré les efforts fournis par Marc Bloch dans les années 1920-1930 pour clarifier les idées sur l'histoire comparée, pour apporter une définition précise, pour dégager les objectifs et la méthode, en fait aujourd'hui encore, on manque toujours d'une véritable méthodologie de l'histoire comparée qui en fixerait les buts et les conditions de validité, et en tout cas on manque d'un consensus clair sur l'histoire comparée. Ainsi en 1971, l'historien français Paul Veyne observait : « Le difficile est de dire où cesse l'histoire tout court, où commence l'histoire comparée »

Donc finalement, l'engouement pour l'histoire comparée paraît s'être quelque peu refroidi. D'autant plus qu'en fait des réticences ont toujours subsisté de la part de nombreux historiens restés attachés aux habitudes traditionnelles, c'est-à-dire au cadre national et au caractère resserré dans le temps et dans l'espace, d'un travail historique ; beaucoup d'historiens continuent à valoriser la spécialisation sur un sujet restreint, et considèrent que, lorsqu'on traite un sujet large, dans le temps et l'espace, c'est-à-dire un sujet qui permet de faire des comparaisons, ce n'est pas sérieux, ce serait de la vulgarisation, du survol, en tout cas un travail trop superficiel.

Une autre raison de la difficulté de l'histoire comparée à s'imposer résiderait dans les difficultés concrètes à pratiquer ce type d'histoire, au caractère exigeant, malaisé, de la recherche en histoire comparée. En effet, cela demande de connaître de nombreuses langues étrangères, de se déplacer dans des lieux d'archives éloignés, d'assimiler une énorme bibliographie, d'avoir des connaissances à la fois précises et très étendues, donc quasiment encyclopédiques. Ce dernier aspect rapproche l'histoire comparée d'un autre courant, qui lui aussi plonge ses racines dans les siècles passés : l'histoire universelle.

Une autre origine de l'histoire globale : l'histoire universelle

L'histoire universelle se pratique depuis plusieurs siècles. Dès l'Antiquité, des auteurs ont écrit des histoires universelles. La *Bibliothèque historique* écrite par Diodore de Sicile est une somme de 40 livres (dont il n'en reste aujourd'hui que 15) : cette histoire à vocation totalisante couvre une vaste période, du commencement mythologique du monde à Jules César[11].

Plus tard, l'Allemagne a été un centre important de l'histoire universelle. Ce pays a une longue tradition d'histoire universelle, appelée d'abord « Universalhistorie » puis à partir de la fin du XVIIIe siècle « Weltgeschichte »[12].

---

11. *Bibliothèque historique*, tome 1 : *Introduction générale*, par François Chamoux et Pierre Bertrac, Les Belles Lettres, 1972, rééd. 2002.
12. Katja Naumann et Matthias Middell, « Weltgeschichte et histoire globale en Allemagne », in *Revue de l'institut français d'histoire en Allemagne*, n°2, 2010, p. 247-284.

Au XIXe siècle, les spécialistes allemands de ce courant ont fourni des réflexions éclairantes, qui irrigueront celles des spécialistes d'histoire mondiale/globale plus tard : ainsi, Hans-Ferdinand Helmot et Friedrich Ratzel, le fondateur de l'anthropogéographie (fin XIXe siècle) ont développé l'idée que « les peuples sont par essence métissés, et ne sont considérés comme originaux que par erreur de perspective ». Helmot a écrit une histoire universelle en partant de la double idée qu'il n'y a pas de peuples sans histoire ni de peuples qui soient restés sans influence sur d'autres[13]. L'idée a été reprise par Marc Bloch après la Première Guerre mondiale, puis a été abandonnée pendant une longue période avant de ressurgir récemment.

Des années 1930 aux années 1960, l'histoire universelle a connu un engouement dans plusieurs pays occidentaux. Rien qu'en France, de nombreux exemples peuvent être cités, comme l'*Encyclopédie française* de Lucien Febvre publiée entre 1935 et 1940[14] ; la collection « Destins du monde », que ce même historien a dirigée à partir de 1954 aux éditions Armand Colin[15] ; la collection en sept volumes *Histoire générale des civilisations* dirigée par Maurice Crouzet, et dont il a rédigé lui-même le septième volume : *L'époque contemporaine ; à la recherche d'une civilisation nouvelle* (1957)[16] ; l'*Histoire universelle* de René Grousset, publiée en 1964[17] ; l'ouvrage *Civilisations, peuples et mondes. Grande encyclopédie des civilisations depuis l'Antiquité jusqu'à l'époque contemporaine*, publiée en 7 volumes en 1965-1966 sous la direction de Jean-Baptiste Duroselle[18].

Au Royaume-Uni une entreprise historiographique comparable par ses ambitions totalisantes a exercé une influence importante : *A Study of History* (« étude de l'histoire »), monumentale analyse théorique en douze volumes de l'essor et de la chute des civilisations, que l'historien spiritualiste britannique Arnold Toynbee a fait paraître de 1934 à 1961[19], et dans laquelle il a présenté une vision de l'histoire fondée sur les rythmes universels de la croissance, de l'épanouissement et du déclin, en accordant une place centrale à la religion.

C'est aussi en particulier dans le domaine de l'histoire des sciences que plusieurs grands ouvrages de synthèse ont été publiés au cours du XXe siècle, et notamment au Royaume-Uni, avec par exemple *Introduction to the history of*

---

13. Matthias Middell, « Histoire universelle, histoire globale, transferts culturels », *Revue germanique internationale*, n° 21, 2004, p. 227-244.
14. Lucien Febvre (dir.), *Encyclopédie française*, 11 volumes, parus de 1935 à 1940.
15. Lucien Febvre, « Sur une nouvelle collection d'histoire », *Annales ESC*, vol IX, n°1, janv.-mars 1954, p. 1-6.
16. Maurice Crouzet (dir), *Histoire générale des civilisations*, Paris, PUF, 1953 à 1957 (7 vol).
17. René Grousset, *Histoire universelle*, Paris, Gallimard, La Pléiade, 1987 (première édition, 1964).
18. *Cilvilisations, Peuples et Mondes. Grande encyclopédie des civilisations depuis l'Antiquité jusqu'à l'époque contemporaine*, dir. J.B. Duroselle, Paris, Lidis, 7 vol., 1966.
19. Arnold Toynbee, *A Study of History*: vol. I : *Introduction; The Geneses of Civilizations*; vol. II : *The Geneses of Civilizations*; vol. III : *The Growths of Civilizations* (1934); vol. IV : *The Breakdowns of Civilizations*; vol. V : *The Disintegrations of Civilizations*; vol. VI : *The Disintegrations of Civilizations* (1939); vol. VII : *Universal States; Universal Churches*; vol. VIII : *Heroic Ages; Contacts between Civilizations in Space*; vol. IX : *Contacts between Civilizations in Time; Law and Freedom in History; The Prospects of the Western Civilization*; vol. X : *The Inspirations of Historians; A Note on Chronology* (1954); vol. XI : *Historical Atlas and Gazetteer* (1959); vol. XII : *Reconsiderations* (1961), Oxford University Press; *A Study of History*, 1934-1961, 12 vol., Oxford University Press, USA; *Étude de l'histoire*, trad. de l'anglais par Jacques Potin et Pierre Buisseret, *L'Histoire*, Paris, Payot, 1996.

science de George Sarton (1927), ou *Science in History* de John D Bernal (1954), *History of Technology*, de Charles Singer (1954-1984), et surtout l'imposant *Science and Civilization in China* sous la direction de Joseph Needham, paru à partir de 1950. En France René Taton a publié en 1957 une monumentale *Histoire générale des sciences,* qui fera autorité et sera rééditée plusieurs fois[20]. Ces ouvrages d'histoire des sciences écrits dans une perspective universalisante sont révélateurs d'un esprit positiviste, qui paraît être une des dimensions de l'histoire universelle.

Bien qu'elle ait connu un déclin à partir de la seconde moitié du XXe siècle (se voyant reprocher d'être une simple compilation d'événements sans suffisamment de dimension réflexive), l'histoire universelle n'est pas totalement délaissée de nos jours : certains ouvrages, comme l'*Esquisse d'une histoire universelle* de Jean Baechler, continuent à se revendiquer de ce courant[21]. Surtout, l'histoire universelle, comme l'histoire comparée, est l'une des racines de l'histoire mondiale/globale.

---

20. John D Bernal, *Science in History*, London, Penguin Books, 1954, 4 vol. ; Charles Singer (dir.), *History of technology*, 8 vol., Oxford, Clarendon, 1954-84 ; René Taton, *Histoire générale des sciences*, Paris, PUF, 1957 ; George Sarton, *Introduction to the history of science*, 1927; Joseph Needham (dir.), *Science and Civilisation in China*, Cambridge, 1950 à 1990.

21. Jean Baechler, *Esquisse d'une histoire universelle*, Paris, Fayard, 2002.

Chapitre 2

L'émergence de l'histoire mondiale (*world history*)

Un courant nourri par l'idée de paix

Le climat universaliste de l'après-guerre

Il semble que les racines de l'histoire mondiale plongent dans le climat intellectuel et idéologique de l'immédiat après-guerre, marqué par la prise de conscience de l'unité du monde à l'issue du long conflit armé qui a concerné le monde entier. Les accords de Bretton Woods (1944) et la création de l'ONU (1945), suivie par celle de l'Unesco (1945), ont semblé préfigurer la mise en place d'un « gouvernement mondial », qu'une certaine partie de l'opinion appelait de ses vœux[1]. En 1946 est publiée aux États-Unis une brochure intitulée *One World or None* (qu'on pourrait traduire par « un seul monde ou aucun ») ; contenant des textes de célèbres physiciens comme Einstein et Oppenheimer, et préconisant un gouvernement mondial, capable d'empêcher une course aux armements atomiques. Cette brochure s'est vendue à 100 000 exemplaires aux États-Unis, signe de la pénétration de cet idéal universaliste dans l'opinion[2]. Ce serait dans ce contexte intellectuel qu'aurait germé l'histoire mondiale.

Arnold J. Toynbee, qui a publié de 1934 à 1961 sa monumentale étude *A Study of History*[3], et le philosophe allemand Karl Jaspers, figure importante de l'après-guerre, qui a publié en 1949 *Vom Ursprung und Ziel der Geschichte* (« De l'origine et du but de l'Histoire »), font le constat d'une unification du monde et essaient d'en tirer les conséquences. Tous deux estiment que si l'on ne

---
1. Cf. Chloé Maurel, « Les rêves d'un "gouvernement mondial" des années 1920 aux années 1950. L'exemple de l'Unesco », *Histoire@Politique. Politique, culture, société*, revue électronique du Centre d'histoire de Sciences-Po, n°10, janvier 2010.
2. Krzysztof Pomian, « *World History* : histoire mondiale, histoire universelle », *Le Débat*, 2009/2 (n°154), p. 14-40.
3. Sur la réception de Toynbee aux États-Unis après la guerre, cf. William McNeill, *Arnold J. Toynbee. A Life*, New York, Oxford University Press, 1989, p. 205 et suivantes.

parvient pas à instaurer un gouvernement mondial, l'humanité courra à sa perte. Ils estiment aussi tous deux que l'Europe est en déclin : incapable de maintenir sa domination coloniale en Asie et en Afrique, l'Europe serait amenée à subir la montée en puissance de pays comme la Chine et l'Inde. Toynbee et Jaspers en concluent qu'il faut changer radicalement de point de vue sur l'histoire du monde, en se débarrassant de tout européocentrisme[4].

Les *Peace studies*

Toujours dans le cadre de ce climat universaliste de l'après-guerre, apparaît un courant, les « *Peace Studies* » ou « *Peace Research* », qui irriguera aussi l'histoire mondiale. Les *Peace studies* émergent à partir des années 1940 aux États-Unis, puis se développent beaucoup dans les années 1960-1970, en particulier dans le monde scandinave : après la création en 1960 de l'*International Peace Research Institute* à Oslo par Johan Galtung, la Suédoise Alva Myrdal fonde en 1966 le *Stockholm International Peace Research Institute* ; elle obtiendra le Prix Nobel de la paix en 1982 pour son action en faveur du désarmement dans le cadre de l'ONU. En 1964 est créée la *International Peace Research Association*, et en 1973 la *Peace Science Society*. Par réaction à la guerre du Vietnam, les *Peace Studies* connaissent alors un fort développement dans le monde entier[5].

L'action pionnière de l'Unesco dans le domaine de l'histoire mondiale

À partir de 1947, l'Unesco se lance dans un ambitieux projet : celui d'écrire l'« Histoire de l'Humanité », dans un esprit à la fois pacifiste et positiviste. Une « Commission internationale pour une Histoire du Développement Scientifique et Culturel de l'Humanité » est mise sur pied : il s'agit d'un vaste réseau transnational d'historiens, qui vont travailler, pendant de longues années à écrire ce panorama de l'histoire du monde. L'écriture de l'ouvrage connaîtra des vicissitudes et sa publication, en 8 volumes, ne sera achevée qu'en 1969. Plusieurs historiens des Annales ont été associés à ce projet, comme Charles Morazé et Lucien Febvre. À partir de 1953, dans le cadre de ce projet, l'Unesco fait paraître une revue internationale, les *Cahiers d'histoire mondiale*, qui perdurera jusqu'en 1972. L'ouvrage de l'Unesco, *Histoire du développement scientifique et culturel de l'humanité* est une tentative louable de faire écrire par des savants de différents pays une véritable histoire mondiale. Cette œuvre est, malgré ses défauts, peut être considérée comme un travail précurseur de l'histoire mondiale[6].

---

4. K. Pomian, article cité.
5. Thomas Brun, « À propos du 5e Congrès de l'*International Peace Research Association* », *Politique étrangère*, 1974, vol. 39, n°3, p. 375-381.
6. Sur cette « Histoire de l'Humanité » de l'Unesco, cf. Chloé Maurel, « L'*Histoire de l'Humanité* de l'Unesco (1945-2000) », *Revue d'histoire des sciences humaines*, juin 2010, p. 161-198 ; Katja Naumann, Avenues and Confines of Globalizing the Past : UNESCO's International Commission for a « Scientific and Cultural History of Mankind » (1952-1969), *in* : Madeleine Herren (dir.), *Networks in Times of Transition. Toward a Transcultural History of International Organisations*, Springer, à paraître.

Les précurseurs français de l'histoire mondiale

Plusieurs historiens français peuvent être considérés comme des précurseurs de l'histoire mondiale. Fernand Braudel (1902-1985) se rattache à l'école des Annales, en devenant en 1956 à la mort de Lucien Febvre le chef de file. Il s'efforcera de penser « l'histoire du développement de l'humanité à l'échelle de l'ensemble de la planète », comme l'avait dit Lucien Febvre. Il publie en 1949 *La Méditerranée et le monde méditerranéen à l'époque de Philippe II*, œuvre qui ne tarde pas à être reconnue, en France, puis dans le monde entier, comme profondément novatrice[7]. L'apport fondamental de son œuvre réside dans l'inversion volontaire de l'objet étudié (la Méditerranée au détriment de Philippe II, par réaction aux canons de l'histoire politique dominante alors) et dans la mise en œuvre d'une nouvelle approche de la temporalité historique. Il distingue trois temps : l'histoire presque immobile, dont les fluctuations sont quasi imperceptibles, qui a trait aux rapports de l'homme et du milieu ; l'histoire lentement agitée, une histoire sociale, ayant trait aux groupes humains ; et enfin l'histoire événementielle, dont il relativise l'importance.

Braudel a innové en utilisant le modèle des sciences de la vie pour appréhender les phénomènes historiques et les civilisations, il les appréhende en termes de reconfiguration, de dissémination, d'absorption.

Dans *La Méditerranée...*, il étudie en particulier la culture juive, intéressante car c'est une culture de diaspora vouée à vivre en symbiose avec les cultures des pays d'accueil, une culture de résistance, de survie, et de médiateurs ; il met en valeur le rôle d'intermédiaires économiques et culturels joué par les juifs entre le monde musulman et le monde chrétien.

Braudel applique aux échanges culturels le même modèle qu'aux échanges commerciaux, faisant apparaître les stratégies et enjeux de domination.

En 1962, Fernand Braudel fonde l'École des hautes études en sciences sociales (EHESS) à Paris, institution d'enseignement supérieur et de recherche novatrice. En 1979, il publie *Civilisation matérielle, économie et capitalisme, XVe - XVIIIe siècles*, qui se veut une histoire économique du monde sur quatre siècles, privilégiant les aspects économiques et sociaux plutôt que les événements politiques[8]. Il y défend l'idée que le capitalisme n'est pas une idéologie mais un système économique élaboré progressivement par le jeu de stratégies de pouvoirs. Il considère que le marché et le capitalisme ne sont pas de même nature. Comme l'analyse Laurent Testot, « si l'on peut repérer, dans l'ensemble des aires économiques des XVe - XVIIIe siècles, de l'Europe à la Chine, des fonctionnements où le marché est fondé sur des ensembles d'échanges relativement équilibrés et transparents, parfois sous le contrôle des États, seule l'Europe développe aussi fortement un capitalisme fondé sur la circulation et sur la volonté de sortir des règles du marché. L'objectif de ces marchands est de créer des situations d'oligopole, voire

---

[7]. Fernand Braudel, *La Méditerranée et le monde méditerranéen à l'époque de Philippe II*, Paris, Armand Colin, 1949.
[8]. Fernand Braudel, *Civilisation matérielle, économie et capitalisme, XVe-XVIIIe siècles*, Paris, Armand Colin, 3 vol., 1979.

de monopole. Et cette forme de capitalisme s'appuie non sur la transparence du marché, mais au contraire sur un contrôle inégal de l'information permettant la spéculation. Pour Braudel, c'est ce capitalisme, par essence cosmopolite, qui va permettre à l'Europe de bâtir sa suprématie mondiale à partir du XVe siècle et de transformer son économie-monde restreinte en économie mondiale »[9].

Fernand Braudel réfléchit aussi à la longue durée. Il entend refonder les principes du récit historique au-delà de la simple description de l'événement. Plutôt que de mettre l'accent sur les événements, il appelle à être attentif à la vie quotidienne, celle des paysans (leur travail quotidien, les maladies qui les touchent, leurs façons de manger, de boire, de s'habiller, la fabrication des objets quotidiens). Et il s'efforce de resserrer les liens entre l'histoire et l'ensemble des sciences sociales. Son livre *Civilisation matérielle...* a eu un très grand retentissement international et notamment lors de sa traduction aux États-Unis. En particulier le troisième tome a suscité d'importants échos. Braudel, en lien avec Wallerstein, propose de voir dans le monde du XVe siècle non pas une simple juxtaposition d'aires de civilisations, mais un ensemble d'économies-mondes. Il observe qu'entre le XVe et le XVIIIe siècles, l'économie-monde européenne change d'échelle et se projette dans le monde entier. Ce passage rapide s'explique par la dynamique du capitalisme européen, sa capacité à créer des échanges inégaux. Il met l'accent sur le temps long, minimisant la rupture du XIXe siècle et de la révolution industrielle : « disons que la révolution anglaise, qui s'affirmera au XVIIe siècle, a déjà commencé au XVIe, qu'elle a progressé par paliers ».

Dans *Grammaire des civilisations*, en 1987, il décrit de manière précise les mentalités, les identités et les particularités spécifiques de chaque civilisation dans le monde (civilisation arabo-islamique, chinoise, mongole, indienne, africaine, européenne...)[10]. Cet ouvrage a inspiré Samuel Huntington pour son œuvre phare, *Le Choc des civilisations*[11].

Dans son approche des civilisations, Braudel accorde plus de place à l'analyse des processus d'acculturation (donc aux liens, aux influences entre les cultures) qu'à la description d'une singularité culturelle. Cette conception ouverte et relationnelle de l'univers culturel se retrouve chez beaucoup d'historiens d'aujourd'hui, comme les *global historians* américains mais aussi par exemple en France Serge Gruzinski et Carmen Bernand qui dans leur *Histoire des Amériques* ont insisté sur la notion de métissage pour qualifier l'acculturation coloniale[12].

Ainsi, Braudel, historien majeur ayant exercé une influence mondiale, peut être considéré comme l'un des pionniers et des pères importants de l'histoire mondiale/globale[13].

---

9. Laurent Testot (dir.), *Histoire globale. Un autre regard sur le monde*, Paris, Sciences Humaines, 2008, p. 174.
10. Fernand Braudel, *Grammaire des civilisations*, Paris, Arthaud, 1987.
11. Samuel Huntington, *Le Choc des civilisations*, Paris, Odile Jacob, 2007.
12. Carmen Bernand et Serge Gruzinski, *Histoire du nouveau monde, t. 1 : De la découverte à la conquête, t. 2 : Les métissages*, Paris, Fayard, 1991-1993.
13. Cf. Maurice Aymard, Alain Caillé, François Dosse, *Lire Braudel*, Paris, La Découverte, 1988 ; Jean Revel (dir.), *Fernand Braudel et l'histoire*, Paris, Hachette, 1999.

D'autres historiens français peuvent être aussi considérés comme des précurseurs de l'histoire mondiale. Ainsi, les travaux de Maurice Lombard, consacrés à la culture matérielle (à la monnaie, aux textiles, aux métaux) embrassent l'intégralité de l'Ancien Monde, de l'Atlantique à la Chine, en se focalisant sur le monde musulman, du Ve au XIIe siècle. Dans *L'islam dans sa première grandeur*, celui que Fernand Braudel appelait « le plus doué, le plus brillant historien de notre génération »[14], étudie la civilisation brillante qui s'étendait au Moyen Âge de l'Iran jusqu'à l'Océan Atlantique[15].

Maurice Lombard ne doit pas être confondu avec Denys Lombard. Ce dernier (1938-1998) est l'un de ceux qui ont incarné, dans le sillage de Braudel (il a intitulé, en hommage à *La Méditerranée...* de Braudel, sa chaire à l'EHESS « Histoire de la Méditerranée sud-est asiatique »), le courant des « aires culturelles ». Avec sa thèse, *Le Carrefour javanais : essai d'histoire globale* (1990)[16], Denys Lombard se place comme l'un de ceux qui ont incarné, à la suite de Fernand Braudel, l'histoire par « aires culturelles » sur le modèle des *area studies*. Mais, loin de concevoir ces « aires culturelles » comme des ensembles clos, Lombard les conçoit comme des tremplins pour un large comparatisme. Il est marqué par le souci d'en scruter les routes et les zones de contact, en opérant ce qu'il appelait une « triangulation des regards ». Il voit dans l'Eurasie un formidable carrefour de civilisations, où se croisent les apports chinois, indiens, islamiques et européens.

Dans son œuvre majeure, *Le Carrefour javanais*, qui porte sur l'île indonésienne de Java, Denys Lombard adopte une approche « géologique », consistant à suivre une série de fils depuis le plus ancien passé connaissable jusqu'à aujourd'hui. Ainsi il fait d'abord l'analyse de la présence occidentale, à partir des premiers contacts au XVIe siècle ; pus l'étude des réseaux asiatiques, islamiques et chinois, attestée dès le IXe siècle ; enfin l'histoire des très anciens royaumes agraires, influencés par la culture indienne, dès le VIIIe siècle. Les trois tomes du *Carrefour javanais* sont consacrés respectivement à chacune de ces étapes. Cette démarche en trois étapes s'attache à restituer sa temporalité propre à chacun de ces phénomènes de très longue durée : plus de mille ans pour les royaumes agraires, presque autant pour les réseaux asiatiques, plusieurs siècles pour les milieux occidentalisés[17].

En adoptant un ordre inverse de l'ordre chronologique, Denys Lombard refuse donc l'ordre chronologique canonique, et brise la linéarité du récit historique. Lombard rompt ainsi avec la longue durée braudélienne : à la décomposition analytique du temps, il préfère la décomposition analytique des éléments

---

14. Préface de Hichem Djaït, Professeur à l'Université de Tunis, à son livre *L'Islam dans sa première grandeur : VIIIe-XIe siècle*.
15. Maurice Lombard, *L'islam dans sa première grandeur, VIIIe-XIe siècle*, Paris, Flammarion, nouvelle éd., 1987, *Espaces et réseaux du haut Moyen Âge*, Paris, Mouton, 1972, *Monnaie et Histoire d'Alexandre à Mahomet*, Paris, Mouton, 1971.
16. Denys Lombard, *Le Carrefour javanais : essai d'histoire globale*. En 3 volumes : t. 1. *Les limites de l'occidentalisation* ; t. 2. *Les réseaux asiatiques* ; t. 3. *L'héritage des royaumes concentriques*, Paris, Éd. de l'EHESS, 1990.
17. Philippe Minard, « Denys Lombard : *Le Carrefour* javanais comme modèle d'histoire globale », in Laurent Testot, Philippe Norel (dir.), *Une histoire du monde global, op. cit.*, p. 175-176. Denys Lombard, *Le Carrefour javanais. Essai d'histoire globale*. T. 1 : *Les limites de l'occidentalisation* ; t. 2 : *Les réseaux asiatiques* ; t. 3 : *L'héritage des royaumes concentriques*, Paris, Éd. de EHESS, 1990.

culturels qu'il met au jour. Cet ordre « géologique » vise à « mieux repérer, en les situant les uns par rapport aux autres, les éléments disparates, mais le plus souvent osmosés, qui constituent la société javanaise d'aujourd'hui »[18].

Comme l'écrit l'historien Bernard Lepetit, « là où F. Braudel procédait par carottage et prélèvement d'échantillon du sous-sol, D. Lombard explore les filons en suivant les galeries dans l'état où il les trouve aujourd'hui. Il ne reconstitue pas les états passés de la société javanaise. Il n'étudie pas la genèse du système qu'elle constitue, mais la généalogie de ses éléments. (...) À l'histoire immobile en quoi se résout la longue durée braudélienne s'oppose la construction, dans le présent, de dynamiques de longue durée aux éléments perpétuellement révisés »[19].

L'originalité du travail de Denys Lombard est aussi de relativiser l'influence occidentale à Java et de souligner par contraste l'influence importante des réseaux asiatiques et musulmans, et des civilisations agraires de culture indienne. Il rompt ainsi avec l'ancienne vision eurocentrée qui attribuait au seul Occident l'introduction de la « modernité » en Asie[20].

Également dans le sillage de Braudel, Pierre Chaunu a étudié dans la seconde moitié des années 1950 les échanges qui lient Séville à l'Amérique hispanique entre le début du XVIe et le milieu du XVIIe siècle. Dans les années 1960 il a publié un imposant ouvrage sur les liens entre les Philippines et l'Amérique ibérique[21]. En mettant au jour ces liens, dûs à la colonisation, entre des aires éloignées, il contribuer à préfigurer l'histoire mondiale. De même, en 1964, la thèse de Louis Dermigny sur le commerce entre la Chine et l'Occident au XVIIIe siècle apparaît comme une contribution précoce à ce qui deviendra l'histoire mondiale[22].

Le développement de la *world history* aux États-Unis

L'invention de la globalité aux États-Unis pendant la Seconde Guerre mondiale

Un phénomène majeur qui se produit aux États-Unis dans le courant de la Seconde Guerre mondiale est celui qu'on pourrait qualifier d'invention de la *globalité*[23].

---

18. Philippe Minard, « Denys Lombard : « Le carrefour javanais » comme modèle d'histoire globale », *in* Testot Laurent (coord.) [2008], *L'Histoire globale. Un nouveau regard sur le monde*, Éditions Sciences Humaines.
19. Bernard Lepetit, *Carnets de croquis. Sur la connaissance historique*, Paris, Albin Michel, 1999, cité par Philippe Minard *in* « Denys Lombard... », article cité.
20. Philippe Minard, « Denys Lombard... », article cité.
21. Cf. Pierre Chaunu, *Séville et l'Atlantique (1504-1650)*, Paris, SEvPEN, 1955-1959, 8 tomes ; *Les Philippines et le Pacifique des Ibériques (XVIe, XVIIe, XVIIIe siècles)*, Paris, SEvPEN, 1960-1966, 2 vol.
22. Cf. Louis Dermigny, *La Chine et l'Occident : le commerce à Canton au XVIIIe siècle : 1719-1833*, Paris, SEvPEN, 1964, 3 vol.
23. Vincent Capdepuy, « La guerre globale enseigne la cartographie globale », Blog histoire globale, 19 décembre 2011, http://blogs.histoireglobale.com/la-guerre-globale-enseigne-la-cartographie-globale_1188.

L'entrée en guerre des États-Unis après deux décennies de relatif isolationnisme a provoqué une réelle rupture dans la vision états-unienne du monde. Ceci se manifeste par un véritable engouement pour la question cartographique, ce qu'illustrent les représentations cartographiques originales de l'architecte Richard Edes Harrison dans le magazine *Fortune*. Sa carte de juillet 1941, quelques mois avant l'attaque aérienne sur Pearl Harbor et l'entrée en guerre des États-Unis, a exercé une grande influence. Sur cette carte apparaît l'expression « *global war* ». Alors que la Première Guerre mondiale avait été qualifiée dès 1915 de « *world war* », la seconde sera effectivement qualifiée par les Américains de « *global war* », du fait que les États-Unis, à partir de 1942, seront engagés sur les deux fronts (Asie et Europe), de part et d'autre du globe. Le terme de « *globalization* », concept séminal de l'histoire globale, semble ainsi avoir été inventé en 1943-1944 dans le cadre des réflexions qui entourent les conférences de Moscou et de Téhéran, où la décision a été prise de créer une organisation internationale des Nations unies[24]. Ce besoin de voir désormais le monde comme un tout est illustré aussi par le fait qu'en 1942, sur une suggestion du général Dwight Eisenhower, George Marshall, chef d'état-major de l'armée et conseiller de Roosevelt, fait construire deux globes de cinquante pouces (1 mètre 27) pour les offrir l'un à Roosevelt, l'autre à Churchill. Ce globe devait les aider à suivre les opérations militaires qui se déroulaient aux quatre coins du monde. À en croire Khrouchtchev, à la même époque, Staline aurait également eu à sa disposition un très grand globe sur lequel il décidait de la stratégie soviétique.

Mais c'est sans doute l'avion qui a été le principal facteur de cette prise de conscience du rétrécissement du globe. C'est en effet tout autant la guerre que le développement de l'aviation qui est à l'origine de cette nouvelle vision du monde. À partir de 1942, on constate aux États-Unis une multiplication des atlas et des ouvrages qui ne sont pas reliés directement au conflit mondial, mais bien au développement de l'aviation. Et en juillet 1943, une exposition s'ouvre au *Museum of Modern Art* de New York, intitulée « *Airways to Peace* ». Son but est de montrer les facteurs au fondement de la géographie de l'« ère aérienne » (*air-age geography*) et en quoi la compréhension de ceux-ci est indispensable à la victoire. Parmi les objets exposés, se trouve le fameux « globe du Président », qui avait été momentanément prêté. Ainsi la Seconde Guerre mondiale et le développement de l'aviation ont entraîné chez les dirigeants et la population des États-Unis l'idée d'un monde global. Une nouvelle cartographie mentale est née, et elle a notamment inspiré le drapeau dessiné pour l'ONU à partir du badge créé pour la conférence de San Francisco[25]. Cette vision globale du monde développée aux États-Unis durant la guerre a perduré après 1945. Elle a été au fondement de la conception de l'histoire mondiale/globale. Ce courant s'est développé en plusieurs temps.

---

24. Vincent Capdepuy, « Au prisme des mots. La mondialisation et l'argument philologique », *Cybergeo*, 2011, document 576.
25. Vincent Capdepuy, « Le Monde de l'ONU. Réflexions sur une carte-drapeau », *M@ppemonde*, n° 102, 2011.

La première génération de la *world history* américaine

On peut considérer que la première génération de la *world history* américaine est représentée par Louis Gottschalk, Leften Stavros Stavrianos, William McNeill, Marshall G. S. Hodgson et Philip D. Curtin[26] Tous ces chercheurs sont chacun arrivés à l'histoire mondiale par un itinéraire différent.

Il semble que les racines américaines de l'histoire mondiale soient à rechercher dans les affinités entre l'histoire mondiale et certains courants pacifistes et internationalistes de la culture américaine du début du XXe siècle. Gottschalk, McNeill et Stavrianos se sont intéressés à l'histoire mondiale à partir de leur profond rejet de la guerre. Ils considéraient qu'il fallait en finir avec le chauvinisme des histoires nationales, et désormais penser l'histoire au plan international. L'histoire mondiale a donc conçue à ses débuts comme une école de la citoyenneté mondiale[27].

Leften Stavros Stavrianos

Leften Stavros Stavrianos, né au Canada, a publié en 1962 *A Global History of Man*, puis en 1966 *The World Since 1500*, en 1970 *The World to 1500 : A Global History*[28], en 1998 *A Global History : From Prehistory to the 21st Century* et en 2000 *The Balkans since 1453*. Il a été un des premiers historiens à remettre en question les représentations orientalistes de l'empire ottoman. Ses manuels ont été utilisés dans l'enseignement universitaire aux États-Unis. Stavrianos a puisé son inspiration dans Karl Marx et dans l'anthropologie évolutionniste de Lewis Henry Morgan[29].

William McNeill

William McNeill, né lui aussi au Canada, a écrit *The Rise of the West : A History of Human Community* (1963), devenu un classique, et *A World History* (1967). McNeill a lu en 1939 les trois premiers tomes de *A Study of History* de Toynbee, qui l'ont influencé au point qu'il a passé deux ans à Londres aux côtés de Toynbee, à l'Institut royal des affaires internationales, et qu'il a plus tard écrit la biographie de Toynbee[30]. McNeill semble aussi avoir été un lecteur attentif des *Cahiers d'histoire mondiale* de l'Unesco[31].

---

26. Cette délimitation de plusieurs générations de *world historians* est empruntée à K. Pomian, article cité cf. aussi Gilbert Allardyce, « Toward World History: American Historians and the Coming of the World History Course », *Journal of World History*, vol. 1, n°1, 1990, p. 23-76.
27. G. Allardyce, article cité.
28. Leften Stavros Stavrianos (dir.), *A Global History of Man*, Boston, Allyn and Bacon 1962; id., *The World Since 1500: A Global History*, Prentice Hall, 1966; id., *The World to 1500: A Global History*, Pearson, 1970.
29. Cf. Kevin Reilly, « Remembering Leften Stavrianos, 1913-2004 », World History Connected, vol. 1, n° 2 ; www.historycooperative.org/journals/whc/1.2/reilly.html. http://www.historycooperative.org/journals/whc/1.2/reilly.html, G. Allardyce, « Toward World History », article cité, p. 40 *sq*.
30. Cf. William H. McNeill, *Mythistory and Other Essays*, Chicago et Londres, The University of Chicago Press, 1986, p. 174-198.
31. K. Pomian, article cité.

Le titre de son ouvrage *The Rise of the West*[32], « l'expansion de l'Occident », est une allusion inversée au titre de l'ouvrage du philosophe et historien allemand Oswald Spengler, *Le Déclin de l'Occident*, publié en 1918[33]. Alors que ce dernier avait développé l'idée de civilisations étanches, entités cloisonnées et indépendantes connaissant chacune un cycle d'ascension puis de déclin, McNeill au contraire souligne les effets réciproques des différentes civilisations les unes sur les autres et met l'accent sur les fusions entre cultures. L'« expansion de l'Occident » qu'analyse McNeill au fil des siècles est décrite comme une expansion territoriale continue, liée à l'industrialisation, et qui se traduit par une influence croissante de la civilisation européenne sur les autres civilisations et sur le monde entier. Succès de librairie, cet ouvrage a joué un rôle certain dans l'émergence du courant de l'histoire mondiale.

Dans *The Rise of the West*, McNeill consacre une grande place aux arts, aux littératures, aux savoirs, et encore plus aux mythologies et aux religions, qui sont selon lui des composantes essentielles de l'identité d'une civilisation. Toutefois, pour lui, les civilisations sont surtout des faits écologiques et économiques, des structures sociales, des régimes politiques, des institutions militaires. Cette conception le rapproche de celle impulsée au courant des Annales par Braudel. Il est resté fidèle à cette conception dans ses travaux ultérieurs[34]. Par ailleurs, bien qu'influencé par Toynbee, McNeill s'en est distancé dans ses conceptions : alors que pour Toynbee, du moins à ses débuts, chaque civilisation était une sorte de monade, McNeill met au contraire au centre de ses intérêts les contacts, les rencontres, les échanges entre les différentes civilisations.

L'apport de McNeill est considérable. Il a permis une ouverture des perspectives. Il l'illustre lui-même en rappelant qu'on supposait que la poudre à canon et l'imprimerie avaient été inventées en Europe, puisque des preuves textuelles attestaient leur apparition dans les régions rhénanes, alors qu'en réalité ces deux inventions sont venues de Chine. Ainsi des connaissances peuvent parcourir d'immenses distances sans laisser de traces écrites[35].

Preuve de son ouverture aux aires extra-occidentales, la Chine est un des centres d'intérêt majeurs de McNeill. Il a étudié comment vers l'an 1000, la Chine avait atteint la suprématie en Eurasie en empruntant les techniques commerciales du bazar du Moyen-Orient et en y ajoutant un système de transport par voie d'eau, sûr, bon marché et à forte capacité. Le réseau de canaux chinois a été conçu pour irriguer les rizières et faciliter la concentration des revenus fiscaux vers la capitale. Et quand de nombreux petits commerçants de bazar se sont mis à utiliser le système chinois de transport par voie d'eau pour acheter et vendre

---

32. William H. McNeill, *The Rise of the West*, Chicago, University of Chicago Press, 1963 ; réédité en 1991 augmenté d'un essai rétrospectif : *The Rise of the West after Twenty-five Years*.
33. Oswald Spengler, *Le Déclin de l'Occident*, 1918 pour la première partie, 1922 pour la seconde.
34. Cf. William H. McNeill, *Le Temps de la peste : essai sur les épidémies dans l'histoire* [1976], Paris, Hachette, 1978 ; *La Recherche de la puissance : technique, force armée et société depuis l'an mil* [1982], Paris, Economica, 1992 ; *The Great Frontier : Freedom and Hierarchy in Modern Times*, Princeton, NJ, Princeton University Press, 1983.
35. William McNeill : « Histoire mondiale : l'essor et le déclin de l'Occident », *Le Débat*, 2009/2, n°154, p. 90-108.

des biens de consommation, ils ont créé un marché qui s'est étendu peu à peu à l'échelle de toute la société. Cela a entraîné un accroissement spectaculaire de la production agricole et artisanale, et la Chine a ainsi été pendant plus de quatre cents ans, le pays le plus riche et le plus avancé de la planète[36]. Partant de ce constat, McNeill observe que les principales évolutions de l'histoire mondiale découlent « de rencontres avec des étrangers porteurs d'idées, d'informations et de compétences nouvelles »[37].

Développant aussi des réflexions épistémologiques et méthodologiques, McNeill a pointé un handicap de l'histoire mondiale : le déséquilibre dans les sources historiques, celles sur l'Eurasie étant beaucoup plus abondantes que celles sur le reste du monde. « L'inégalité des sources disponibles et des connaissances historiques exagère ainsi le rôle de l'Eurasie dans le passé lointain »[38]. C'est donc un défi pour les *world historians* de compenser ce déséquilibre pour aboutir à une histoire vraiment mondiale.

Philip D. Curtin

Philip D. Curtin, historien de l'Afrique et de ses relations avec l'Europe, en particulier de la traite négrière, a écrit notamment *Cross-Cultural Trade in World History* (1984) et *The World and the West. The European Challenge and the Overseas Response in the Age of Empire* (2000)[39]. Curtin, issu d'un milieu aisé, a beaucoup voyagé dans sa jeunesse en Amérique latine avant de s'intéresser à l'Afrique[40]. Dans son livre de 1969, *The Atlantic Slave Trade : A Census*, il recherche les sources de la sous-estimation fréquente du nombre d'individus transportés par-delà l'Atlantique dans le commerce des esclaves. Il conclut au chiffre de 9 à 10 millions d'individus transportés en Amérique, sur les 20 à 30 millions chargés dans les ports d'Afrique. En 1989, dans *Death by Migration*, il combine données médicales et histoire de la population, et retrace les effets des maladies tropicales sur les Européens en Afrique tropicale avant la mise au point de remèdes à ces maladies.

Marshall G. S. Hodgson

L'Américain Marshall G. S. Hodgson est aujourd'hui plus ou moins tombé dans l'oubli, mais il a joué un rôle important dans l'émergence de l'histoire mondiale[41]. Spécialiste de l'islam, il reste connu pour son ouvrage en trois volumes, *The*

---

36. William H. McNeill, *The Pursuit of Power: Technology, Armed Force, and Society since A.D. 1000*, Chicago, University of Chicago Press, 1982 ; William McNeill, « Histoire mondiale : l'essor ...», article cité.
37. William McNeill, « Histoire mondiale : l'essor ...», article cité.
38. *Ibid.*
39. Philip Curtin, *Cross-Cultural Trade in World History*, Cambridge University Press, Cambridge and New York, 1984; Philip Curtin, *The World and the West. The European Challenge and the Overseas Response in the Age of Empire*, New York, Cambridge University Press, 2000.
40. Cf. Philip D. Curtin, *On the Fringes of History. A Memoir*, Athens, Ohio University Press, 2005.
41. Les informations sur ce sujet sont tirées de : Edmund Burke III, « Marshall G. S. Hodgson et l'histoire mondiale », *Le Débat*, 2009/2 (n°154), p. 78-89.

Venture of Islam. Conscience and History in a World Civilization (1974)[42]. Il a aussi écrit une histoire du monde restée inédite et plusieurs textes réunis dans *Rethinking World History* (1993)[43].

Il est intéressant de noter qu'il a été dans sa jeunesse assistant de recherche de Louis R. Gottschalk pour le volume de l'*Histoire de l'humanité* de l'Unesco que ce dernier a dirigé, et qu'il a écrit dans les *Cahiers d'histoire mondiale* publiés par cette institution[44].

Hodgson a réfléchi aux notions d'« européocentrisme » et de multiculturalisme. Son approche « interrégionale » et « hémisphérique » de l'histoire mondiale rompt de façon critique avec les approches plus anciennes, essentiellement centrées sur l'Europe. Sa vision de la modernité comme processus historique mondial est également innovante.

Internationaliste engagé, pacifiste et partisan d'une fédération mondiale, Hodgson voyait dans l'histoire mondiale un moyen de combattre l'ignorance, les préjugés et l'ethnocentrisme. Ses convictions s'enracinaient dans son appartenance à la *Society of Friends* (mouvement religieux des quakers). Dans sa jeunesse, il a été fortement influencé par le « fédéralisme mondial » de Wendell Willkie[45] et il a été un partisan précoce et fervent des Nations unies. Plusieurs de ses premiers articles ont été publiés dans des revues financées par l'Unesco[46]. Au nom de ses convictions religieuses, il refusait une histoire traitée du point de vue national et préconisait une approche globale[47].

Après la guerre, Hodgson a été nommé à l'Université de Chicago, où il a adhéré au *Committee on Social Thought* (« comité sur la pensée sociale »). Ce comité, interdisciplinaire, a été créé en 1941 par l'historien John Ulric Nef, l'économiste Frank Knight, l'anthropologue Robert Redfield, et le président de l'université, Robert Maynard Hutchins.

À cette époque, le programme de premier et de deuxième cycle à Chicago était organisé autour de l'étude, à travers leurs « grands livres », des civilisations mondiales. À l'origine, le programme se limitait à la civilisation occidentale, mais il s'est vu élargi après la guerre pour s'étendre à l'Inde, à la Chine et à l'Islam, sous l'égide intellectuelle du jeune Robert Redfield et de Milton Singer. C'est Hodgson, alors jeune professeur assistant, qui développe le cours sur la civilisation islamique, et c'est pour remédier à l'absence de manuel de qualité sur le sujet qu'il écrit *The Venture of Islam*. Des générations successives d'étudiants de Chicago ont ainsi lu cet ouvrage.

---

42. Marshall G. S. Hodgson, *The Venture of Islam: Conscience and History in a World Civilization*, 3 vol., Chicago, University of Chicago Press, 1974.
43. Marshall G. S. Hodgson, *Rethinking World History. Essays on Europe, Islam and World History*, Cambridge et New York, Cambridge University Press, 1993.
44. Cf. Marshall G. S. Hodgson, « Hemispheric interregional History as an Approach to World History », *Cahiers d'histoire mondiale*, vol. I, n° 3, janvier 1954, p. 715-723.
45. L'Américain Wendell Willkie, candidat républicain aux élections de 1940, était un fervent partisan d'un fédéralisme mondial. En 1943, il a publié *One World, a plea for international peacekeeping after the war* pour lutter contre les appels à l'isolationnisme.
46. Edmund Burke III, article cité.
47. *Ibid.*

Hodgson s'est efforcé de replacer l'histoire de l'Europe dans le contexte « interrégional et hémisphérique » de ce qu'il appelait l'Afro-Eurasie ; il a considéré l'histoire mondiale comme source de renouveau de la discipline historique.

Dans un article de 1963, intitulé « *The Interrelations of Societies in History* », il résume son approche « interrégionale hémisphérique de l'histoire mondiale »[48]. La perspective interrégionale et comparative de Hodgson contraste fortement avec le modèle proposé par McNeill dans *The Rise of the West*. Alors que McNeill affirme que le moteur de l'histoire mondiale est l'interaction culturelle des civilisations entre elles (McNeill semblait ainsi avoir réussi à réunir dans un même récit les histoires séparées de chaque civilisation), Hodgson, opposé à cette conception de McNeill, est très critique à l'égard du recours au diffusionnisme culturel, il trouve que l'approche de McNeill est pénétrée d'exceptionnalisme occidental. Hodgson élabore une critique du diffusionnisme.

L'approche interrégionale de Hodgson cherche en revanche à situer les évolutions de chaque civilisation par rapport à la disposition générale de la totalité de l'« écoumène », Il privilégie les interconnexions entre civilisations et le développement cumulatif du stock commun de ressources techniques et culturelles humaines dans toute l'Afro-Eurasie[49].

Hodgson est en outre beaucoup plus sceptique que McNeill sur les critères qui permettent de distinguer une civilisation d'une autre et donc sur la possibilité même de les délimiter nettement les unes des autres.

On peut noter toutefois des points communs entre McNeill, Hodgson et Stavrianos : leur intérêt pour une histoire à l'échelle du monde semble avoir mûri au cours de la Seconde Guerre mondiale et dans les premières années de l'après-guerre. Hodgson a passé les années de guerre interné, avec d'autres quakers, en tant qu'objecteur de conscience ; McNeill et Stavrianos, ont participé à la guerre dans le cadre de l'OSS, c'est-à-dire des services du renseignement[50]. Ils ont tous été fortement marqués par cette guerre mondiale et en ont retiré la prise de conscience de la globalité du monde.

Geoffrey Barraclough

Geoffrey Barraclough peut être ajouté à ces pionniers. Il a développé ses réflexions sur « une vision globale de l'histoire » dans son livre *History in a Changing World* (1955), et c'est plus tard dans *Main Trends of Research in the Social and Human Sciences : History* (1978), qu'il a explicité le concept[51].

Médiéviste au départ, Barraclough s'est ensuite dirigé vers l'histoire contemporaine. Il était très préoccupé par les usages de l'histoire faits au XXe siècle. Il lui semblait que le débat politique et les décisions politiques souffraient d'un manque de profondeur historique. Ce constat l'a amené à developer des méthodes historiographiques pour l'histoire comparée. Il s'est attaché à chercher les fils

---

48. Marshall G. Hodgson, « The Interrelations of Societies in History », *Comparative Studies in Society and History*, vol. 5, n° 2 (janv. 1963), p. 227-250.
49. K. Pomian, article cité.
50. *Ibid.*
51. Geoffrey Barraclough, *History in a Changing World*, Oxford, Basil Blackwell, 1955, et *Main Trends of Research in the Social and Human Sciences History*, Berlin, Mouton Publishers, 1978.

historiques connectant le passé au présent. Il a dirigé la publication du *Times Atlas of World History*, et a rédigé deux recueils d'essais historiographiques : *History in a Changing World, An Introduction to Contemporary History* (1964), et un livre d'histoire mondiale : *The Turning Points in World History* (1979).

La 2ᵉ génération : Abu-Lughod, Gunder Frank, Wallerstein

Janet L. Abu-Lughod

L'Américaine Janet L. Abu-Lughod, née en 1928, sociologue de formation, s'est imposée dans l'histoire mondiale assez tard, par son livre *Before European Hegemony : the World System A. D. 1250-1350* (1989). Elle a ainsi contribué à la théorie du système-monde. Dans cet ouvrage, elle affirme qu'un système-monde pré-moderne s'étendant à travers l'Eurasie existait au XIIIᵉ siècle, avant la formation du système-monde moderne identifié par Wallerstein. De plus, elle affirme que l'expansion de l'Occident, commençant avec l'intrusion de bateaux portugais armés dans les eaux jusqu'alors relativement paisibles de l'Océan indien au XVIᵉ siècle, n'a pas été le résultat de phénomènes internes à l'Europe, mais aurait été rendue possible par un effondrement du système-monde précédent.

Andre Gunder Frank

L'intellectuel d'origine allemande André Gunder Frank (1929-2005), auteur notamment de *World Accumulation, 1492-1789* (1978) et de *ReOrient : Global Economy in the Asian Age* (1998)[52], est un autre pionnier de l'histoire mondiale/globale. À la fois historien, économiste, sociologue, anthropologue, géographe, spécialiste des relations internationales et des sciences politiques, il incarne bien, par son profil interdisciplinaire, l'aspiration totalisante de ce courant. Il a été l'un des principaux représentants dans les années 1970 de la « théorie de la dépendance » qui a analysé les rapports de domination dans le monde selon un modèle centre-périphérie et a développé l'idée que les périphéries exploitées (comme l'Afrique ou l'Amérique latine) sont entretenues dans le cercle vicieux du sous-développement par les nations du centre[53].

Dans *Re-Orient* (1998), André Gunder Frank mentionne qu'une économie en partie mondialisée centrée sur l'Océan Indien a existé pendant des siècles et que suite à la découverte du Nouveau Monde un autre système d'interactions économiques centré sur l'Orient a relié l'Asie, les Amériques et l'Europe. Dans cette perspective, la « modernisation » de l'Occident ne serait qu'une phase de la longue histoire de la mondialisation des échanges commerciaux.

---

52. Andre Gunder Frank, *World Accumulation, 1492-1789*, Monthly Review Press, 1978, et *ReOrient: Global Economy in the Asian Age*, Berkeley, University of California Press, 1998.
53. Cf. André Gunder Frank, *Capitalisme et sous-développement en Amérique latine*, Monthly Review Press, 1968.

Immanuel Wallerstein

L'Américain Immanuel Wallerstein, né en 1930, dont l'œuvre principale, *The Modern World-System*, comporte quatre volumes, parus de 1974 à 2011[54], est un autre pionnier très important de l'histoire mondiale/globale.

Il est à noter que de ces trois personnages (Abu-Lughod, Gunder Frank et Wallerstein), aucun n'est historien de formation. La première et le troisième sont sociologues ; le deuxième est économiste de formation. Abu-Lughod et Gunder Frank ont étudié à Chicago. Ils ont tous trois une expérience du « Tiers Monde ». Abu-Lughod a longtemps vécu au Caire et elle a consacré à l'histoire de cette ville une monographie importante. Frank a enseigné au Chili jusqu'au coup d'État de Pinochet en 1973 et Wallerstein a passé beaucoup de temps en Afrique subsaharienne pour poursuivre ses recherches sur l'accession des pays de cette région à l'indépendance. Tous trois ont travaillé dans le cadre de la théorie de la dépendance, tous trois ont puisé leur inspiration dans le marxisme, et sont à la fois des professeurs et des militants.

Cette deuxième génération de l'histoire mondiale/globale ne s'est pas développée de manière déconnectée de l'Europe. Au contraire, Wallerstein a noué des liens intellectuels forts avec Fernand Braudel. Ce dernier a beaucoup encouragé Wallerstein à écrire *Modern World system*. Wallerstein a d'ailleurs créé en 1976 le *Fernand Braudel Center* sur le campus de l'Université de New York.

> ### La théorie des systèmes-monde
>
> La théorie des systèmes-monde est une approche multidisciplinaire à l'échelle macro. Elle affirme que ce sont les systèmes-monde (et non pas les États-nations) qui devraient être l'unité de base pour la division internationale du travail. Cette dernière diviserait le monde en pays du centre, de la semi-périphérie et de la périphérie. Les pays du centre se caractérisent par un haut niveau de qualification et une production intensive en capital, et le reste du monde se caractérise par un faible niveau de qualification, une production intensive en travail, et l'extraction de matières premières. Cela renforce constamment la domination des pays du centre sur les pays de la périphérie. Toutefois, ce système est en constante évolution, des États peuvent rejoindre le centre ou le quitter au fil du temps. Pour une certaine période, certains pays deviennent hégémoniques. Au fil des derniers siècles, ce statut a été détenu par les Pays-Bas, le Royaume-Uni puis les États-Unis.
>
> Wallerstein a, dans les années 1970-1980, retracé l'émergence du système-monde à partir du XVe siècle, quand l'économie européenne féodale a souffert d'une crise

---

54. Immanuel Wallerstein, *The Modern World-System*, vol. I : *Capitalist Agriculture and the Origins of the European World-Economy in the Sixteenth Century*. New York/Londres, Academic Press, 1974 ; vol. II : *Mercantilism and the Consolidation of the European World-Economy, 1600-1750*, New York, Academic Press, 1980 ; vol. III : *The Second Great Expansion of the Capitalist World-Economy, 1730-1840's*, San Diego, Academic Press, 1989 ; vol. IV : *Centrist Liberalism Triumphant, 1789-1914*, Berkeley, University of California Press, 2011.

et a été transformée en économie capitaliste. L'Europe a alors gagné le contrôle sur toute l'économie mondiale.

Pour Wallerstein, l'analyse par systèmes-mondes est avant tout un mode d'analyse qui vise à transcender les structures de savoir héritées du XIXe siècle. Il souhaite dépasser le cloisonnement entre le domaine social, économique et politique.

Wallerstein souligne comme caractéristique du système-monde l'accumulation incessante du capital, la division transrégionale du travail, les phénomènes de domination entre « centre » et « périphéries », l'alternance de périodes d'hégémonie exercées par une puissance et l'existence de cyles.

L'œuvre novatrice d'Immanuel Wallerstein

Immanuel Wallerstein est notamment l'auteur de Le Système du monde du XVe siècle à nos jours, et Comprendre le monde. Introduction à l'analyse des systèmes-monde[55].

Pour comprendre sa pensée, il est révélateur de resituer son parcours. Né à New York, il a fait ses études à l'université de Columbia, dans cette métropole. Il dit avoir choisi la sociologie « parce que cela [lui] donnait plus de latitude que les autres disciplines » Pourquoi n'a-t-il pas choisi l'histoire ? « La réponse est que je trouvais cette discipline trop limitée. À l'époque, on vous cantonnait dans l'histoire d'un pays, d'un siècle, d'un système »[56], alors qu'il souhaitait avoir une vision englobante des choses. Lorsqu'il a commencé sa thèse, Columbia était le centre mondial de la sociologie, avec le duo constitué par Robert Merton et Paul Lazarsfeld[57].

Le jeune sociologue a choisi l'Afrique comme sujet de thèse. Depuis plusieurs années, il s'était intéressé au Tiers Monde, et notamment à l'Inde. Sa thèse a porté sur la comparaison entre les voies à l'indépendance du Ghana et de la Côte d'Ivoire. Wallerstein était alors le seul étudiant, au département de sociologie, à s'intéresser à l'Afrique.

Il a commencé à enseigner la sociologie de l'Afrique, et cet enseignement a répondu à une forte demande de la part des étudiants américains, notamment de ceux qui revenaient du *Peace Corps*, le corps de la paix[58], qui s'intéressaient au Tiers Monde et qui voulaient un autre genre de sociologie que celui jusqu'alors dispensé dans les universités américaines.

Son premier livre, *Africa : The Politics of Independence*, publié en 1961[59], est une analyse de l'Afrique coloniale et des problèmes des indépendances en général. Dès cet ouvrage, on note une forte dimension historique dans les travaux de Wallerstein.

---

55. Immanuel Wallerstein, Paris, *Comprendre le monde. Introduction à l'analyse des systèmes-monde*, Paris, La Découverte, 2006.
56. « Les économies-monde et leur histoire. Entretien avec Immanuel Wallerstein », *Le Débat*, 2009/2 (n°154), p. 157-170.
57. *Ibid.*
58. Agence créée en 1961 par le président américain Kennedy, dont la mission est d'œuvrer pour la paix, le développement et l'amitié entre les peuples, en particulier dans le Tiers Monde.
59. Traduit en français sous le titre *L'Afrique et l'indépendance*, Paris, Présence africaine, 1966.

L'engagement marxiste de Wallerstein est un élément important de sa pensée : « Je reste profondément marqué par le marxisme au sens où je pense que les idées de Marx apportent l'analyse la plus profonde et la plus utile de la structure et du mouvement des sociétés modernes », affirme-t-il[60]. Il accepte l'idée centrale de la lutte des classes. Il conçoit la classe ouvrière dans un sens très large, au sens de tout groupe opprimé, notamment ceux qui sont opprimés en fonction de leur race, de leur ethnie, de leur genre, etc.

Mais Wallerstein a aussi des désaccords avec les thèses de Marx. Il ne partage pas son idée de progrès inévitable. Il ne considère pas non plus que le capitalisme représente un progrès par rapport à ce qui existait auparavant. En outre, il n'est pas d'accord avec l'idée que le monde moderne marche vers une sorte d'homogénéisation générale. Il pense au contraire que nous assistons « à une longue marche vers la polarisation croissante du monde »[61], c'est-à-dire vers une exacerbation des inégalités.

Wallerstein a vécu de l'intérieur le mouvement de 1968 à Columbia. Il considère que 1968 a été une « révolution mondiale ». Il estime par exemple que la révolution culturelle en Chine en fait partie, de même que les mouvements sociaux éclos à cette époque en Allemagne, en Angleterre, aux États-Unis, en France. Il considère que 1968 a consisté en un rejet des mouvements anti-systémiques traditionnels[62].

La pensée de Wallerstein se fonde sur des rapprochements entre l'évolution de vastes aires géographiques à des époques parfois différentes. Il raconte ainsi : « Quand j'étais à Palo Alto [université de Californie], j'ai eu une sorte d'« illumination » : je me suis rendu compte que les destins de l'Europe orientale et de l'Amérique latine étaient identiques »[63].

Le tome III de *Modern world system* apporte une contestation de l'idée même de la révolution industrielle. Selon Wallerstein, la plus grande expansion s'est produite entre 1945 et 1970 : « il s'est agi d'un phénomène vraiment énorme, beaucoup plus impressionnant, en tout cas, que la prétendue révolution industrielle en Angleterre », estime-t-il. Il conteste aussi la manière habituelle de définir la portée de la Révolution française. « Aujourd'hui, ce que je retiens surtout de la Révolution française, c'est son énorme impact sur la culture générale du système-monde (...) Avec la Révolution française, tout d'un coup, tout le monde s'est mis à accepter le changement politique comme quelque chose de normal et de continuel. Ensuite, il y a l'idée de la souveraineté du peuple »[64]. Dans cet ouvrage, il explique aussi comment des régions entières ont été incorporées dans le système-monde.

Pour Wallerstein, « un système-monde n'est pas un système qui embrasse la surface entière de la Terre, mais un système qui constitue un monde au sens où il se laisse expliquer par les facteurs qui lui sont immanents. Il peut occuper,

---

60. Entretien avec Wallerstein, article cité.
61. *Ibid.*
62. *Ibid.*
63. *Ibid.*
64. *Ibid.*

comme cela a été le cas la plupart du temps, une zone plus réduite que la totalité du globe. Les systèmes-monde se distinguent des mini-systèmes, aujourd'hui disparus. Il n'y a eu jusqu'à présent que deux types de systèmes-monde : les empires-monde et les économies-monde. Un empire-monde (tels l'Empire romain ou la Chine des Han) est une importante structure bureaucratique dotée d'un seul centre politique, d'une division axiale du travail, mais de nombreuses cultures. Une économie-monde est une structure caractérisée, elle aussi, par une division axiale du travail, mais sans un centre politique unique qui la gère. Le système-monde moderne est une économie-monde capitaliste »[65].

Il poursuit plus loin l'analyse : « on pourrait avoir une économie-monde qui ne soit pas capitaliste, mais elle ne pourrait pas survivre. Historiquement, de multiples économies-monde se sont construites, mais elles se sont toutes, tôt ou tard, soit converties en empires-monde par la conquête intérieure, soit désagrégées. Seule l'économie-monde créée en Europe au XVIe siècle a pu survivre en installant définitivement le capitalisme (...). D'un autre côté, on ne peut avoir de système capitaliste que dans une économie-monde. C'est un élément crucial, qui permet un équilibre des forces entre les États et les entreprises, équilibre qui n'existerait pas autrement. Les entreprises ont besoin des États pour toutes sortes de raisons qui leur sont essentielles. Mais elles doivent aussi pouvoir agir contre les États si nécessaire, ce qu'elles ne peuvent pas faire dans le cas d'un empire-monde. C'est donc la flexibilité des structures de l'économie-monde qui permet aux capitalistes à la fois d'utiliser, quand ils en ont besoin, la force des États et de leur échapper quand cela les arrange. Mon explication de la raison pour laquelle la Chine n'est pas devenue capitaliste tient à ce qu'elle était un empire-monde ». « Les capitalistes ont existé de tout temps puisqu'il y a toujours eu des gens qui ont voulu obtenir du profit à travers le marché. Mais un système capitaliste est un système dont l'organisation de base est la recherche de l'accumulation incessante du capital : on accumule du capital afin d'en accumuler davantage »[66].

À la suite de la publication de cet ouvrage, des lecteurs lui ont objecté que si l'économie et la politique étaient présentes dans ces livres, il y manquait la culture. Il a alors écrit le livre *Geopolitics and Geoculture*[67], dans lequel il prend en compte les facteurs culturels.

L'innovation essentielle de la deuxième génération de l'histoire mondiale/ globale, en rupture avec McNeill et Hodgson, est opérée par Wallerstein, qui élimine la question même des rapports entre les civilisations et le monde. Formée sur le modèle de l'« économie-monde » introduit par Braudel dans *La Méditerranée* pour traduire le terme allemand de *Weltwirtschaft*, l'expression de « système-monde » lancée par Wallerstein désigne une portion de l'espace terrestre structurée par la division du travail entre centre et périphérie et entourée par un extérieur que le centre, en le soumettant à sa domination, peut

---
65. *Ibid.*
66. *Ibid.*
67. Immanuel Wallerstein, *Geopolitics and Geoculture: Essays on the Changing World-System. Studies in Modern Capitalism*, Cambridge, Cambridge University Press, et Paris, Éd. de la Maison des Sciences de l'Homme, 1991.

transformer en une nouvelle périphérie, faisant de l'ancienne périphérie une semi-périphérie. Quand le centre est politique, le système-monde a la forme d'un empire, comme par exemple l'Empire romain ou l'empire chinois Han. Il est une économie-monde quand il n'est uni que par une organisation économique d'ensemble, comme la Méditerranée de Braudel. Mais, dans tous les cas, il s'agit d'un espace dont les subdivisions – États, régions ou zones économiques – sont rattachées les unes aux autres par des liens suffisamment forts pour qu'aucune ne s'en laisse comprendre isolément[68].

Wallerstein estime que « le mouvement *World History* est très mélangé. D'un côté, il y a des gens qui affirment que ce que l'on enseigne en Occident comme de l'« histoire » n'est que l'histoire de l'Occident et qu'on oublie la Chine, l'Inde, etc. C'est un peu la validation de ces « autres histoires » et cette position intellectuelle ne me semble pas très intéressante. Beaucoup de gens qui sont actifs dans ce mouvement sont des professeurs de lycée, surtout aux États-Unis. Avec l'arrivée de la thèse de la globalisation, tout le monde a voulu avoir des cours de *world history*. Le père de cette idée, William McNeill, considérait les grandes lignes de l'évolution mondiale au cours des cinq mille ans, incluant l'évolution des structures militaires, productives, etc. D'un autre côté, il y a le mouvement « sinophile », qui prétend que l'on a négligé la Chine alors qu'elle a été pendant très longtemps le centre du monde. Toute l'histoire, à l'exception de la fin du XIXe siècle et du début du XXe siècle, devait donc être revue. Ce mouvement comporte de multiples groupes, mais qui disent tous essentiellement que l'on exagère l'importance de l'Europe au XVIe siècle. Cela se discute, évidemment. Je trouve pour ma part que l'importance essentielle du monde chinois est de n'avoir jamais laissé éclore le capitalisme comme système »[69].

Le Volume IV de The Modern World System

Dans le volume IV de *The Modern World System*, Wallerstein observe que la Révolution française a donné naissance à une lutte idéologique entre libéralisme, conservatisme et socialisme. Il considère que le libéralisme est une idéologie née de la Révolution française et s'attache à le définir. C'est l'objet de son premier chapitre. Le deuxième chapitre concerne la création des États construits sur la base du libéralisme en Grande-Bretagne et en France jusqu'en 1830. Le troisième chapitre traite de la remise en cause de l'ordre libéral par la classe ouvrière, essentiellement en Grande-Bretagne et en France. Le quatrième aborde le thème de la citoyenneté, de l'attribution des droits politiques, toujours en Grande-Bretagne et en France. Il aborde ainsi les thèmes du genre, de la race et de l'ethnicité, thèmes que certains critiques lui avaient reproché de ne pas aborder dans ses précédents volumes. Le cinquième chapitre considère la fondation des

---

68. K. Pomian, article cité. Cf. Janet Lippman Abu-Lughod, « The World-System Perspective in the Construction of Economic History », *History and Theory*, 34, 1995, p. 86-98, ici surtout p. 88-89. A. G. Frank, « A Theoretical introduction to 5 000 Years of World System History », *Review*, XIII, 2, 1990, p. 155-248, surtout p. 185 *sq.*, 190 *sq.* André G. Frank et William R. Thompson, « Afro Eurasian Bronze Age Economic Expansion and Contraction Revisited », *Journal of World History*, vol. 16, n°2, 2005, p. 115-172.
69. Entretien avec Wallerstein, article cité.

sciences sociales et de la discipline historique à la fin du XIXe siècle, principalement en Allemagne, Grande-Bretagne, France et aux États-Unis. Si dans ce volume on peut être déçu que le cadre spatial soit restreint (90 % du livre porte uniquement sur la Grande-Bretagne et la France), Wallerstein le justifie par le fait que le libéralisme est apparu dans ces deux pays. Il considère la Rév.fr comme l'élément déterminant du XIXe siècle. Comme dans le volume III, il remet en question l'importance de la révolution industrielle. Dans le volume IV, Wallerstein développe le concept de « géoculture », désignant l'idéologie dominante du coeur capitaliste. Il étudie le rôle de figures du marxisme du XIXe siècle comme Jules Guesde. Il lui a été reproché toutefois de faire référence essentiellement à des travaux historiques anciens (datant des années 1980 ou avant)[70]. Le chapitre V est un des plus intéressants du livre : Wallerstein s'est depuis longtemps irrité de l'isolationnisme de chaque discipline des sciences sociales, de la domination des schémas wébériens. Dans ce chapitre il explore les origines et le développement de l'histoire, de l'économie, de la sociologie et des sciences politiques comme des outils pour comprendre l'Europe de la fin du XIXe siècle. Il procède pays par pays. Il étudie par exemple l'institutionalisation de la science politique à Sciences Po Paris, à Columbia University et à la London School of Economics.

Le système-monde dans les temps anciens

Du Ier au XVIe siècle, le système-monde se structure autour de cinq « cœurs » : la Chine, l'Inde, l'Asie occidentale, l'Égypte et l'Europe méditerranéenne (puis du Nord-Ouest). Il y a trois grandes aires maritimes : mer de Chine, océan Indien oriental et océan Indien occidental. Les métropoles situées aux nœuds des réseaux jouent un rôle crucial.

Depuis ses origines, le système-monde afro-eurasien s'est développé par une série de cycles économiques de plusieurs siècles, qui ont correspondu à des évolutions politiques et religieuses, et, bien souvent aussi, à des fluctuations climatiques. Ces cycles contribuent à une intégration progressive des différentes parties du système, avec une croissance générale de la population, de la production, des échanges, du développement urbain. Chaque phase ascendante se traduit par des progrès agricoles, des innovations techniques, des échanges accrus, une croissance démographique. Mais cette dernière finit par engendrer des problèmes environnementaux et des tensions sociales. Les phases de repli, elles, s'expliquent par des luttes politiques, des contradictions internes aux États, des politiques défavorables à la production et au commerce. Durant ces phases de récession, le système-monde ne disparaît pas mais subit une restructuration de ses réseaux.

Au IVe siècle avant notre ère, période d'essor généralisé du commerce dans l'Ancien Monde, on peut identifier trois systèmes-monde : le premier est un système oriental centré sur la Chine, que le royaume de Qin va unifier en 221 avant notre ère. Le deuxième est centré sur l'Inde, où la dynastie Maurya construit

---

70. Critique du vol. IV de *Modern World System*, par John McNeill, sur le site internet de l'université Yale. http://yaleglobal.yale.edu/content/modern-world-system-iv-centrist-liberalism-triumphant/

un empire, à partir de 322 avant notre ère. La diffusion du bouddhisme qu'il favorise a pour corollaire un essor des échanges, notamment vers l'Asie du Sud-Est. Le troisième est un système-monde occidental qui englobe la Méditerranée ; on y repère quatre cœurs : l'Empire séleucide, l'Empire ptolémaïque, Carthage et Rome. Des interactions avec le système-monde indien se font par le Golfe persique et par les routes de l'Asie centrale. Ce système occidental connaît au IIe siècle avant notre ère une période de transition hégémonique : le centre de gravité se déplace vers l'ouest, la ville de Rome devenant prédominante à la suite de l'élimination de Carthage. Il y a alors déclin des cœurs égyptien et mésopotamien. Ces évolutions sont concomitantes d'une phase de refroidissement mondial, qui entraîne des mouvements de population dans l'ensemble de l'Asie centrale, en Iran et dans le nord-ouest de l'Inde. L'empire maurya disparaît vers 185 avant notre ère, ce qu'André Gunder Frank relie à la restructuration du système-monde occidental. Cette disparition aurait favorisé l'essor du royaume gréco-bactrien, puis d'un royaume indo-grec. À partir du IIe siècle avant notre ère, les Grecs et les Romains ont commencé à utiliser la mousson pour aller en Inde ; en - 30, Rome, ayant soumis l'Égypte, se taille un accès à la mer Rouge et à l'océan Indien.

En Chine, en 206 avant notre ère se forme l'Empire han, qui succède à celui des Qin. Cela s'accompagne de progrès techniques et de l'essor du commerce le long des routes de la soie. De plus, les Chinois conquièrent le Guangdong et le Nord-Vietnam (- 111), ce qui leur permet de développer les échanges avec l'Asie du Sud-Est. Ainsi se met en place un vaste espace asiatique ayant la Chine pour cœur ; les populations d'Asie du Sud-Est jouent un rôle actif dans la croissance des échanges.

La formation du système-monde se traduit par un mouvement des Grecs et des Romains vers l'Inde (l'archéologie révèle l'importance du commerce indo-romain), une « indianisation » de l'Asie du Sud-Est. Une véritable « révolution commerciale » se produit, liée à l'extension de la technologie du fer, ce qui permet une amélioration des armes et des outils agricoles, à l'origine d'un essor global. Des États centralisés émergent le long des côtes de l'océan Indien.

Ce système-monde afro-eurasien, qui est le résultat de la fusion de trois systèmes vers le début de notre ère, subit à la fin du IIe et au début du IIIe siècle de notre ère plusieurs modifications qui vont aboutir à son déclin et à sa restructuration. À partir de la fin du IIe siècle, la croissance est stoppée aussi bien en Chine que dans le monde romain, notamment du fait de la propagation d'épidémies et d'un refroidissement climatique. L'Empire han s'effondre en 220, suivi de la disparition d'autres empires (parthe et kushan). L'Empire romain quant à lui subit des contradictions internes ; sous Trajan, le coût de l'empire devient trop élevé, l'empire ne parvient plus à se procurer suffisamment d'esclaves. En 395, Constantinople prend le contrôle de l'Égypte et remplace Rome comme plus grande cité du monde. Byzance va devenir le cœur du système-monde et le rester jusqu'au XIIe siècle. La désintégration de l'Empire romain d'Occident va s'accélérer au Ve siècle et l'Europe occidentale ne va plus être qu'une périphérie du système-monde, et ce pour un millier d'années. L'Empire romain connaît une régression économique, son commerce avec l'Orient décline.

En Asie du Sud-Est, les réseaux se restructurent. Les routes de la Soie vont retrouver leur activité sous l'impulsion de la confédération des « Turcs bleus » (Kök) au VIe siècle.

On peut mettre en parallèle l'effondrement de l'Empire han avec celui de l'Empire romain. Cependant il n'aura pas les mêmes répercussions sur la longue durée : l'Asie orientale va rester un cœur du système-monde, tandis que l'Europe n'en sera plus qu'une simple périphérie.

Dans l'histoire de l'Océan Indien, le VIIe siècle constitue un tournant, avec l'essor de la Chine des Tang, et l'expansion de l'islam. Cela inaugure une nouvelle phase de croissance économique, une nouvelle ère pour le système-monde.

Dans le système-monde, le cœur domine les périphéries, mais l'essor des cœurs peut aussi stimuler le développement d'autres régions ; ainsi des semi-périphéries, comme l'Asie centrale, bénéficient de transferts de technologie grâce à leurs échanges et à l'installation d'artisans étrangers. L'adoption de la religion des cœurs par les périphéries favorise les transferts de richesse vers les centres, mais aussi l'essor des périphéries et leur insertion dans le système-monde.

Des évolutions importantes apparaissent : ainsi l'Europe occidentale, qui était un cœur dans le premier cycle, devient périphérie dans le second cycle. Mais on observe aussi des constantes : la Chine reste un cœur du système, grâce à son potentiel agricole et démographique et à ses innovations.

Philippe Beaujard a analysé les relations entre les marchands, c'est-à-dire le secteur privé, et l'État, au sein de ce système-monde. Il observe leur compétition, mais aussi leur articulation. On observe des pratiques capitalistes dans les grands États. « L'État han s'est méfié des grands marchands, qui ont cependant prospéré. Dans l'Empire romain, l'État a plutôt manipulé les marchands. » « Tout au long de l'histoire, on constate que les entrepreneurs privés oscillent en fait entre deux stratégies opposées : se tenir à l'écart du politique et essayer de réduire le rôle de l'État, ou bien investir l'État. À l'inverse, les élites étatiques ont le choix entre prendre le contrôle de l'économie (tel est le cas dans la Chine Han puis Tang, même si un secteur privé s'y déploie), ou favoriser l'essor du secteur privé et en taxer les activités (option, généralement, des États musulmans) »[71].

La 3e génération de la *world history*

La dimension militante semble absente de la troisième génération de la *world history* arrivée à la maturité dans les années 1980 ou plus tard, contrairement à la deuxième génération : elle a eu un cursus plus traditionnel et est revenue à une approche plus classique.

Cette troisième génération est représentée par l'Américain Jerry H. Bentley et l'Indien Sanjay Subrahmanyam. Jerry Bentley, professeur à l'Université de Hawaï et fondateur du *Journal of World History,* et depuis 2002 directeur du

---
71. Philippe Beaujard, « Asie-Europe-Afrique : un système-monde (- 400 - + 600) », *in* Philippe Norel, Laurent Testot, *Une histoire du monde global, op. cit.*, p. 195-206.

Center for World History de son université, a travaillé sur les échanges et contacts interculturels à l'époque pré-moderne, avec *Old World Encounters : Cross-Cultural Contacts and Exchanges in Pre-Modern Times* (1993)[72]. Sanjay Subrahmanyam, formé à l'Université de Delhi, professeur à l'Université de Californie (UCLA), était au départ historien de l'économie de l'Inde du Sud, avant de publier *The Portuguese Empire in Asia, 1500-1700 : A Political and Economic History* (1993). Ses travaux suivants se concentrent sur les liens entre le Tage et le Gange et entre les Moghols et les Francs. Cosmopolite, il a travaillé en Grande-Bretagne (Oxford), aux États-Unis (UCLA) et en France, où il a été nommé en 2013 professeur au Collège de France, titulaire de la chaire d'« histoire globale de la première modernité ».

On peut ajouter le nom de l'Américain Patrick Manning, qui a beaucoup fait pour le développement de la *world history* à partir des années 1980 aux États-Unis. Patrick Manning, auteur d'une thèse de doctorat sur l'histoire économique du Dahomey du Sud, réalisée à l'Université du Wisconsin en 1969, a contribué à la mise en place dans cette université, dès les années 1980, d'un programme pionnier d'histoire mondiale, dans la lignée des travaux de son prédécesseur Melville Herskovits. Poursuivant ses recherches sur l'Afrique, il les a inscrites dans une perspective d'histoire mondiale/globale, entreprenant en particulier une histoire « globale » du commerce des esclaves[73]. Les études africanistes avaient précocement critiqué l'idée de marginalité de l'Afrique en étudiant les phénomènes diasporiques et globaux. À l'origine spécialiste de l'africanisme, Manning s'est très tôt tourné vers l'étude des diasporas africaines[74]. Il a ainsi contribué à une reconfiguration des études régionales au profit de problématiques déterritorialisées (la globalisation, la démocratie, les droits de l'homme, etc.).

Le panorama de ces trois générations de l'histoire mondiale montre que cette appellation recouvre des pratiques très différentes : des approches monographiques, d'un côté, et, de l'autre, de vastes synthèses qui relatent des évolutions étalées sur des siècles, voire des millénaires. Et parmi ses adeptes, les historiens semblent enclins à garder une certaine neutralité tandis que les sociologues et les représentants des autres sciences sociales adoptent plutôt une attitude militante.

---

72. Jerry Bentley, *Old World Encounters: Cross-Cultural Contacts and Exchanges in Pre-Modern Times*, Oxford University Press, 1993.
73. Patrick Manning, *Slavery, Colonialism and Economic Growth in Dahomey, 1640-1960*, Cambridge, Cambridge University Press, 1982 ; *Francophone Sub-Saharan Africa, 1880-1985*, Cambridge, Cambridge University Press, 1988 ; *Slavery and African Life: Occidental, Oriental and African Slave Trades*, Cambridge, Cambridge University Press, 1990 ; *History from South Africa: Alternative Visions and Practices*, Philadelphia, Temple University Press, 1991 ; *Slave Trades, 1500-1800, Globalization of Forced Labor*, Aldershot, Variorum, 1996.
74. Patrick Manning, *The African Diaspora A History through Culture*, New York, Columbia University Press, 2010.

Recompositions conceptuelles

Essor et déclin des « *Area Studies* »

Les *Area Studies*, complémentaires de la *world history*, sont une discipline qui a émergé et s'est structurée à partir des années 1940 aux États-Unis. Le sinologue américain John King Fairbank[75] est l'un des principaux fondateurs des *Area Studies*[76]. Il est à noter qu'il a lui aussi participé à la rédaction de l'*Histoire de l'Humanité* de l'Unesco.

Les *Area studies* consistent en une approche large, pluridisciplinaire d'une aire géographique et culturelle donnée, mêlant les approches historique, géographique, sociologique, culturelle, les sciences politiques, l'étude des langues et civilisations. Elle se destine aussi bien à former des chercheurs que des journalistes, diplomates, et hommes politiques. Après avoir passé plusieurs années en Chine pendant les années 1930 et la Seconde Guerre mondiale, Fairbank a créé après-guerre à l'université d'Harvard un cursus de Master en *Area Studies*, fondant le *Center for East Asian Research* qui porte depuis son nom et qui est devenu une référence mondiale en sinologie. Auteur de nombreux ouvrages marquants sur les relations entre Chine et Occident (comme *United States and China*, 1948)[77], Fairbank a influencé des dirigeants politiques américains, notamment en faveur du rapprochement entre les États-Unis et la République populaire de Chine, ce qui lui a d'ailleurs valu d'être inquiété en 1952 par la commission MacCarran, qui le soupçonnait (à tort) de promouvoir le communisme. Suite à sa contribution à l'*Histoire de l'Humanité* de l'Unesco, Fairbank a travaillé dans le même esprit à partir de 1966 à une autre vaste entreprise historiographique, *The Cambridge History of China*, ouvrage monumental en 15 volumes paru à partir de 1978, vaste contribution au domaine des *Area Studies*[78].

Mais à partir des années 1970-1980, les *Area Studies* ont reçu de moins en moins de financements, notamment de la part des grandes fondations américaines. Ce courant s'est en outre vu critiquer par les tenants du « choix rationnel » (produit de la guerre froide)[79] qui prétendaient se passer de la connaissance précise des pays étudiés, et par les tenants du « postcolonial » qui s'en prenaient à leur « orientalisme » et à leur tendance à analyser les aires régionales en fonction de leurs « anomalies » par rapport à la trajectoire historique occidentale. Dès lors,

---

75. Sur Fairbank, cf. David Gonzalez, « John K. Fairbank, China Scholar Of Wide Influence, Is Dead at 84 », *New York Times*, 16 septembre 1991 ; Paul M. Evans, *John Fairbank and the American Understanding of Modern China*, New York, B. Blackwell, 1988 ; Paul A. Cohen Merle Goldman (dir.), *Fairbank Remembered*, Cambridge, Mass, Harvard University Press, 1992.
76. Cf. Immanuel Wallerstein, « The unintended consequences of Cold War area studies », in Noam Chomsky (dir.), *The Cold War, the university: toward an intellectual history of the postwar years*, New York, New Press, 1997, p. 195-231.
77. John King Fairbank, *United States and China*, Cambridge, Harvard University Press, Foreign Policy Library, 1948.
78. Fairbank en a rédigé les vol. 10 à 15, portant sur la période après 1800.
79. Sonja M. Adae, *Rationalizing Capitalist Democracy: The Cold War Origins of Rational Choice Liberalism*, Chicago, University of Chicago Press, 2003.

dans les années 1990, les études sur les « forces trans-régionales et globales » (« *crossregional and global forces* ») ont été privilégiées, et les études régionales ont dû prendre en compte les phénomènes globaux et transnationaux[80]. Les *Area Studies* ont connu un relatif déclin.

À présent, les *Area Studies* deviennent elles-mêmes un objet de recherche historique : ainsi l'historienne allemande Steffi Marung, de l'université de Leipzig, a entrepris une étude de la manière dont se sont développées pendant la guerre froide les *Area Studies* en Europe de l'Est et en URSS, en particulier les *Soviet African Studies*. En effet les études africaines en URSS ont été très développées dans les années 1950-1960, en lien avec le soutien apporté par l'URSS aux mouvements de décolonisation africains et à l'aide économique fournie à ces jeunes États décolonisés, ainsi qu'à l'accueil d'étudiants africains à l'université Patrice Lumumba de l'amitié des peuples à Moscou.

Le débat sur les origines du capitalisme

Pendant le XXe siècle, deux écoles de pensée distinctes ont expliqué les origines du capitalisme. La première est l'école marxiste. S'attachant à l'analyse des luttes sociales, elle voit dans les contradictions propres au mode de production féodal l'origine du capitalisme ; elle souligne que cette évolution originale est propre à l'Europe occidentale. La seconde école de pensée, moderniste, est d'inspiration weberienne (du nom de Max Weber et par référence à son *Histoire économique* de 1923). Elle se fonde sur l'idée d'un progrès historique de la rationalité économique. Elle identifie le capitalisme à six conditions (technique et droit rationnels ; main-d'œuvre libre ; marché libre ; commercialisation de l'économie ; détention des moyens de production par des entités à but lucratif). Ces conditions auraient été remplies peu à peu entre le XIIIe et le XIXe siècles, permettant la rationalisation de la recherche du profit. Différentes, ces deux écoles de pensée s'accordent en tout cas sur le fait que le capitalisme est né de causes essentiellement internes aux sociétés européennes[81].

L'apparition de l'histoire mondiale/globale a bousculé cette opposition classique entre deux écoles de pensée. En effet, l'histoire globale, avec William McNeill et Fernand Braudel, a développé l'idée d'une origine exogène du capitalisme européen. Le capitalisme serait né en fait hors d'Europe ! Cette idée s'inscrit dans le cadre de la conception braudélienne du capitalisme, vu comme un ensemble de pratiques visant à contourner les marchés réglementés pour saisir les occasions de profit et créer des situations de monopole.

Un second courant en histoire mondiale/globale considère que les racines du capitalisme européen sont à chercher dans la participation de l'Europe au système-monde des XIIIe et XIVe siècles dans le contexte de la domination des Mongols sur une vaste zone allant de la Chine à l'Europe orientale. Pour André

---

80. Pierre Grosser, « L'histoire mondiale/globale, une jeunesse exubérante mais difficile », *Vingtième siècle*, 2011/2 (n°110), p. 3-18.
81. Philippe Norel, « Le débat sur les origines du capitalisme », *in* Philippe Norel et Laurent Testot (dir.), *Une histoire du monde global, op. cit.*, p. 223-226.

Gunder Frank, le capitalisme n'est pas un trait distinctif de l'Europe, il ne serait que la forme historique provisoire prise par la nouvelle hégémonie, ibérique puis néerlandaise et britannique, sur le système-monde. John M. Hobson, lui, estime que l'Europe s'est emparée de ressources et de techniques asiatiques au cours d'une globalisation orientale, entre 500 et 1500, puis les a retournées conre l'Asie et l'Afrique pour piller leurs matières premières ; l'impérialisme ainsi pratiqué par l'Europe serait la caractéristique de ce continent[82].

L'histoire globale n'a pour autant pas discrédité totalement les théories d'une genèse interne du capitalisme européen. L'historien économiste français Philippe Norel a montré que l'apparition du rapport de production capitaliste dans le cadre des enclosures anglaises des XVIe et XVIIe siècles, centrale pour les marxistes, a été énormément accélérée par les financements américains et par les réussites des Hollandais dans l'Océan Indien. De même, le premier capital marchand européen, qui est moteur selon les marxistes, doit beaucoup aux diasporas juive et syrienne qui ont maintenu le commerce de longue distance sur le continent entre la chute de Rome et le début des Carolingiens. Philippe Norel observe donc que l'approche marxiste peut être articulée avec l'histoire globale. « Il en va de même de l'approche « moderniste » dans la mesure où les institutions mêmes du capitalisme, soit les six conditions chères à Max Weber, ne se sont solidement établies que sous l'effet d'une dynamique smithienne du changement structurel. C'est en effet le marché externe, dans sa double composante de débouché et de source d'approvisionnements importés, qui est à la racine de la commercialisation de l'économie (...), de l'innovation technique (...), de l'existence d'une force de travail libre (...). Autrement dit, il semble aujourd'hui que les origines du capitalisme soient plus à chercher dans une synergie dynamique entre facteurs internes et externes, dans le cadre d'une histoire globale trop longtemps négligée »[83], explique-t-il.

Giovanni Arrighi et Éric Mielants : du capitalisme diffus au capitalisme concentré

L'histoire mondiale/globale s'intéresse à approfondir la relation entre le pouvoir politique et les marchands. Ce lien, déjà à l'œuvre dans les cités-États italiennes dès le XIIIe siècle, aurait rendu l'Europe capable de tirer profit de sa relation commerciale ancienne avec l'Asie, puis de ses grandes découvertes territoriales. Giovanni Arrighi[84] est le premier à avoir étudié la relation de connivence entre le pouvoir politique et le capital marchand en Occident. Dans son étude des capitalistes, il a pris pour modèle les marchands des cités-États italiennes de la fin du Moyen Âge. L'originalité d'Arrighi par rapport à l'héritage braudélien est que pour lui, ces marchands n'ont fait que reproduire des comportements anciens, à l'œuvre depuis longtemps dans le système afro-eurasien, et propres à

---
82. John M. Hobson, *The Eastern Origins of Western Civilization*, Cambridge University Press, 2004.
83. Philippe Norel, « Le débat sur les origines du capitalisme », doc. cité, et Philippe Norel, *L'histoire économique globale*, Paris, Seuil, 2009.
84. Giovanni Arrighi, *The Long Twentieth Century: Money, power and the origins of our times*, Verso, 1994.

un « capitalisme diffus ». Ainsi, pour Arrighi, la transition essentielle qu'il s'agit d'étudier n'est pas le passage du féodalisme au capitalisme, mais d'un « pouvoir capitaliste diffus » à un « pouvoir capitaliste concentré ». Arrighi estime que cette transition est liée à l'émergence du système-monde moderne et du système interétatique. Il étudie les différences de logique entre le « territorialisme » (attitude identifiant le pouvoir à l'extension du territoire, mais ne considérant la recherche de richesse que comme un moyen éventuel) et le « capitalisme » (qui recherche cette richesse comme finalité, et ne considère l'acquisition de territoires que comme un moyen). Si les deux logiques sont alternatives dans la formation de l'État, Arrighi constate des synergies importantes entre les deux, comme l'illustre le cas de Venise, où ces deux logiques sont développées simultanément, permettant l'émergence d'un premier « pouvoir capitaliste concentré ». Ce pouvoir capitaliste concentré se rencontrera aussi plus tard avec les Provinces-Unies (Hollande) au XVIIe siècle. Ainsi, comme l'exprime Philippe Norel, « les progrès dans la connivence entre marchands et appareil d'État seraient au cœur de la construction d'un capitalisme européen qui, de fait, a toujours été associé à l'État »[85].

Éric Mielants poursuit dans le sillage de Giovanni Arrighi en soulignant l'importance des cités-États ; il étudie le « système inter-cités-États », c'est-à-dire l'ensemble des relations entre ces cités[86]. Il montre que des pratiques capitalistes émergeraient en Europe de l'Ouest entre le XIIe et le XIVe siècles. Mais c'est dans les cités-États que ces pratiques capitalistes seraient le plus nettes : là, les marchands, détenteurs du pouvoir, mettent la puissance publique au service de l'accumulation commerciale privée. S'appuyant sur un important commerce extérieur, ces cités-États construisent un « pouvoir capitaliste concentré » à travers des pratiques de monopole qui relèvent à la fois du territorialisme et du capitalisme. Il relève comme très important le système politique commun à ces cités-États, caractérisé par un droit de regard des marchands dans les instances de décision de ces cités-États ; ce fonctionnement aurait été reproduit plus tard dans les grandes nations mercantilistes, Provinces-Unies et Angleterre notamment : « les intérêts privés y instrumentaliseraient le pouvoir politique afin de servir leur propre accumulation ». Ce serait là selon Mielants la grande différence entre les « économies politiques » ouest-européennes et leurs équivalents chinois, indiennes ou d'Afrique du Nord.

La conquête de la Chine par les Mongols, au milieu du XIIIe siècle, ruine l'avance économique des Chinois. La percée des fils de Gengis Khan en Europe fournira au contraire aux marchands des cités-États italiennes une ouverture sur le système-monde afro-eurasien, ce qui aura pour conséquence de conforter l'influence de ces marchands dans les instances de pouvoir de Gênes ou de Venise. « Autrement dit, le « moment mongol » à la fois ruine la seule véritable politique mercantiliste chinoise de son histoire tout en renforçant le pouvoir des marchands sur les puissances publiques de quelques villes, ultérieurement

---
[85]. Philippe Norel, « Du capitalisme diffus au capitalisme concentré... », *in* Philippe Norel, Laurent Testot (dir.), *Une histoire du monde global, op. cit.*, p. 231-234.
[86]. Éric Mielants, *The Origins of Capitalism and the Rise of the West*, Temple University press, 2008.

de quelques États européens, permettant de surcroît l'armement rationnel de ces derniers... Là se situerait finalement une des raisons profondes de l'essor de l'occident », de cette « grande divergence » entre Europe et Asie orientale, comme l'explique Philippe Norel, résumant les travaux d'Eric Mielants[87].

Le formidable essor de la *world history* aux États-Unis depuis les années 1980

Une institutionnalisation rapide de la *world history* aux États-Unis

Les premiers cours universitaires d'histoire mondiale ont été créés au début des années 1960 par Leften Stavrianos et Willam McNeill. McNeill regrettait à la fin des années 1980 l'eurocentrisme de son ouvrage *The Rise of the West* publié en 1963, mais il l'a expliqué par le contexte de domination mondiale des États-Unis[88].

Dans les années 1980-1990, le courant de l'histoire mondiale a connu un vif développement aux États-Unis, et s'est élargi à l'ensemble du monde anglo-saxon. On observe ainsi, dans l'historiographie américaine au tournant des années 1980, un mouvement de balancier qui s'opère entre une histoire toujours plus locale dans les années 1970 (ignorant, en politique étrangère, le point de vue des historiens étrangers), et cette ouverture au grand large qui se produit dans la décennie suivante. Le fort engouement rencontré par l'histoire mondiale dès le début des années 1980 a conduit à sa rapide institutionnalisation : en 1982 a été fondée à Hawaï la *World History Association*, la conférence fondatrice de l'histoire mondiale en 1982 a été organisée par l'*Air Force Academy* à Annapolis (celle-ci avait créé un cours de l'histoire mondiale pour ses cadets à la fin des années 1970, puisqu'un des enseignements de la guerre du Vietnam était qu'il fallait connaître les cultures pour gagner les esprits), plusieurs revues spécifiques ont été créées, comme le *Journal of World History*, publié depuis 1990 par l'Université d'Hawaï, en tant qu'organe officiel de la *World History Association*. L'Université de Hawaï est ainsi devenue le centre d'impulsion de l'histoire mondiale. Elle avait mis précocement en place des études sur l'Asie, et ces programmes avaient pris une vraie ampleur durant les années 1960 et 1970 à cause des nombreux militaires présents sur l'île, dans le cadre des guerres menées par les États-Unis en Asie orientale. L'histoire mondiale y est devenue programme doctoral en 1986. Selon Pierre Grosser, cette centralité de Hawaï dans l'histoire mondiale est à rapprocher de la volonté des deux partis politiques de faire de Hawaï, devenu le 50ᵉ État en

---

87. Philippe Norel, « Du capitalisme diffus au capitalisme concentré... », article cité.
88. William H. McNeill, « The Rise of the West after Twenty-Five Years », *Journal of World History*, 1 (1), 1990, p. 1-21.

1959, un modèle de cohabitation interraciale « à l'américaine » au moment où la ségrégation raciale commençait à être critiquée dans le pays[89].

Internet a joué un rôle moteur dans l'émergence de l'histoire mondiale, permettant aux historiens s'intéressant à ce courant de s'organiser en réseaux et de communiquer de manière dynamique grâce à des sites comme *H-World*, des listes de diffusion comme *H-Net*, ou des revues en ligne comme *World History connected*, tous deux lancés en 1994.

Plusieurs universités américaines ont alors mis en place des cursus de *world history*, d'abord au niveau *undergraduate*, et ont créé des centres de recherche sur l'histoire mondiale/globale. En 1994 sous l'impulsion de Patrick Manning, ont été créés à la Northeastern University un « World History Center » ainsi qu'un programme doctoral d'histoire mondiale. Plusieurs autres universités américaines ont mis sur pied à leur tour des programmes ou centres de recherches en histoire mondiale, comme l'université d'État de New York (State University of New York Stony Brook) qui a créé en 2003 un « Center for Global History ».

Une profusion de travaux

À partir des années 1990, la parution d'ouvrages d'histoire mondiale a proliféré aux États-Unis ; parmi les ouvrages de référence, on peut citer notamment *A World History* de William McNeill (1998), *Navigating World History: Historians Create a Global Past* (2003) de Patrick Manning, ou *Holt World History : The Human Journey* (2002) par plusieurs auteurs dont Akira Iriye[90]. Dans *Navigating World History*, qui se veut un « guide » pour aider le lecteur à s'orienter, à « naviguer » dans un domaine de plus en plus vaste, Patrick Manning inclut plus de mille titres, dont plus de la moitié datent d'après 1990, ce qui illustre bien le caractère récent de ce courant et son essor quasi exponentiel. Ane Lintvedt a elle aussi mesuré la croissance frappante du nombre des travaux d'histoire mondiale/globale aux États-Unis dans les années récentes[91]. Cet extraordinaire engouement s'est poursuivi dans la décennie 2000, avec par exemple la création de la revue *Globality Studies Journal*, publiée depuis 2006 par le *Center for Global History* (New York), ou l'organisation d'un colloque intitulé « *Global history, globally* » à l'université d'Harvard en février 2008. Fait significatif, l'*American Historical Association*, pour sa 123e réunion annuelle en janvier 2009, a choisi pour l'un de ses panels le thème « *Doing Transnational History* », dans lequel une large place est accordée à l'histoire mondiale/globale.

Se rapprochant du modèle des « histoires universelles », l'histoire mondiale/globale a donné lieu à de grandes tentatives de synthèse englobant des siècles en-

---

89. Pierre Grosser, article cité.
90. William McNeill, *A World History*, Oxford, Oxford University Press, 1998 (première publication en 1967) ; Akira Iriye, *The Human Web: A Bird's-Eye View of World History*, New York, W. W. Norton, 2003 ; Akira Iriye, *Cultural Internationalism and World Order*, Baltimore, Johns Hopkins University Press, 1997 ; Akira Iriye et alii, *Holt World History: The Human Journey*, Holt, Rinehart and Winston, 2002 ; Patrick Manning, *Navigating World History: Historians Create a Global Past*, Palgrave Macmillan, 2003.
91. Ane Lintvedt, « The Demography of World History in the United States », *World History Connected* 1, n°1 (nov. 2003), http://worldhistoryconnected.press.uiuc.edu/1.1/lintvedt.html

tiers, voire des millénaires, à l'image de l'*Encyclopedia of World History* publiée à Boston en 2001, travail collectif réalisé par une trentaine d'historiens, s'étendant de l'époque préhistorique aux années 2000[92]. De manière apparemment paradoxale, c'est ainsi au moment où se fait ressentir de plus en plus nettement le déclin du monde occidental que se multiplient les grandes synthèses mettant en valeur l'émergence et le développement de l'Occident.

Akira Iriye et Michael Geyer, deux professeurs de l'université de Chicago, se sont intéressés à l'histoire mondiale. Akira Iriye est d'origine japonaise et Michael Geyer d'origine allemande, ils viennent donc des deux pays vaincus de la Seconde Guerre mondiale. Pour Pierre Grosser « ce n'est donc pas un hasard qu'ils aient promu une histoire transnationale et globale »[93]. Iriye a œuvré à la compréhension entre les États-Unis et le Japon, et son intérêt pour les dimensions culturelles de ces relations l'a mené à mettre en valeur le rôle majeur de la culture dans les relations internationales. Il a écrit sur l'internationalisme[94]. Michael Geyer travaille aussi sur le basculement vers la violence du premier XXe siècle, en Allemagne, et sur la mondialisation des droits de l'homme.

Les grandes fondations privées américaines ont soutenu le développement de l'histoire mondiale. Ainsi, la Fondation Ford a lancé en 1997 le programme « *Crossing Borders* » destiné à mieux appréhender un monde de plus en plus interconnecté, et à se focaliser sur les mouvements des hommes, des idées et des biens.

L'objectif pédagogique de la *world history*

L'émergence de l'histoire mondiale comme discipline académique aux États-Unis doit être mise en relation avec sa percée dans l'enseignement. Une tradition américaine d'histoire « transnationalisée » des États-Unis a toujours existé. Dès les années 1910 ont existé des formes d'enseignement d'histoire non occidentale, justifiées par la prise en compte des vagues d'immigration et par le rôle des États-Unis dans le monde[95]. L'histoire mondiale est née de la volonté des universitaires américains, de fournir des matériaux intellectuels et pédagogiques pour les enseignants du secondaire et pour les étudiants de licence. Une véritable demande pour l'histoire mondiale a émané des enseignants du secondaire états-unien à partir des années 1980.

Dans la *world history*, l'objectif pédagogique tient donc une place importante : parce qu'elle présente un panorama général de l'histoire de l'humanité, la *world history* paraît particulièrement bien appropriée pour les élèves ou les étudiants

---

92. Peter N. Stearns *et alii*, *The Encyclopedia of World History*, Boston, 2001 ; cf. aussi Kenneth Pomeranz and Steven Topik, *The World That Trade Created: Society, Culture, and the World Economy, 1400 to the Present*, Armonk and London, M.E. Sharpe, 1999 ; Mithen, Steven, *After the Ice: A Global Human History 20,000–5000 BC*, Cambridge, Harvard University Press, 2004.
93. P. Grosser, article cité.
94. Akira Iriye, *Cultural Internationalism and World Order*, Baltimore, Johns Hopkins University Press, 1997 ; *id.*, *Japan and the World: from the Mid-Nineteenth Century to the Present*, Londres, Longman, 1997.
95. Katja Naumann, « Teaching the World: Globalization, Geopolitics and History Education at US Universities », *German Historical Institute Bulletin Supplement*, 5, 2008, p. 123-144.

débutants[96]. Ainsi, Patrick Manning adresse explicitement son ouvrage *Navigating World History* aux enseignants et aux élèves du secondaire ainsi qu'aux étudiants. À l'instar de ce livre, plusieurs autres manuels d'histoire mondiale ont été publiés à l'intention des enseignants d'histoire des *highschools*, come par exemple *The New World History : A Teacher's Companion* de Ross E. Dunn, qui présente une historiographie de l'enseignement de l'histoire mondiale à travers le temps et l'espace, et qui donne des suggestions pratiques sur la manière d'appréhender et d'enseigner l'histoire mondiale[97].

Comme l'a fait remarquer Christian Grataloup, en Amérique comme en Europe, les perspectives de la recherche historique et celles de la demande scolaire ont évolué de façon contradictoire : les chercheurs ont remis en cause depuis la fin des années 1960 le « roman national » ; délaissant les grands récits, ils se sont tournés à partir des années 1980 vers une production scientifique centrée sur des objets plus restreints, on parle d'« histoire en miettes ». Or, les enseignants du second degré sont demandeurs d'un grand récit unifié. Rien d'étonnant alors à ce que la demande d'histoire globale soit venue tout d'abord d'eux. Cela s'est fait dans le contexte d'une « crise de la modernité »[98] : à la fin des années 1970, les termes de « globalisation » et de « mondialisation » s'imposent, la notion de « triade » apparaît en 1985, symbole de la prise de conscience de l'émergence d'autres centralités que l'Occident. Christian Grataloup observe : « il y a urgence à tisser des grands et petits récits pour proposer des éléments non d'un « roman du Monde », comme on pouvait sourire des « romans nationaux », mais d'une histoire de l'Humanité. Faute de quoi on laissera le champ libre à des grands récits aux passés clos, ignorants des altérités, à des histoires huntingtoniennes. L'histoire globale est une nécessité civique, une obligation des citoyens du Monde »[99].

---

96. Cf. Patricia J. Campbell, Paul E. Masters, Amy Goolsby, « Global Studies: Hurdles to Program Development », *College Teaching*, vol. 52, n°1 (hiver, 2004), p. 33-38.
97. Ross E. Dunn (dir.), *The New World History: A Teacher's Companion*, Boston and New York, St. Martin's Press, 2000.
98. Sur le paradigme de la « modernité », cf. François Hartog, *Régimes d'historicité. Présentisme et expériences de temps*, Paris, Le Seuil, 2003.
99. Christian Grataloup, « L'école en manque d'histoire du monde », *in* Philippe Norel, Laurent Testot (dir.), *Une histoire du monde global, op. cit.*, p. 347-349.

Chapitre 3

De la *world history* à la *global history*

Si le terme de *world history* a dominé dans les débuts, peu à peu cette appellation s'est vue concurrencée par celle, proche, mais distincte, de *global history*.

L'affirmation de la *global history*

Bruce Mazlish, Wolf Schäfer et la « *New Global History Initiative* »

Ainsi en 1989, l'historien américain Bruce Mazlish a réuni un petit groupe d'universitaires autour du projet d'une *"New Global History Initiative"* (NGH). De cette entreprise est né l'ouvrage *Conceptualizing Global History*, paru en 1993, qui se veut un manifeste en faveur de la *global history*, par opposition à la *world history*[1]. Mazlish définit l'objectif de la *global history* comme l'analyse la naissance et l'évolution du phénomène de « *globalization* ». D'où en français une ambiguïté de traduction de l'expression « *global history* », puisque l'adjectif anglais « *global* » se traduit traditionnellement en français par « mondial », et « *globalization* » par « mondialisation ».

Pour Bruce Mazlish, l'histoire globale serait la meilleure manière d'étudier le monde de plus en plus interdépendant et interconnecté qui est le nôtre depuis quelques décennies, et d'analyser la société « globalisée » qui en découle. Pour lui, l'histoire globale devrait même devenir une nouvelle période de l'histoire, après l'histoire moderne et l'histoire contemporaine. Elle se centrerait sur l'histoire de la mondialisation économique, technologique, culturelle, etc., et des processus qui y sont liés, comme l'émergence d'une société de consommation planétaire, l'exploration de l'espace, la menace nucléaire, les risques technologiques, les problèmes environnementaux Selon lui, ces phénomènes, qui ont comme caractéristique de transcender les frontières des États, peuvent être beaucoup mieux étudiés d'un point de vue global que d'un point de vue national, régional, ou local. Cependant, le caractère pionnier de la prise en compte par les historiens américains du phénomène de la mondialisation est à nuancer : ces historiens ont

---

1. Bruce Mazlish et Ralph Buultjens, *Conceptualizing Global History*, Westview Press, 1993.

eux-mêmes été en retard sur les politiques. En effet l'administration du Président Carter avait placé dès la fin des années 1970 la « *globalization* » au coeur de ses priorités.

Bruce Mazlish, qui se revendique comme l'un des fondateurs de l'histoire globale, a une longue carrière au MIT, haut lieu des travaux interdisciplinaires, facilités par les programmes et les financements de guerre froide. Dans les années 1960, il fut chargé de réfléchir aux conséquences sociales de la conquête de l'espace, en les comparant avec celles de la révolution des chemins de fer[2].

Dans le sillage des idées de Bruce Mazlish, le « *Center for Global History* » de la State University of New York, dirigé par l'historien Wolf Schäfer, se revendique directement de la « *New Global History Initiative* » : il entend constituer une alternative à l'histoire mondiale « traditionnelle » et promouvoir le développement d'études historiques sur le phénomène de la « *globalization* ». Se fondant sur le postulat que « les humains sont désormais connectés les uns aux autres et à la Terre comme jamais auparavant », autrement dit que « la Terre et la nature humaine sont devenues un système couplé »[3], les chercheurs de ce centre soutiennent que le monde serait récemment passé de l'ère de la « modernité » à celle de la « globalité ». Il s'agirait désormais de transcender les limitations matérielles, spatiales et temporelles, et d'appréhender l'histoire à l'échelle des 4,5 milliards d'années de la planète Terre. Au regard de ces immenses étendues temporelles, certains concepts et enjeux devraient passer au second plan, comme ceux de l'État-nation, tandis que d'autres passeraient au premier plan, comme les questions environnementales.

Un courant qui donne lieu à des réflexions sur l'appréhension du temps et de l'espace

Dans le même esprit, le sociologue britannique Anthony Giddens, avec Manuel Castells et Jan Scholte, a, avec la « *globalization theory* », développé l'idée que la radicale nouveauté de notre présent doit amener une nouvelle science sociale ; que notre temps est celui de la globalisation, et que le trait le plus saillant de celle-ci est une compression inouïe de l'espace-temps, dans lequel les pratiques sociales tendent à se détacher de toute inscription territoriale.

Les travaux de l'historien français François Hartog sont également éclairants à cet égard. Dans *Régimes d'historicité* (2003)[4], il ouvre le débat sur les représentations sociales du temps. Définissant les régimes d'historicité comme les différents modes d'articulation des catégories du passé, du présent et du futur[5], il observe que toutes les sociétés humaines connaissent des manières spécifiques d'articuler les temporalités et de penser les relations entre les différentes

---

2. Pierre Grosser, article cité.
3. « Humans are now linked to each other and the earth as never before » ; « Earth and humankind have become a coupled system » (site internet du *Center for Global History*, http://www.sunysb.edu/globalhistory/aboutus.shtml).
4. François Hartog, *Régimes d'historicité, op. cit.*
5. François Hartog, « De l'histoire universelle à l'histoire globale ? Expériences du temps », *Le Début*, 2009/2, n°154, p. 53-66.

modalités du temps que constituent le passé, le présent et le futur. Il montre qu'il existe des « ordres du temps » qui ont varié selon les lieux et les époques, et que chaque société se construit en référence à un ordre du temps pensé comme un idéal. François Hartog observe qu'aujourd'hui le temps se concentre autour du présent, avec les notions de mémoire, de patrimoine, et de témoignage. François Hartog considère qu'un historien global est un historien de la globalisation, et observe que la globalisation tend à occuper aujourd'hui une place analogue à celle de la modernisation dans les années 1950-1960 (voire de la civilisation au début du XIXe siècle)[6].

Au fil des années, l'expression de « *global history* » a gagné du terrain sur celle de *world history*. En effet, le terme « *global* » est apparu plus porteur de sens, mettant l'accent sur l'accroissement des phénomènes d'interdépendance et des processus d'intégration à l'échelle de la planète, tandis que le terme « mondial » peut apparaître simplement comme un synonyme d'« international », sans rien de novateur sur le plan conceptuel. Ainsi, plus encore que l'histoire mondiale, l'« histoire globale » tend à être pensée dans le cadre de la « *globalization* », en français « mondialisation » ou « globalisation », thème qui a le vent en poupe depuis une ou deux décennies, comme en témoigne l'avalanche d'ouvrages parus sur les différents aspects de ce phénomène[7]. La « *global history* » se nourrit de la vogue du thème de la « *globalization* » : ainsi, dans l'*Encyclopedia of Globalization* parue en 2007, figure un article intitulé "Global History"[8]. En lien étroit avec le thème de la « *globalization* », la « *global history* » se fonde aussi sur le concept de « gouvernance globale », qui selon certains historiens américains serait en passe de remplacer l'ancienne conception des relations internationales fondée sur les relations diplomatiques entre États[9]. Ce nouveau concept permettrait de mieux tenir compte du recul du rôle des États, dont plusieurs travaux menés aux États-Unis ont déjà pris acte[10], et de l'accroissement du rôle d'autres protagonistes comme les ONG, les fondations, les entreprises multinationales (ou « transnationales »), etc.

Ainsi, l'histoire globale entend dépasser le cloisonnement national de la recherche historique, afin de saisir des phénomènes, enjeux, menaces ou défis qui dépassent les frontières des États et concernent des millions d'individus dans le monde entier indépendamment de leur appartenance nationale : communications par satellite, menaces nucléaires ou terroristes, problèmes environnementaux, échanges de capitaux, action des firmes multinationales, etc.

---

6. François Hartog, « De l'histoire universelle à l'histoire globale ? Expériences du temps », article cité.
7. Jan Aart Scholte, *Globalization: A Critical Introduction*, Houndsmith, Basingstoke, United Kingdom, Palgrave, 2000.
8. Wolf Schäfer, « Global History », *in* Roland Robertson and Jan Aart Scholte *et alii.*, *Encyclopedia of Globalization*, New York and London, Routledge, 2007, vol. 2, p. 516-521.
9. Cf. Timothy J. Sinclair and Martin Hewson (dir.), *Approaches To Global Governance Theory*, Albany, State University of New York Press, 1999, et Thomas G. Weiss et Leon Gordenke (dir.), *NGOs, the UN, and Global Governance*, Boulder, CO, Lynne Rienner, 1996.
10. Susan Strange, *The Retreat of the State: The Diffusion of Power in the World Economy*, Cambridge, Cambridge University Press, 1996.

Plusieurs *global historians* remettent en question l'importance de la guerre froide, mettant plutôt au premier plan le phénomène de la mondialisation. Ainsi l'historien américain Akira Iriye écrit : « Si pour certains universitaires, la guerre froide fournit toujours un cadre chronologique pour l'histoire mondiale de l'après Seconde Guerre mondiale, il serait plus judicieux d'envisager les évènements depuis 1945 dans le contexte de l'histoire de la mondialisation. Après tout, ces réseaux mondiaux n'attendront pas la fin de ce drame géopolitique pour se constituer. On peut même considérer que c'est l'accélération de la mondialisation qui a entrainé la fin de la guerre froide et non pas le contraire »[11]. C'est une tendance prégnante chez les historiens du global de minimiser l'importance de la guerre froide, la considérant comme une simple parenthèse.

La « *New Global History Initiative* » développe une conception extrêmement large de l'histoire globale : il s'agit d'englober l'ensemble de l'histoire de l'humain, et même d'y ajouter l'histoire naturelle. En cela, la « *new global history* » se rapproche du courant de la « *Big History* ».

La *Big History* et l'histoire environnementale

La *Big History*, apparue aux États-Unis à partir des années 1980, entend expliquer l'évolution de l'expérience humaine sur une très longue échelle de temps, du Big Bang jusqu'à nos jours, en mettant à contribution les apports de plusieurs disciplines comme la climatologie, l'archéologie, la démographie, ou la biologie. Il s'agit d'explorer l'histoire du monde en remontant jusqu'aux « temps profonds », comme les désigne l'historien et paléoanthropologue Stephen Jay Gould[12].

C'est par exemple ce qu'ont tenté Fred Spier avec *The Structure of Big History: From the Big Bang until Today* (1996)[13], effort de présentation d'un récit unifié de toute l'histoire de l'univers à travers les différentes échelles de temps, du Big Bang jusqu'à l'exploration de l'espace par l'être humain, ou plus récemment David Christian, avec *Maps of Time: An Introduction to Big History* (2004)[14], tentative de remettre en perspective les larges échelles de temps pour se consacrer à l'analyse de thèmes et de problématiques qui s'étendent sur le temps long. Par cette orientation et par l'adoption de si larges échelles de temps, les chercheurs de la « *Big History* » tendent à se consacrer davantage à l'histoire de la Terre qu'à celle des êtres humains ; c'est ce qui apparait clairement avec le travail de Peter Douglas Ward et Donald Brownlee sur l'histoire de la planète Terre, *Rare Earth* (2000)[15].

---

11. Akira Iriye, « Réflexions sur l'histoire globale et transnationale », *Cahiers d'histoire. Revue d'histoire critique*, n°121, avril-juin 2013, p. 89-106.
12. Stephen Jay Gould, *Aux racines du temps. À la recherche du temps profond*, Paris, Grasset, 1987.
13. Fred Spier, *The Structure of Big History: From the Big Bang until Today*, University of Chicago Press, 1996.
14. David Christian, *Maps of Time: An Introduction to Big History*, University of Berkeley, California Press, 2004.
15. Peter Douglas Ward et Donald Brownlee, *Rare Earth: Why Complex Life Is Uncommon in the Universe*, New York, Copernicus, 2000.

Des chaires de *Big History* existent aujourd'hui aux États-Unis (comme à la San Diego State University) et en Europe (par exemple à l'université d'Amsterdam). Si en France le terme *Big History* est peu utilisé, il y a toutefois plusieurs chercheurs qui peuvent être rattachés à ce courant. On peut citer par exemple le géographe Gabriel Wackermann avec son ouvrage *Géographie des civilisations* (2008) et Michel Serres dans certains textes comme *L'Incandescent* (2001), où ce philosophe propose une sorte de mise en correspondance des différents temps de l'univers[16]. Deux historiens français en particulier peuvent être identifiés à la *Big History* : Henri-Jean Martin, qui, dans *Aux sources de la civilisation européenne* (2008) résume ce que l'ensemble des sciences humaines peut aujourd'hui dire de l'évolution humaine dans le cadre géographique de l'Europe, et Jean Baechler, qui, dans *Esquisse d'une histoire universelle* (2002), découpe le temps humain en grandes phases, en commençant aux origines de l'*homo sapiens*, et s'efforce d'y découvrir les logiques permettant de comprendre l'apparition des grandes nouveautés dans l'histoire[17].

Il s'agit pour les *Big Historians* d'éviter le risque d'une conception téléologique. Ils doivent s'attacher à analyser les évolutions sociales planétaires sur la longue durée : mettre en évidence les processus non programmés qui déclenchent le mouvement généralisé de décloisonnement des sociétés et d'unification sociale mondiale qu'on appelle mondialisation[18].

Pour René-Eric Dagorn, « c'est du côté de la géohistoire environnementale que se trouve peut-être aujourd'hui l'apport le plus intéressant de la *Big History* ». Ainsi, dans *The Human Web*, William McNeill et son fils John R. McNeill entreprennent de considérer l'histoire mondiale « à vol d'oiseau »[19]. *After the Ice: A global human history* de l'archéologue Steven Mithen et *1491: New Revelations of the Americas before Colombus* du journaliste Charles C. Mann vont dans le sens d'une *Big History* à taille humaine[20] : Steven Mithen s'attache à faire une histoire de l'humanité à partir de - 20 000, date du dernier sommet du dernier âge glaciaire ; quant à l'ouvrage de Charles C. Mann, il se consacre à réhabiliter les sociétés précolombiennes ; de plus, dans trois longs chapitres consacrés à l'Amazonie, il argumente en faveur de l'idée que l'Amazonie serait une forêt artificielle, « un artefact culturel, un objet construit », « la résultante des interactions entre l'environnement et les populations humaines ». Il souligne l'action des Indiens sur le bassin de l'Amazone, peu après le retrait des glaces ; c'est la savane qui occupe alors l'essentiel de l'espace. Au fur et à mesure du changement climatique, les sociétés amazoniennes auraient choisi, sélectionné

---

16. Gabriel Wackermann, *Géographie des civilisations*, Paris, Ellipses, 2008, et Michel Serres, *L'Incandescent*, Paris, Le Pommier, 2001.
17. Henri-Jean Martin, *Aux sources de la civilisation européenne*, Paris, Albin Michel, 2008 ; Jean Baechler, *Esquisse d'une histoire universelle*, Paris, Fayard, 2002. Cités par René-Éric Dagorn, « Big History et histoire environnementale », *in* Laurent Testot (dir.), *Histoire globale, op. cit.*, p. 189-194.
18. René-Eric Dagorn, « Big History et histoire environnementale », article cité.
19. John R. McNeill and William H. McNeill, *The human web: a bird's-eye view on world history*, New York, W.W. Norton, 2003.
20. Steven Mithen, *After the Ice: A global human history*, Orion Books, 2003 ; et Charles C. Mann, *1491: New Revelations of the Amerricas beforce Colombus*, Vintage Book, 2005. Version française : *1491. Nouvelles révélations sur l'Amérique d'avant Christophe Colomb*, Paris, Albin Michel, 2005.

et croisé des plantes et des arbres correspondant à leur vision du monde, et l'apparition de la forêt amazonienne serait en grande partie redevable à leur action. Charles C. Mann conclut : « s'il y a un enseignement à retirer de tout cela, c'est que notre compréhension des premiers occupants du continent ne doit pas nous inciter à ressusciter les paysages d'autrefois, mais à modeler un environnement qui convienne à notre futur ». Ainsi la *Big History* nous aide à comprendre que l'environnement est une construction sociale et que la nature peut être vue comme un projet politique[21].

Ainsi, l'histoire globale apparaît comme un courant interdisciplinaire, qui met à contribution d'autres disciplines comme la géographie et la biologie. En cela, elle s'inscrit dans la lignée de l'école des Annales, qui avait rassemblé aussi bien des historiens comme Marc Bloch que des philosophes comme Lucien Lévy-Bruhl, des ethnologues comme Marcel Mauss, des psychologues comme Jean Piaget et des sociologues comme François Simiand.

Une aspiration interdisciplinaire

L'aspiration interdisciplinaire (ou transdisciplinaire) de l'histoire globale, est illustrée clairement par le profil intellectuel de plusieurs de ses représentants, comme André Gunder Frank. Pour appréhender l'immense champ de recherches qu'ils ont délimité, et pour débattre de questions aussi vastes et pointues que l'origine des mouvements anciens de populations ou l'évolution du climat terrestre, les promoteurs de l'histoire mondiale/globale entendent mettre à contribution des disciplines aussi diverses que l'économie, la sociologie, l'anthropologie, de la géographie, la linguistique, l'archéologie, la biologie, la botanique, la géologie, la climatologie, l'environnement, la démographie, ou la génétique. Plusieurs travaux d'histoire globale ont été réalisés en lien étroit avec la géographie, comme *The Myth of Continents: A Critique of Metageography*, de Martin W. Lewis et Karen Wigen[22], ou avec la biologie, comme *The Panda's Thumb: More Reflections in Natural History* de Stephen J. Gould[23], ou *The Columbian Exchange: Biological and Cultural Consequences of 1492* d'Alfred Crosby, dans lequel l'auteur s'efforce d'expliquer par des raisons biologiques et géographiques pourquoi les Européens ont été capables de succéder aisément aux civilisations d'Amérique et d'Asie : de manière inédite en histoire, l'auteur utilise des données biologiques pour expliquer des événements historiques comme la conquête du Mexique par Cortez et la chute de l'Empire inca[24]. Par ailleurs certains chercheurs comme

---

21. Charles C. Mann cité dans René-Éric Dagorn, « Big History et histoire environnementale », article cité.
22. Martin W. Lewis and Karen Wigen, *The Myth of Continents: A Critique of Metageography*, Berkeley, Los Angeles and London, University of California Press, 1997.
23. Stephen Jay Gould, *The Panda's Thumb: More Reflections in Natural History*, New York, Norton, 1980.
24. Alfred Crosby, *The Columbian Exchange: Biological and Cultural Consequences of 1492*, Greenwood Press, 1972, Praeger Publishers, 2003.

Alain Testart appellent de leurs vœux une nouvelle discipline qui s'appellerait « ethnohistoire »[25].

Parmi les nombreux objets d'étude possible, on constate que l'histoire globale choisit souvent des objets liés aux préoccupations actuelles, aux thèmes qui sont dans l'air du temps depuis les années 1990, comme l'environnement ou le rôle des facteurs biologiques en histoire. Ainsi par là l'histoire globale se rapproche de la biologie.

L'histoire globale de l'environnement

Avec *Something New under the Sun: An Environmental History of the Twentieth-Century World*, paru en 2000 aux États-Unis, John R. McNeill (fils de William McNeill), ambitionne d'écrire une véritable « histoire environnementale du XXe siècle »[26]. Cet ouvrage, qui a obtenu le prix de la *World History Association* en 2000, se penche sur les enjeux antagonistes du besoin de consommation d'énergie et de la préservation de l'environnement. Paru en traduction française en 2010 sous le titre *Du nouveau sous le soleil : une histoire de l'environnement mondial au XXe siècle*, ce livre a connu un grand succès. Malgré une bibliographie essentiellement anglophone et lacunaire concernant l'Europe continentale, l'ouvrage présente une véritable histoire globale de l'environnement.

L'ouvrage comporte deux parties. La première, la plus longue, propose en sept chapitres une histoire de la lithosphère, de l'atmosphère, de l'hydrosphère et de la biosphère au XXe siècle. Ce sont autant de monographies qui dessinent les grandes tendances dans les phénomènes de dégradation de l'environnement que sont la pollution sous toutes ses formes et la surexploitation des ressources hydriques, agricoles, minières, forestières et halieutiques. L'auteur synthétise de manière claire des études sur des sujets mal connus comme l'érosion en Afrique ou la pollution dans les pays émergents, à côté d'études de cas plus classiques sur les régions industrielles et les grandes villes de la planète. La deuxième partie du livre étudie le moteur des changements : la conversion à l'énergie fossile, la poussée démographique et l'adoption d'un modèle unique fondé sur la croissance économique.

Par sa structuration, l'ouvrage semble s'apparenter plus à un livre de science naturelle que d'histoire. En effet, il n'est pas structuré de manière chronologique mais par sphères. Ainsi on peut regretter que John McNeill ne se livre pas à une étude des évolutions au cours des siècles. De plus, on peut reprocher à ce livre de ne guère tenir compte des acteurs mais de se contenter de présenter des mécanismes globaux (le progrès, l'urbanisation, l'industrialisation, la pollution). Les acteurs majeurs sont signalés en conclusion des chapitres : grandes firmes, bureaucrates, ingénieurs, et autres « citoyens activistes ». L'auteur fait grand cas d'acteurs individuels, scientifiques ou ingénieurs dont le paradigme est Thomas

---

25. Alain Testart, « L'histoire globale peut-elle ignorer les Nambikwara ? Plaidoyer pour l'ethnohistoire », *Le Débat*, 2009/2, n°154, p. 109-118.
26. John R. McNeill, *Something New under the Sun: An Environmental History of the Twentieth-Century World*, New York, W.W. Norton, 2000. Version française : *Du nouveau sous le soleil : une histoire de l'environnement mondial au XXe siècle*, Seyssel, Champ Vallon, 2010.

Midgley qui a introduit le plomb dans l'essence et les chlorofluorocarbures dans les réfrigérateurs. Il a eu « plus d'impact sur l'atmosphère qu'aucun être vivant quelconque dans l'histoire de la planète », commente John R. McNeill. Rachel Carson est en revanche honorée comme « mère » des mouvements modernes de défense de l'environnement.

On peut aussi reprocher au livre de minimiser le rôle des États-Unis dans la dégradation de l'environnement (notamment par les émissions de CO_2, et par le fait que les États-Unis possèdent le plus grand parc mondial de réacteurs nucléaires, fait qui n'est pas mentionné) ; l'auteur préfère ainsi insister sur la responsabilité de la Chine.

Cet intérêt pour l'histoire de l'environnement s'inscrit en tout cas dans le cadre de la prise en compte croissante des dangers qui pèsent actuellement sur l'écosystème terrestre. La préoccupation des *world/global historians* pour l'histoire de l'impact de l'humanité sur l'environnement, l'histoire de l'écologie, ou encore l'histoire des maladies et de leur diffusion, s'inscrit en écho aux enjeux actuels des grands risques écologiques, environnementaux (réchauffement climatique, dégradation de la biosphère) et épidémiques (SRAS, grippe aviaire...). À ce titre, puisque les préoccupations contemporaines influent manifestement sur le choix des objets d'étude et sur la manière de les appréhender, l'histoire mondiale/globale apparaît en quelque sorte comme une « histoire du temps présent », c'est-à-dire une histoire conçue dans le cadre des préoccupations qui constituent l'environnement mental de l'historien. Ainsi, l'histoire globale serait en phase avec la nouvelle génération des années 2000, celle d'internet et de la mondialisation, une génération qui selon Wolf Schäfer étendrait son horizon bien plus loin que ses aînés et tendrait spontanément à « penser global »[27].

Jared Diamond et le rôle des facteurs biologiques

Le rôle des facteurs biologiques et écologiques dans l'histoire humaine a été mis en avant par Jared Diamond. Dans *De l'inégalité parmi les sociétés – Essai sur l'homme et l'environnement dans l'histoire*[28], vaste fresque parue aux États-Unis en 1997, devenue un best-seller et ayant obtenu le Prix Pulitzer en 1998, l'auteur, professeur de physiologie à l'université de Californie, tente d'expliquer comment les facteurs environnementaux auraient permis à certaines sociétés de devenir plus avancées que les autres et de les dominer. Pour cela, Jared Diamond met à contribution de nombreuses sciences : biologie, zoologie, paléoanthropologie, économie, histoire, sociologie, philosophie, archéologie, linguistique, psychologie, politique, etc. Selon lui, la situation mondiale actuelle, caractérisée par de fortes disparités de développement entre régions du monde, serait le résultat des processus entamés depuis le Néolithique. Tout au long de ces 13 000 ans, des civilisations auraient, pour des raisons biologiques, acquis

---

27. Wolf Schäfer, « The Uneven Globality of Children », *Journal of Social History* 38, n°4 (été 2005), p. 1027-1039.
28. Jared Diamond, *Guns, Germs, and Steel: The Fates of Human Societies* (« Fusils, microbes et acier : le sort des sociétés humaines »), paru aux États-Unis, 1997, a été traduit en France sous le titre *De l'inégalité parmi les sociétés - Essai sur l'homme et l'environnement dans l'histoire*, Paris, Gallimard, 2000.

un niveau plus élaboré de développement technologique se seraient peu à peu imposées face à d'autres civilisations moins avancées, partout dans le monde. Les premières se sont développées d'abord en Eurasie, et plus précisément d'abord dans le Croissant fertile, du fait de facteurs biogéographiques favorables, qui auraient permis l'apparition d'agriculteurs-producteurs en remplacement des chasseurs-cueilleurs, donc une augmentation de la production alimentaire et un accroissement démographique, phénomène qui aurait lui-même permis à ces hommes de consacrer plus de temps à l'artisanat, l'industrie, l'innovation, la politique, la culture, l'art. Ces modes de vie se seraient ensuite facilement propagés vers l'ouest du fait de l'absence de barrières écologiques majeures, tandis qu'à l'est, vers le Moyen Orient, les obstacles environnementaux (notamment la salinisation des sols due à l'agriculture) auraient provoqué l'effondrement des sociétés sumériennes. Enfin, en Europe occidentale, ces civilisations se seraient encore perfectionnées, aiguillonnées par la concurrence due à la mise en place d'une multiplicité d'États rivaux, multiplicité elle-même favorisée par le caractère découpé de la géographie. Par ce raisonnement, Diamond cherche à invalider les mythes ethnocentriques de la supériorité des Européens sur les peuples non européens : les « différences frappantes concernant l'histoire à long terme des populations des divers continents ne sont pas le fait de différences innées, mais de différences liées à l'environnement », affirme-t-il[29]. Par cette réfutation de l'ethnocentrisme traditionnel, l'approche de Jared Diamond s'apparente à celle de Peter Gran, qui dans son ouvrage *Beyond Eurocentrism* (1996), avait lui aussi utilisé la mise en perspective permise par l'histoire mondiale/globale pour mettre en évidence et dénoncer l'ethnocentrisme (ou eurocentrisme en l'occurrence) longtemps pratiqué par la civilisation européenne dans sa représentation du monde. Dans *Beyond Eurocentrism*, Gran identifie quatre types de stratification qui sous tendent les formes émergentes de souveraineté nationale. Particulièrement intéressantes la découverte de la similarité entre Égypte, Italie, Mexique, Inde, pays où la question régionale est une clé pour le système de stratification[30].

Quelques années plus tard, dans un nouvel ouvrage, *Collapse. How Societies Choose to Fail or Succeed* (2005), Jared Diamond revendique l'utilisation de la « méthode comparative », donc de l'histoire comparée, « pour comprendre l'effondrement de sociétés ayant pour origine des problèmes environnementaux »[31]. Il soutient que certaines civilisations, telles celles de l'île de Pâques, des Mayas ou des Vikings du Groenland, sont la cause de leur propre perte en raison de leur impact sur leur environnement. Elles auraient accompli

---
29. Jared Diamond, *De l'inégalité...*, op. cit., p. 419.
30. Peter Gran, *Beyond Eurocentrism. A New View of Modern World History*, Syracuse University Press, 1996. Peter Gran a aussi écrit *Islamic Roots of Capitalism: Egypt 1760-1840*, Syracuse University Press, 1979, où il considère que le modèle du « despotisme oriental » ne peut pas expliquer la prospérité culturelle qui précède l'arrivée de l'Occident en Égypte ; et *The Rise of the Rich*, Syracuse University Press, 2008.
31. Jared Diamond, *Collapse. How Societies Choose to Fail or Succeed*, Penguin, 2005, 2011 ; version française : *Effondrement. Comment les sociétés décident de leur disparition ou de leur survie*, Paris, Gallimard, NRF essais, 2006 ; prologue.

un « suicide écologique », en détruisant leur base de ressources. Par son analyse des causes de l'effondrement de certaines civilisations, il reprend certains thèmes développés par l'historien américain Joseph Tainter dans *The Collapse of Complex Societies* (1988)[32]. Diamond étudie aussi par contrepoint le cas de sociétés ayant réussi à survivre malgré d'énormes difficultés environnementales, tels les habitants de Papouasie grâce à leur agriculture, ou les Japonais de l'époque Edo grâce à leur gestion des forêts, et entend en tirer des conclusions et même des prédictions au sujet des sociétés humaines d'aujourd'hui, confrontées à des graves problèmes environnementaux et au changement climatique[33].

Les échanges biologiques

L'historien américain Jerry Bentley a souligné l'importance des échanges biologiques. Les échanges biologiques désignent les processus par lesquels des agents biologiques (plantes, animaux, microbes et virus) voyagent vers de nouveaux territoires et s'y établissent. Ces processus ont une longue histoire. Par exemple le blé trouve ses origines dans le Croissant fertile il y a près de 13 000 ans. Vers - 6500 il a fait son chemin vers la Grèce et l'Inde du Nord, puis vers d'autres régions. Le riz, le sorgho, l'igname, le coton ont connu des processus analogues. Jerry Bentley étudie deux processus en particulier : la « révolution verte islamique » et la diffusion de la peste bubonique en Eurasie et en Afrique du Nord entre le XIVe et le XVIIe siècles. La révolution verte islamique est la transplantation massive de nourriture et de plantes industrielles entre 700 et 1100 ; elle se fonde sur la diffusion de nombreux végétaux issus de régions tropicales, notamment d'Asie du Sud-Est et d'Inde, en direction de l'ouest, vers l'Asie du Sud-Ouest et l'Afrique du Nord : citron, banane, noix de coco, riz, canne à sucre (venus d'Asie du Sud-Est), épinard, aubergine, coton (venus d'Asie du Sud). Dans leur processus de diffusion, ces végétaux ont transité par des régions musulmanes, où les autorités musulmanes se sont impliquées dans leur diffusion. « Sachant que leurs patries étaient chaudes et sèches, ils déduisirent que des transplantations pourraient accroître le potentiel nourricier des terres d'islam. (…) Ces pratiques eurent un effet spectaculaire ». Avant cette révolution verte islamique, l'essentiel des terres d'Asie orientale et d'Afrique du Nord n'étaient pas cultivées l'été. L'introduction de ces plantes tropicales a permis aux agriculteurs de travailler désormais toute l'année. « Le résultat fut qu'ils produisirent plus de calories pour la consommation de leurs concitoyens et accrurent considérablement la diversité des produits consommables ».

Quant à la peste bubonique, elle a débuté sans doute au Yunann, au sud-ouest de la Chine, au tout début du XIVe siècle. Peu après, elle s'est diffusée dans le centre de la Chine, où elle a ravagé de nombreuses villes dans les années 1330. Puis elle s'est répandue en Asie centrale. Des marchands génois ont été contaminés sur la mer Noire, ce qui a diffusé la maladie sur tout le pourtour de la Méditerranée.

---

32. Joseph Tainter, *The Collapse of Complex Societies*, Cambridge University Press, 1988.
33. Jared Diamond, *De l'inégalité…, op. cit.*, p. 439.

Dès 1348 la maladie achève sa trajectoire hémisphérique, s'étendant à l'Afrique du Nord et à l'essentiel de l'Europe, entraînant des pertes colossales.

Ainsi, les échanges biologiques, étudiés par Jerry Bentley, sont un objet d'étude essentiel en histoire globale. Qu'ils aient, comme avec la révolution verte islamique, encouragé la croissance démographique en accroissant la disponibilité alimentaire, ou qu'ils aient, comme avec la peste bubonique, décimé les populations par des pandémies destructrices, les échanges biologiques ont affecté très fortement la vie des peuples à travers tout l'hémisphère oriental des temps modernes[34].

La « géohistoire », de Braudel à Grataloup

Comme l'explique le géographe français Christian Grataloup, la géohistoire associe les outils de l'historien et du géographe pour prendre en compte simultanément l'espace et le temps des sociétés. Le mot « géohistoire » est emprunté à Fernand Braudel. Ce dernier, dans *La Méditerranée*, avait appelé à « faire une véritable géographie humaine rétrospective » et a inventé le terme de « géohistoire ». La géohistoire est donc l'étude de la construction des espaces sur la longue durée. Elle étudie comment les sociétés ont cartographié le monde, l'ont relié par des routes (terrestres et maritimes), et l'ont nommé. La notion de géohistoire a été depuis les années 1990 surtout reprise par des géographes[35]. Christian Grataloup, auteur des *Lieux d'histoire. Essai de géohistoire systématique*, puis de *Géohistoire de la mondialisation*[36], observe qu'on peut rapprocher les grands découpages régionaux du monde que représentent les continents des périodes historiques conventionnelles : Antiquité, Moyen Âge, Temps modernes, Époque contemporaine[37]. Le parallèle entre périodes et régions n'est plus alors un simple jeu de miroirs entre espace et temps des sociétés. Les deux types de notions se rapprochent au point de se confondre. L'extension de l'Antiquité ou du Moyen Âge varie géographiquement. Ces régions-périodes (ou l'inverse) forment des représentations qui permettent de mettre de l'ordre dans les passés et, puisque nos grilles de lecture du monde en découlent, dans le présent. Elles organisent les encyclopédies et les statistiques, les programmes scolaires et l'imaginaire sur la diversité des sociétés.

À l'heure de la mondialisation, cette démarche hybride qu'est la géohistoire vise à penser le monde tel qu'il s'est élaboré sur le long terme. Il s'agit, comme l'explique Christian Grataloup, de « localiser les périodes et dater les régions ». Ainsi, « si l'Antiquité a et est une géographie, réciproquement l'Europe est un découpage historique qui n'a pas de sens avant le début du Moyen Âge ». « Le

---

34. Jerry Bentley, « Une si précoce globalisation », *in* Philippe Norel, Laurent Testot (dir.), *Une histoire du monde global, op. cit.*, p. 57-66.
35. Alain Reynaud, *Une géohistoire. La Chine des Printemps et des Automnes*, Montpellier, Reclus, collection « Géographiques », 1992.
36. Christian Grataloup, *Géohistoire de la mondialisation. Le temps long du monde*, Armand Colin, collection « U », 2007.
37. Christian Grataloup, « L'histoire du Monde a une géographie (et réciproquement) », *Le Débat*, 2009/2, n°154, p. 67-77.

chantier qui consiste à penser simultanément la géographie et l'histoire d'une configuration sociale pour l'étudier devient une nécessité » ; et cet effort est, nous dit Grataloup, autant un travail d'historien que de géographe, d'où le mot « géohistoire ». Il souligne que la géohistoire, étant d'abord une inquiétude sur les « construits » intellectuels spatiotemporels adoptés comme des normes, ne se comprend que dans le contexte de la mondialisation. Un exemple de la nécessité d'une telle démarche est celle des limites de l'Europe[38].

Christian Grataloup insiste sur l'alternance des routes qui ont « lié l'histoire du monde » entre les routes prioritairement terrestres (« route de la soie », transcontinentales américaines) et les routes essentiellement maritimes (route des épices, route transatlantique, route des conteneurs actuels). Il développe l'idée d'inversion, d'un monde terrestre où le centre est continental - Empire mongol, voyages de Marco Polo - à un monde où le centre se localise dans les ports et littoraux. Cette inversion aurait eu lieu selon lui au XVe siècle. Il montre à quel point notre monde a été inventé par les Européens, par leur prise de contrôle matérielle à travers les océans et les cartes (il observe qu'à l'intérieur des continents, les rapports de force sont restés défavorables aux Européens jusqu'au XIXe siècle, sauf en Amérique ; et que les Empires portugais et hollandais des XVIe et XVIIe siècles ont été des routes maritimes associées à quelques points d'appui terrestres, en particulier parce que les navires devaient se ravitailler en eau douce). Il montre aussi que cette « invention du monde » par les Européens s'est exercée à travers leur capacité à créer et nommer des catégories (les continents, les peuples, races puis nations) en recyclant les catégories européennes anciennes. Le concept même de continent est issu de la volonté des Lumières de catégoriser et classer.

Christian Grataloup détaille l'historicité du monde en rappelant que « le monde fut longtemps inexistant ». Selon lui, il faut attendre les Grandes Découvertes pour que les interactions s'enclenchent à une échelle qualifiée de « mondiale » même si une bonne part des liaisons ne sont, pendant un certain temps, que transatlantiques ou limitées à quelques produits phares. C'est quand même dans cet espace-temps là que l'Europe va « coudre le monde », inventer les périphéries et la centralité.

Dans la série des raisons de la mondialisation actuelle, la finance joue à la manière d'un moteur, notamment du fait de la permanence des cotations boursières. L'agencement des bourses de valeur sur les fuseaux horaires a été le premier lieu d'échanges en continu, une sorte d'empire sur lequel le soleil ne se couche jamais. Mais cet épisode-là a été rodé par des échanges à échelle intercontinentale de nombreux produits de forte valeur ajoutée comme la soie, les textiles, les épices, mais aussi le sucre que Grataloup appelle « le premier combustible du monde », puis plus récemment, les drogues, le vin.

---

38. Christian Grataloup, « Des mondes au monde : la géohistoire », in Laurent Testot (dir), Histoire globale, op. cit., p. 197-204.

Le *spatial turn*

En lien avec la géohistoire, le *spatial turn* ou « tournant spatial » se réfère à la relation réciproque entre, d'une part, la géographie, d'autre part les humanités et les sciences sociales, relation qui a transformé les parties en présence. Il a donné lieu à des travaux en cartographie littéraire, géo-philosophie, psycho-géographie, etc.

Là où, autrefois, des champs tels que l'histoire et la littérature situaient les événements au sein d'un continuum temporel, la géographie, avec sa conception toute en strates et en transformations géophysiques, propose de lire le passé à travers des accrétions matérielles et territoriales. La cartographie, les nouveaux outils des systèmes d'information géographique, amènent à reconsidérer les entreprises humaines comme des événements laissant une empreinte sur le paysage. Intrinsèquement, le tournant spatial suppose un pluralisme méthodologique et une trans-disciplinarité, une volonté de repousser les frontières d'une discipline grâce aux outils et au cadre d'une autre.

Les chercheurs allemands ont été en pointe dans le développement du tournant spatial, notamment Jörg Döring et Tristan Thielmann, avec leur livre *Spatial Turn*, paru en 2008[39]. Aujourd'hui, plusieurs historiens du culturel utilisent les apports du tournant spatial, par exemple les historiens français réunis dans le projet ANR « Artlas » autour de Christophe Charle, Blaise Wilfert et Béatrice Joyeux-Prunel qui ont entrepris d'aborder l'histoire de l'art avec les techniques de la cartographie.

Ainsi, l'histoire globale et ses courants connexes se caractérisent par un recours à l'interdisciplinarité, en particulier par une association avec les apports et les méthodes de la biologie, de l'archéologie, de la géographie. Cette association se révèle féconde en nouvelles perspectives.

Un va-et-vient entre local et global

Si, avec la *Big History*, l'histoire des échanges biologiques, ou la géohistoire, l'histoire globale apparaît comme une tentative englobante d'appréhender toute l'histoire de l'univers au moyen d'une démarche interdisciplinaire, il serait cependant erroné de limiter l'histoire globale à une histoire « totalisante ». Au contraire, sa richesse et sa spécificité résident notamment dans la volonté de mener des analyses à plusieurs niveaux, de déplacer les perspectives, de combiner différentes échelles, des plus grandes aux plus petites. La réflexion sur le rôle des échelles a été creusée notamment par John H. Bodley dans *The Power of Scale: A Global History Approach* (2003)[40], et, avant lui, en France par Jacques

---

39. Jörg Döring, Tristan Thielmann *et alii* (dir.), *Spatial Turn. Das Raumparadigma in den Kultur-und Sozialwissenschaften*, Bielefeld, 2008. Cf. aussi Angelo Torre, « Un "tournant spatial" en histoire ? Paysages, regards, ressources », *Annales. Histoire, Sciences Sociales*, 2008/5 ; cf. aussi Barney Warf, *The Spatial Turn: Interdisciplinary Perspectives*, Taylor & Francis, 2009.
40. John H. Bodley, *The Power of Scale: A Global History Approach*. Armonk, M.E. Sharpe, 2003.

Revel dans *Jeux d'échelle. La micro-analyse à l'expérience* (1996)[41]. Par le va-et-vient incessant entre différents niveaux d'échelles (temporelles comme spatiales), l'histoire globale vise à repérer des analogies, des parallélismes, identifier des connexions, que l'on n'aurait pas pu déceler avec l'histoire traditionnelle, plus cloisonnée et statique. L'histoire globale permettrait donc finalement de mettre à jour des interprétations générales qui autrement seraient restées invisibles, occultées.

Ainsi l'histoire globale entend unir et combiner les apports aussi bien de la « *microstoria* » que de la « *Big History* ». Histoire locale et histoire globale, loin d'être incompatibles, donneraient lieu au contraire à une dialectique entre local et global[42].

En outre, par rapport à l'histoire mondiale, qui peut en un certain sens apparaître comme une juxtaposition d'histoires nationales, en une accumulation d'histoires séparées, l'histoire globale se démarque par une attention encore plus grande portée aux liens, aux comparaisons. Il s'agit d'éclairer le plus possible de facettes du monde, en en reliant les diverses composantes entre elles. L'histoire globale s'intéresse à la fois au tout et à ses parties, grandes ou petites. Loin de se limiter à des récits linéaires, l'histoire globale s'intéresse aux synergies, aux causalités complexes, aux combinaisons d'événements et d'approches. Il s'agit de mettre à jour de nouvelles relations de sens, en transcendant les cadres nationaux ou chronologiques traditionnels, en dépassant le compartimentage (étatique, temporel, thématique, etc.) des recherches historiques antérieures, pour faire apparaître des phénomènes d'interrelation, de connexions, auparavant insoupçonnés.

Cette volonté de déplacer les perspectives, de « décentraliser » l'histoire, rejoint des réflexions initiées dans les années précédentes par des chercheurs d'autres continents, comme celles sur les « transferts culturels » développées en Europe pour le domaine franco-allemand par Michel Espagne et Michael Werner, qui avaient appelé à « mettre la périphérie au centre de la recherche ».

Cultural, postcolonial et *subaltern studies*

L'histoire mondiale/globale s'est également nourrie des courants des « *cultural studies* », des « *postcolonial studies* » et des « *subaltern studies* ».

Les *Cultural studies*

Les *Cultural studies* sont nées en Angleterre dans les années 1960-1980, sous l'impulsion du Britannique Richard Hoggart qui avec son livre *La Culture du*

---

41. Jacques Revel (dir.), *Jeux d'échelles. La micro-analyse à l'expérience*, Paris, Gallimard et Le Seuil, collection « Hautes Études », 1996.
42. Bruce Mazlish and Ralph Buultjens (dir.), *Conceptualizing Global History*. Boulder, Colo, Westview Press, 1993 ; Wolf Schäfer, « How To Approach Global Present, Local Pasts, and Canon of the Globe », *in* Soma Hewa and Darwin Stapleton (dir.), *Globalization, Philanthropy, and Civil Society: Toward a New Political Culture in the Twenty-First Century*, New York, Boston, Dordrecht, London, and Moscow, Springer, 2005, p. 33-48.

pauvre (paru en Angleterre en 1957 sous le titre *The Uses of Literacy*) a renouvelé l'analyse de la culture populaire[43]. Un des principaux représentants de ce courant est le sociologue d'origine jamaïcaine Stuart Hall, qui a succédé en 1970 à Richard Hoggart comme directeur du *Center for Contemporary Cultural Studies* créé par Hoggart en 1964 à Birmingham[44]. Les *Cultural studies* ont donné lieu ensuite aux États-Unis à des études sur les communautés populaires, minoritaires constestataires, comme les « *Black studies* » (renommées ensuite « *African-American studies* »), ou les « *Chicanos studies* », ainsi qu'à des études sur le thème de la frontière et de l'acculturation, les « *border studies* ». Elles s'étendent également aujourd'hui à l'étude des cultures visuelles (« *visual studies* »). Les travaux des *cultural studies* analysent avec une forte dimension critique les rapports de domination dans le domaine culturel et se penchent notamment sur les rapports entre pouvoirs et identités culturelles, en transgressant la culture académique. Interdisciplinaires, les *Cultural Studies* s'inscrivent à la croisée de la sociologie, de l'anthropologie culturelle, de la philosophie, de l'ethnologie, de la littérature, de la médiologie, de l'histoire des arts.

Les *Postcolonial studies*

Un courant critique, qui vise à dépasser les schémas de pensée issus de la colonisation

En lien avec les *Cultural studies*, les *Postcolonial studies*, qui se sont développées initialement dans le domaine de la théorie littéraire, sous l'impulsion d'abord du théoricien littéraire palestino-américain Edward Saïd[45], ont fourni des outils critiques permettant d'analyser les écrits produits par les auteurs issus des territoires colonisés.

Pour Edward Saïd, le colonialisme n'est pas seulement la violence nue de la conquête, du pillage et l'exploitation de l'Homme par l'Homme. C'est une violence qui colonise, hiérarchise et ethnicise les esprits en imposant une distinction radicale entre « *colonisateurs* »/« *colonisés* », « *civilisés* »/« *primitifs* », « *centre* »/« *périphérie* », distinction qui assure l'hégémonie occidentale partout. Pour sortir de cette impasse, Saïd propose une nouvelle approche politique et éthique de la culture qui évite toute réduction de l'autre à un sous-autre et toute opposition binaire.

Les *postcolonial studies*, recherches qui se sont développées, dans les années 1980, sur les campus américains, d'abord par des chercheurs originaires d'anciennes colonies et notamment d'Inde, analysent les liens entre identités

---

43. En 1957, il publie son principal ouvrage, *The Uses of Literacy. Aspects of Working Class Life* (Chatto and Windus), qui sera publié en France en 1970 sous le titre *La Culture du pauvre. Étude sur le style de vie des classes populaires en Angleterre*, Paris, Minuit.
44. Cf. Stuart Hall, *Identités et cultures. Politiques des Cultural Studies*, Paris, Éditions Amsterdam, 2007. Stuart Hall, *Identités et cultures 2. Politiques des différences*, édition établie par Maxime Cervulle, Paris, Éditions Amsterdam, 2013. Sur Stuart Hall, cf. Mark Alizart, Stuart Hall, Éric Macé, Éric Maigret, *Stuart Hall*, Paris, Éditions Amsterdam, 2007.
45. Cf. Edward Saïd, *L'Orientalisme*, paru en 1978 ; et Edward Saïd, *Culture et impérialisme*, Paris, Fayard, 2000.

culturelles et phénomènes de domination. Les travaux relevant de ce courant ont montré comment le système colonial a instauré dans les territoires colonisés et chez ces peuples un système de valeurs fondé sur l'idée de supériorité de la culture et des valeurs européennes, et comment, après les indépendances, ces peuples se sont efforcés de réaffirmer leurs origines et de se forger des identités culturelles et nationales propres.

Ces recherches se situent dans la continuité des *Area studies* (études des aires géoculturelles ouvertes à toutes les disciplines), des *African studies* des années 1960, en rapport avec les mouvements de décolonisation et d'émancipation, et des *Women's studies* ou *Gender studies*, des années 1970. Ces recherches, qui en ont généré bien d'autres (*Asian-Américain studies*, *Latino studies*...), aspirent toutes à contribuer à la pleine reconnaissance des « identités minoritaires », tout en leur donnant de nouveaux pouvoirs d'agir. La notion qui s'impose est celle d'identité, avec une tendance à la concevoir comme close, en l'essentialisant.

L'ambiance intellectuelle qui règne alors dans les départements de littérature et de sciences sociales américaines est au poststructuralisme et au postmodernisme, à la déconstruction. L'influence du courant de la *French theory* (travaux des Français Jacques Lacan, Jacques Derrida, Roland Barthes, Michel Foucault, Pierre Bourdieu, Gilles Deleuze...) est importante aussi dans l'émergence des *postcolonial studies*.

Les études postcoloniales visent à sortir du modèle colonial de la représentation de l'Autre en déconstruisant les structures de pensée et les logiques héritées de la domination coloniale ; en finir avec cette domination en donnant toute leur place à ceux et celles que le discours colonial a exclus. Ce courant s'attache notamment à approfondir la connaissance des « effets psychiques » de la colonisation.

« L'idée fondamentale des études postcoloniales est à mes yeux, écrit Homi K. Bhabha, la suivante. Au cours des XVIIIe et XIXe siècles, alors qu'une partie du monde créait des nations, des citoyens, des Droits de l'Homme, alors que l'Europe produisait ces idées extrêmement importantes et radicales, elle produisait simultanément des savoirs orientalistes, des stéréotypes, des "indigènes", des individus qui se voyaient refuser la citoyenneté. En même temps qu'elle produisait de la civilité, elle produisait de la "colonialité". Cette contradiction profonde est celle de la modernité elle-même. Et elle demeure manifeste aujourd'hui, dans les contradictions du processus de mondialisation »[46].

Sortir de la « colonialité » pour ouvrir une nouvelle voie de la relation à l'Autre, à une nouvelle organisation du monde sans centre, ni périphéries, tel est le projet des *postcolonial studies*. Pour atteindre cet objectif, ses théoriciens récusent les logiques et rhétoriques oppositionnelles en privilégiant le mouvement, le dépassement et la rupture. Contrairement à ce qu'induit le préfixe « post », le postcolonial n'invite pas à se situer dans un « après » de la colonisation, mais dans son dépassement, en inventant un autre rapport au passé, au présent et au futur. Ainsi, le « postcolonial » ne désigne pas seulement la période qui vient après le temps des colonies, mais un genre d'études qui se consacre à critiquer les

---

46. « L'ambivalence du discours colonial - Entretien avec Homi K. Bhabha », *Sciences Humaines*, n° 183, juin 2007, p. 50.

sources occidentales du savoir et de l'histoire. Est donc postcolonial tout objet qui résiste au regard colonial.

Plusieurs ouvrages se rattachant aux *postcolonial studies* s'attachent à décentrer le regard, et à étudier les peuples décolonisés ou les peuples autochtones. Ainsi l'ouvrage collectif *Decolonizing Native Histories: Collaboration, Knowledge, and Language in the Americas* s'attache à étudier les peuples autochtones d'Amérique latine[47].

La réception très critique des postcolonial studies *en France*

La réception des *postcolonial studies* en France a été très critique. L'historien Nicolas Bancel a, dans un article pour la revue *Vingtième siècle* en 2012, étudié cette réception critique. Il évoque un colloque organisé en 2006 à l'École des hautes études en sciences sociales (EHESS), qui a été le théâtre de « controverses enflammées », comme en témoignent les actes du colloque, dirigés par Marie-Claude Smouts, *La Situation postcoloniale*[48]. Déjà en 2003 dans *La République coloniale*, Nicolas Bancel, Pascal Blanchard et Françoise Vergès avaient appelé à la création en France d'une « école de recherche à l'image de ce qui s'est passé aux États-Unis, en Asie, en Inde, en Afrique, en Angleterre autour des *postcolonial studies* »[49]. Constatant l'écart entre le discours républicain et ses réalisations coloniales, ces historiens ont entrepris d'explorer le champ de la culture coloniale. Deux ans plus tard, ils mettent ce projet à exécution, publiant un recueil sur une thématique postcoloniale : la persistance du regard colonial porté sur les immigrés en France[50]. S'appuyant sur Michel Foucault et adoptant une perspective critique du discours rationnel, ils rassemblent des études sur des tabous de l'histoire française, sur les imaginaires ethniques actuels et sur les impensés de l'idéologie républicaine. Mais ils ne reprennent pas les concepts chers aux auteurs anglo-saxons des *postcolonial studies* : hybridité, altérité, transculturel. Ainsi, comme l'observe Nicolas Journet, « cet essai postcolonial à la française s'écarte donc du modèle anglo-saxon en plusieurs points : scepticisme face à la théorie critique, peu d'intérêt pour le multiculturalisme, déconstruction certes, mais du seul "modèle français" »[51].

Quelques années plus tard, plusieurs autres ouvrages sur les *postcolonial studies* sont parus en France, notamment en 2010 l'ouvrage de Jean-Francois Bayart *Les Postcolonial studies, un carnaval académique*[52], ainsi que l'ouvrage d'Yves Lacoste *La Question postcoloniale : une analyse géopolitique*[53]. Dans *Les*

---

47. Lorencia E. Mallon (dir.), *Decolonizing Native Histories: Collaboration, Knowledge, and Language in the Americas*, Durham, Duke University Press, 2012.
48. Marie-Claude Smouts (dir.), *La Situation postcoloniale. Les postcolonial studies dans le débat français*, Paris, Presses de Sciences Po, 2007.
49. Nicolas Bancel, Pascal Blanchard et Françoise Vergès, *La République coloniale. Essai sur une utopie*, Paris, Albin Michel, 2003.
50. Nicolas Bancel, Pascal Blanchard et Françoise Vergès, *La Fracture coloniale*, Paris, La Découverte, 2005.
51. Nicolas Journet, « Les postcolonial studies : retour d'empires », *in* Laurent Testot (dir.), *Histoire globale, op. cit.*, p. 217-223.
52. Jean-Francois Bayart, *Les Postcolonial studies, un carnaval académique*, Paris, Karthala, 2010.
53. Yves Lacoste, *La Question postcoloniale : une analyse géopolitique*, Paris, Fayard, 2010.

études postcoloniales, un carnaval académique, Jean-François Bayart se montre critique à l'égard des études postcoloniales. Il souligne l'ambiguïté des études postcoloniales qui « colonisent » selon lui tous les champs du savoir. Il dénonce la confusion d'une perspective qui se veut à la fois épistémologique et normative, scientifique et militante[54]. Comme l'analyse Nicolas Bancel, « ces ouvrages répondent à trois processus concomitants : à la publication de dossiers ou de numéros spéciaux de revues specialisées ; aux traductions récentes de plusieurs livres directement issus de ce courant[55] ; aux analyses qui tentent d'introduire les réflexions de ce courant dans le champ académique francais ou encore d'ouvrages ayant emprunté une partie de leurs perspectives aux *postcolonial studies*, sans le plus souvent se définir comme y appartenant. La virulence des réactions [...] doit interroger. Pourquoi les *postcolonial*, mais aussi les *subaltern studies* ont-elles provoqué ces controverses quasi-épidermiques ? Et pourquoi si tardivement ? » Certes, les auteurs postcoloniaux et subalternistes avaient été discutés en France, dans les marges du champ academique, parfois depuis longtemps, par exemple par Jacques Pouchepadass[56]. Mais il faut attendre 1999 et la publication, sous la direction de Mamadou Diouf de l'ouvrage *L'Historiographie indienne en débat : colonialisme, nationalisme et sociétés postcoloniales*, qui rassemble la traduction francaise d'une dizaine d'articles de fonds d'auteurs subalternistes et postcoloniaux, pour qu'un intérêt un peu plus large se manifeste, limité cependant à quelques africanistes et indianistes francais. Dans le domaine des sciences politiques, malgré une critique très forte des *postcolonial studies*, le chercheur Romain Bertrand a également oeuvré pour accueillir plusieurs auteurs reputés appartenir à ce courant[57]. Pour Nicolas Bancel, « les attaques globalisantes contre les *postcolonial studies* sont curieuses, car ce courant est caractérisé, comme le rappellent Achille Mbembe et d'autres, par son caractère éclaté, transdisciplinaire, contrasté, profondément polémique et dialogique ». Il est ainsi reproché aux *postcolonial studies* d'établir des continuités historiques entre les périodes précédant et succédant à la colonisation. Il est également reproché aux *postcolonial studies* d'essentialiser la catégorie « coloniale »[58].

Débats et controverses

Au terme d'une vingtaine d'années de production intense, il n'existe pas de théorie postcoloniale unifiée, et encore moins une discipline universitaire qui porte ce nom.

---

54. J.F. Bayart, *Les études postcoloniales. Un carnaval...*, op. cit.
55. Homi Babbha, *Les Lieux de la culture, une théorie postcoloniale*, Paris, Payot, 2007 ; Gayatri Chakravorty Spivak, *Les Subalternes peuvent-ils parler ?*, Paris, Éditions Amsterdam, 2009.
56. Jacques Pouchepadass, « Les *subaltern studies* ou la critique postcoloniale de la modernité », *L'Homme*, 156, octobre-décembre 2000, p. 161-185.
57. Jim Cohen, « La bibliothèque postcoloniale en pleine expansion », *Mouvements*, n°51, septembre 2007, p. 166-170 ; Achille Mbembe, *De la postcolonie : essai sur l'imagination politique dans l'Afrique contemporaine*, Paris, Karthala, 2000 ; Achille Mbembe, « Qu'est-ce que la pensée postcoloniale ? », *Esprit*, n°330, décembre 2006, p. 117-133 ; Achille Mbembe et Nicolas Bancel, « De la postcolonie », *Cultures Sud*, n°165, 2e trim. 2008, p. 45-63.
58. Nicolas Bancel, « Que faire des *postcolonial studies* ? Vertus et déraisons de l'accueil critique des *postcolonial studies* en France », *Vingtième Siècle. Revue d'histoire*, 2012/3 - n°115, p. 129 à 147.

Plusieurs débats ont germé. Ainsi, les chercheurs se sont interrogés sur la singularité du fait colonial européen : la redécouverte d'une histoire propre par les peuples colonisés permet-elle de mettre au jour et d'étudier d'autres formes de colonialisme ? Par exemple celui pratiqué par les Empires chinois et indonésien ? Peut-on aussi identifier un colonialisme interne au sein de pays nouvellement indépendants ? Faut-il, comme le souhaite Homi Bhabha, dénationaliser l'histoire des indépendances ?

Il est à noter que les théoriciens du postcolonialisme appartiennent à une élite très anglicisée (on peut identifier les lieux où se sont développées les *postcolonial studies* avec les frontières de l'ancien Empire colonial britannique) et puisent, paradoxalement, dans la philosophie européenne les arguments de leur critique de l'Occident. Certains de ces chercheurs, comme l'historien marxiste turc Arif Dirlik, critiquent leur excès de « textualisme », estimant que cela constitue une fuite hors des faits sociaux et politiques, qui leur permet de résoudre leurs propres contradictions et les amène à adhérer à un multiculturalisme modéré. Ainsi les historiens se répartissent en deux camps : ceux qui mettent l'accent sur le poids des causalités socio-économiques et politiques, et ceux plus radicaux, porteurs d'une définition subjective de la condition postcoloniale, permettant d'y inclure toute expression de résistance à une forme de domination[59].

Au-delà de ces débats et controverses, il est intéressant de prendre connaissance des principaux représentants actuels des *postcolonial studies* et de leurs travaux.

Gayatri Spivak

Gayatri Spivak, née en 1942 à Calcutta, est devenue professeure de théorie et de critique littéraire à l'université Columbia de New York. Avec *En d'autres mondes, en d'autres mots* (paru en anglais en 1987) Gayatri Spivak signe un texte classique des études postcoloniales. Au croisement de l'histoire, de la critique littéraire, de la sociologie et de la philosophie, Spivak dépasse les frontières disciplinaires pour renouveler la critique des différentes formes de domination[60]. L'année suivante, son essai *Can the Subaltern Speak ?* s'impose vite comme un texte fondateur du postcolonialisme[61].

Les Lieux de la culture *de Homi K. Bhabha (2007)*

Homi K. Bhabha, né à Bombay en 1949, est l'un des théoriciens les plus importants et les plus influents du postcolonialisme. S'appuyant sur la littérature, la philosophie, la psychanalyse et l'histoire, il invite notamment à repenser les questions très actuelles d'identité et d'appartenance nationales ; à dépasser, grâce au concept très fécond d'« hybridité culturelle », la vision d'un monde dominé par l'opposition entre soi et l'autre ; à saisir comment, par le biais de l'imitation et de

---

59. Nicolas Journet, « Les *postcolonial studies* : retour d'empires », *in* Laurent Testot (dir.), *Histoire globale, op. cit.*, p. 217-223.
60. G. C. Spivak, *En d'autres mondes, en d'autres mots. Essais de politique culturelle*, Paris, Payot, 2009.
61. Gayatri Spivak, « Can the Subaltern Speak? », *in* Cary Nelson and Larry Grossberg (dir.), *Marxism and the interpretation of Culture*, Chicago, University of Illinois Press, 1988.

l'ambivalence, les colonisés introduisent chez leurs colonisateurs un sentiment d'angoisse qui les affaiblit considérablement ; ou encore, plus largement, à comprendre les liens qui existent entre colonialisme et globalisation.

Dans son livre majeur, *Les lieux de la culture*[62], Homi K. Bhabha revient sur ces divers concepts, tout en nous invitant à repenser les questions d'identité, de diversité, d'appartenance nationale, ainsi que le rapport à l'autre en vue de les dépasser, grâce au concept d'hybridité culturelle. Bhabha est un penseur du mouvement et du « tiers-espace » Il cherche à construire une pensée de l'espace tiers, comme pensée de l'émancipation, qui tourne le dos à l'analyse des situations coloniales en termes d'exploitation et de domination et aux oppositions réifiées et stériles entre centre et périphérie, identité et altérité.

Ashis Nandy

Né en 1937, Ashis Nandy est un psychologue et sociologue indien. Ses œuvres couvrent une large variété de thèmes. Son livre de 1983, *The Intimate Enemy: Loss and Recovery of Self Under Colonialism*, traite des problèmes psychologiques posés au niveau personnel par le colonialisme, à la fois pour le colonisateur et pour le colonisé. Il affirme que la compréhension de soi est entrelacée avec les questions de race, de classe, de religion sous le colonialisme[63].

Le colonialisme en question de Frederick Cooper (2010)

Écrit par un spécialiste étatsunien de l'histoire des empires coloniaux, un des pionniers des *postcolonial studies*, *Le colonialisme en question* est un ouvrage érudit qui opère un tour d'horizon critique de l'historiographie de la colonisation depuis 1951, année marquée par un article fondateur de l'anthropologue et sociologue français Georges Balandier sur « la situation coloniale »[64]. Frederick Cooper parcourt ce demi-siècle de travaux avec un regard critique et retrace comment, après avoir connu dans les années 1950-1960 un grand essor puis avoir été délaissé, le thème du colonialisme est revenu en force avec le courant des *postcolonial studies*. Selon lui, il faut désormais « rehistoriciser la situation coloniale » et insister sur le concept d'empire[65].

Dans la seconde partie, l'auteur se penche sur les concepts clés représentatifs de l'orientation des recherches actuelles dans le domaine des études coloniales comme dans d'autres secteurs interdisciplinaires. Il se livre à des réflexions sur des concepts tels que l'« identité », la « globalisation », la « modernité », l'« empire ». Ainsi, à propos de la globalisation, il souligne l'interconnexion entre continents à laquelle a donné lieu l'esclavage atlantique : « ce qui était nouveau c'était l'interrelation de l'Afrique, de l'Europe et des Amériques, qui modifia le

---

62. Homi K. Bhabha, *Les Lieux de la culture. Une théorie postcoloniale*, Paris, Payot, 2007.
63. Ashis Nandy, *The Intimate Enemy: Loss and Recovery of Self Under Colonialism*, Delhi, Oxford University Press, 1983 ; consultable en ligne sur http://multiworldindia.org/wp-content/uploads/2010/05/the-intimate-enemy.pdf
64. Georges Balandier, « La situation coloniale : approche théorique », *Cahiers internationaux de sociologie*, PUF, vol. 11, 1951, p. 44-79, consultable en ligne sur http://credo-multimedia.com/Bib_num/E-books/situation_coloniale_1951.pdf
65. Frederick Cooper, *Le colonialisme en question. Théorie, connaissance, histoire*, Paris, Payot, 2010.

comportement des acteurs dans ces trois continents, obligea à un changement d'échelle et conféra une logique implacable à l'expansion du système jusqu'au XIXe siècle »[66], alors que la Chine, comme le prouvent les travaux du sinologue Kenneth Pomeranz, ne pouvait disposer d'une semblable « complémentarité de ressources » et déclina longuement.

Le dernier chapitre du livre est l'un des plus convaincants. Consacré au syndicalisme africain dans les dernières années de l'AOF, il s'intéresse au moment historique des réformes de 1946 qui fondent l'Union française. Grâce à plusieurs grèves bien conduites, les syndicats ouest-africains arrachent des conquêtes à l'administration coloniale au nom du principe d'égalité. Ce chapitre montre bien le rôle du syndicalisme dans l'accélération du processus d'émancipation.

Si on a pu reprocher à cet ouvrage de Frederick Cooper de s'appuyer uniquement sur une bibliographie anglo-saxonne et de faire l'impasse sur les travaux français, l'apport de ce livre reste très important.

Empires *de Frederick Cooper et Jane Burbank (2011)*

Ce livre, qui a obtenu le prix 2011 de la *World History Association*, s'attache à étudier les empires, ces vastes États composés de territoires et de peuples assemblés par la force et l'ambition, qui ont dominé le paysage politique depuis plus de deux mille ans. Entamant leur histoire par la Chine et la Rome anciennes, la poursuivant avec l'Asie, l'Europe, les Amériques et l'Afrique, Burbank et Cooper étudient les conquêtes, les rivalités, les stratégies de domination, éclairant tout particulièrement la manière dont les empires s'adaptent aux différences entre les peuples, les créent ou les manipulent. Ils expliquent aussi le monothéisme militant de Byzance, les califats islamiques, les Carolingiens, mais aussi les lois tolérantes et pragmatiques des Mongols et des Ottomans, qui combinèrent protection religieuse et loyauté des sujets. Ils discutent enfin, notamment, la question de l'influence des empires sur le capitalisme et la souveraineté populaire, ou encore les limites et l'instabilité des projets coloniaux européens[67].

Les *postcolonial studies* sont ainsi un ensemble hétérogène de travaux visant à revaloriser la vision de ceux qui ont longtemps été opprimés et réduits au silence.

Les *Subaltern Studies*

Un courant développé par des chercheurs indiens dans les années 1980

Dérivant directement des *postcolonial studies*, les *subaltern studies* se sont développées à partir des années 1980 sous l'impulsion notamment de l'historien indien Ranajit Guha et de la critique littéraire Gayatri Spivak[68]. Le groupe initial comprenait huit chercheurs indiens, dont quatre résidaient en Inde, deux aux États-Unis et deux en Angleterre. Dipesh Chakrabarty, qui en fait partie, raconte :

---

66. *Ibid.*, p. 133.
67. Frederick Cooper et Jane Burbank, *Empires*, Paris, Payot, 2011.
68. Cf. Gayatri Spivak, *Subaltern Studies: Deconstructing Historiography*, 1985 ; Gayatri Spivak, « Can the Subaltern Speak? », article cité, p. 271-313 ; Gayatri Spivak et Ranajit Guha (dir.), *Selected Subaltern Studies*, Oxford, Oxford University Press, 1988.

« Il s'agissait d'un mouvement générationnel. À l'exception de Ranajit Guha [plus âgé], nous étions tous nés à peu près au moment de l'indépendance de l'Inde en 1947. Nous avions hérité du nationalisme mais nous le critiquions. Nous étions insatisfaits des deux principales traditions qui existaient alors pour écrire l'histoire de l'Inde. La première, nationaliste-marxiste, quoique critique vis-à-vis de l'autorité coloniale, attribuait à l'élite nationaliste tout le crédit du nationalisme anticolonial. Cette historiographie était oublieuse de tous les problèmes posés par le nationalisme, y compris la tendance de l'État-nation à brutaliser certains groupes – comme les Naga – pour les contraindre à faire partie de l'Inde après l'indépendance. La seconde tradition s'inscrivait à la suite de l'historiographie "impériale" britannique. Soit elle prenait la défense de l'autorité britannique en Inde, soit elle niait le fait que les Britanniques aient été assez puissants pour avoir une influence durable et dommageable sur les institutions et la société indiennes. Nous estimions que ces deux traditions étaient élitistes et réticentes à considérer la manière dont les groupes sociaux "subalternes" – ceux dominés tous les jours dans la vie sociale – avaient en propre contribué au nationalisme anticolonial. Les *subaltern studies* se donnaient pour but de produire des analyses historiques dans lesquelles les groupes subalternes seraient considérés comme les sujets de l'histoire. Nous étions de gauche et nous avons emprunté le terme "*subaltern*" au marxiste italien Antonio Gramsci. Nous préférions ce mot à celui de "classe" parce que, dans nos textes, nous parlions de personnes qui non seulement font partie des classes économiquement inférieures mais qui, dans leur vie quotidienne aussi, sont sujettes à des rapports directs de domination et de subordination. Nous voulions donc introduire la question du pouvoir dans l'analyse de classe. Nous nous opposions aux histoires nationalistes qui faisaient le portrait de leaders nationalistes "modernes" et décrivaient la mentalité paysanne comme attardée »[69].

Visant à inverser la tendance jusqu'alors élitiste de l'historiographie de l'Inde coloniale, ce courant entend revaloriser le rôle des classes « subalternes » de l'Inde, négligées par l'historiographie traditionnelle. Le courant des *subaltern studies* tire son nom de la publication éponyme d'une série de volumes collectifs publiée au Royaume-Uni à partir de 1982[70]. Le travail critique des historiens subalternistes a renouvelé de manière féconde les perspectives de l'histoire coloniale, puisqu'ils se sont livrés à une critique économique et sociale de la colonisation à une critique du discours orientaliste colonial et de l'européocentrisme prégnant dans les sciences sociales. À partir du début des années 1990, les études postcoloniales ont connu un essor aux États-Unis et elles se sont tournées de manière croissante vers le domaine historique, proposant une relecture de l'histoire de la colonisation. En se fondant sur l'analyse de textes et de discours des époques coloniales et post-coloniales, et sous l'influence de différentes approches critiques (marxisme, post-structuralisme, histoire du genre), les *subaltern studies* ont exploré les relations entre l'ancien colonisateur et l'ancien colonisé, et ont mis en évidence les vestiges

---

69. « Rencontre avec D. Chakrabarty. Quelle histoire pour les dominés ? », propos recueillis et traduits par Catherine Halpern, *in* Laurent Testot (dir.), *Histoire globale*, op. cit., p. 225-230.
70. Collectif, *Subaltern studies. Writing on South Asian History and Society*, 10 volumes, Oxford University, 1982 à nos jours.

du colonialisme qui subsistent dans la situation politique et économique des anciennes colonies et dans la culture de leurs habitants, comme des habitants des anciennes métropoles.

Dipesh Chakrabarty évoque ainsi la réception des travaux produits par les subalternistes : « Les trois premiers volumes [de la série des *subaltern studies*] reçurent un bon accueil de la part des universitaires indiens, nombreux à penser que nous produisions de "bonnes" versions indiennes de ce que les Britanniques appellent "l'histoire par en bas". Certains critiquèrent notre marxisme peu orthodoxe mais la réception était dans l'ensemble bonne. Cela changea quelque peu quand les *subaltern studies* furent considérées dans le monde anglo-américain comme "postcoloniales". (...) Edward Saïd écrivit pour le volume une préface accueillante. Trois types de critiques eurent un impact. Les féministes nous reprochèrent l'absence des questions de genre dans les *subaltern studies*. G. Spivak soutint aussi que nous avions une bien mauvaise idée du sujet et critiqua notre désir de "reconnaître les subalternes comme auteurs de leur destin". Elle écrivit un essai déconstructionniste, *Can the Subaltern Speak?*, qui eut une grande influence. En Inde, on mit en cause notre statut d'intellectuels issus des plus hautes castes : comment pouvions-nous dans ces conditions comprendre ou représenter la vie des gens des basses castes ou des ex-intouchables ? »[71].

Les *subaltern studies*, qui restent représentées essentiellement par des chercheurs indiens comme Homi K. Bhabha[72], Dipesh Chakrabarty[73], et Arjun Appadurai[74] (tous trois devenus professeurs d'université aux États-Unis), constituent un symbole fort de la réappropriation militante par les intellectuels des pays du Sud de l'histoire du passé colonial de leurs peuples. Ainsi par exemple, Arjun Appadurai, s'opposant à la thèse culturaliste de Samuel Huntington, a mis en évidence et analysé le phénomène de « l'indigénisation du cricket » en Inde pour illustrer les mécanismes d'emprunt et de réinvention d'une culture sur une autre. Le cricket, sport introduit en Inde par les colonisateurs britanniques, porteur des valeurs traditionnelles et élitistes de l'Angleterre coloniale, a connu un processus d'adaptation dans le cadre de l'affirmation de la culture nationale indienne : repris par les élites indiennes, il est devenu un sport authentiquement indien, très populaire en Inde et fortement associé au nationalisme indien. L'exemple du cricket illustre donc le processus d'appropriation de valeurs exogènes pour en faire des valeurs indiennes et l'indigénisation d'une pratique culturelle.

---

71. « Rencontre avec Dipesh Chakrabarty », article cité.
72. Cf. notamment Homi K. Bhabha, *Les lieux de la culture. Une théorie postcoloniale*, Paris, Payot, 2007.
73. Cf. Dipesh Chakrabarty, *Provincializing Europe: Postcolonial Thought and Historical Difference*, Princeton University Press, 2000, et Dipesh Chakrabarty, *Habitations of Modernity: Essays in the Wake of Subaltern Studies*, University of Chicago Press, 2002.
74. Cf. Arjun Appadurai, *Géographie de la colère. La violence à l'âge de la globalisation*, Paris, Payot, 2007 ; Arjun Appadurai, *Après le colonialisme. Les conséquences culturelles de la globalisation*, Paris, Payot, 2001 ; Arjun Appadurai, *Modernity at large: cultural dimensions of globalization*, Minneapolis, Minn., University of Minnesota Press, 1996.

Dipesh Chakrabarty et le projet de « provincialiser l'Europe »

Dipesh Chakrabarty a souligné l'effort des *subaltern studies* pour « comprendre les archives historiques comme le produit de relations de pouvoir » ; en effet, « les paysans et les travailleurs ne laissent pas leurs propres documents »[75]. Il revient donc aux subalternistes de compenser ce déséquilibre en réussissant à « faire parler » les humbles, les petits, malgré la faible quantité d'archives émanant d'eux.

Un autre impératif qui tient à cœur à ce chercheur est Dipesh Chakrabarty est de « provincialiser l'Europe »[76]. Le projet de ce chercheur n'équivaut pas à rejeter la pensée européenne. En effet, s'il observe que l'Europe n'est plus au centre du monde, que l'histoire européenne n'incarne plus « l'histoire universelle », il est conscient que ses catégories de pensée et ses concepts politiques continuent de régir les sciences sociales, la discipline historique et nos représentations politiques. Mais il observe que la pensée européenne, aussi indispensable soit-elle, est inadéquate pour appréhender l'expérience de la modernité politique dans les nations non occidentales. Comment s'affranchir de son « historicisme » ? Comment interpréter les faits sociaux sans les contraindre à se conformer au modèle, limité et exclusif, de l'accession progressive de tous, au cours de l'histoire, à une certaine conception de la « modernité » ? L'enjeu est de parvenir à renouveler les sciences sociales, à partir des marges, pour sortir d'une vision qui réduit les nations non européennes à des exemples de manque et d'incomplétude, et penser au contraire la diversité des futurs qui se construisent aujourd'hui.

Son livre s'y essaie, en décrivant diverses manières d'être dans le monde – de l'intense sociabilité littéraire de Calcutta au rapport complexe des poètes indiens vis-à-vis de la nation, en passant par la façon dont les veuves indiennes ont vécu et fini par faire entendre leurs souffrances –, manières d'être dans le monde qui sont autant d'histoires singulières et fragmentaires, autant de réinterprétations, de traductions et de transformations pratiques des catégories universelles et abstraites de la pensée européenne.

Le titre de l'ouvrage, *Provincialiser l'Europe*, signifie, comme l'explique l'auteur, que « les idées universalistes de la modernité venues de l'Europe d'après les Lumières n'étaient que partiellement universelles ; elles étaient aussi en même temps provinciales ». « En Inde, de nombreuses idées « européennes » ont enrichi nos vies, comme l'idée universelle de justice, les critiques modernes de l'oppression, etc., mais le problème a toujours été que ce qui est universel en un sens est aussi provincial en un autre. Je m'efforce de montrer, dans le chapitre que je consacre à Karl Marx, que bien que nous ayons besoin d'universaux dans notre pensée, aucune instance concrète ne peut en fait incarner l'universel. (...) Pour moi, parler de « provincialisation » était une manière de dire que nous avons besoin d'idées générales et universelles mais que nous ne devons pas commettre l'erreur de penser qu'une entité géographique concrète comme l'Occident peut être la réalisaiton d'une catégorie universelle comme le "capital" »[77].

---

75. « Rencontre avec Dipesh Chakrabarty », article cité.
76. Dipesh Chakrabarty, *Provincialiser l'Europe. La pensée postcoloniale et la différence historique*, Paris, éditions Amsterdam, 2009.
77. « Rencontre avec Dipesh Chakrabarty », article cité.

Les *subaltern studies* ont depuis les années 1980 donné lieu à de nombreux travaux, émanant non plus seulement de chercheurs indiens mais même de chercheurs occidentaux[78], et à des réflexions, notamment épistémologiques, aussi bien de la part de protagonistes des *subaltern studies* que de chercheurs occidentaux[79].

L'histoire mondiale/globale présente bien des points communs avec les *postcolonial studies* et les *subaltern studies*, par son effort pour décentrer la perspective et par son intention de se démarquer de l'ethnocentrisme occidental qui imprégnait jusque là de nombreux travaux historiques.

Autres travaux visant à battre en brèche l'occidentalocentrisme

Outre les courants évoqués plus haut, plusieurs autres travaux ont visé à se démarquer de l'occidentalocentrisme longtemps prégnant en histoire, et à décentrer le regard.

L'afrocentrisme

Si les courants des postcolonial studies et des subaltern studies ont émané en grande partie de chercheurs issus du sous-continent indien, les intellectuels issus du monde noir ne sont pas en reste : dès les années 1960 s'est affirmé le mouvement afrocentriste, qui revendique une rupture avec le cadre de pensée occidentalocentré.

Dans la continuité du mouvement de la négritude fondé dès les années 1930 par l'écrivain martiniquais Aimé Césaire et par l'écrivain sénégalais Léopold Sedar Senghor, et en lien avec le mouvement panafricaniste qui s'est développé parallèlement à l'acquisition des indépendances africaines (la création de l'Organisation de l'unité africaine date de 1963), le courant afrocentriste a émergé à partir des années 1960 chez les historiens africains. Les ambitions de l'afrocentrisme sont de contrer l'hégémonie de la pensée occidentale, et de militer pour une réforme radicale de l'histoire de l'Afrique. Le mouvement trouve son origine dans les écrits de l'historien et homme politique sénégalais Cheikh Anta Diop (1928-1986). Il s'est attaché à faire apparaître les filiations entre l'Égypte des pharaons (peuplée selon lui d'Africains noirs) et l'Afrique subsaharienne. Il remet ainsi en cause l'idée reçue que l'Afrique subsaharienne serait longtemps restée en marge de l'histoire universelle. Il défend la thèse de l'origine égyptienne des civilisations africaines noires et même, via la Palestine, du monothéisme. Les « nouveaux historiens africains » dans la lignée de Cheikh Anta Diop se sont

---

78. Ex : A. Dirk Moses (dir.), *Empire, Colony, Genocide: Conquest, Occupation, and Subaltern Resistance in World History*, New York, Berghahn Books, 2008.
79. Jacques Pouchepadass, « Les *Subaltern Studies* ou la critique postcoloniale de la modernité », *L'Homme*, 156, 2000, p. 161-185. Cf., également, l'analyse rétrospective du parcours intellectuel de la série proposée par l'un des membres les plus importants du collectif, D. Chakrabarty, « A Small History of *Subaltern Studies* », in *Habitations of Modernity: Essays in the Wake of Subaltern Studies*, New Delhi, Permanent Black, 2002, p. 3-19. Et Jacques Pouchepadass, « Que reste-t-il des *subaltern studies* ? », *Critique internationale*, 2004/3 n° 24.

appuyés sur des sources africaines (notamment archéologiques), démontant l'idée, européenne, que l'Afrique n'aurait pas généré de sources historiques, pour valoriser le passé précolonial de l'afrique : Égypte et civilisations brillantes comme celle du Ghana, qui ont prospéré à une époque qui en Europe correspondait aux siècles obscurs du Moyen Âge.

L'historien congolais Théophile Obenga, reprenant le flambeau de Cheikh Anta Diop dans les années 1970, identifie une grande civilisation bantoue, faisant ainsi contrepoids à la théorie raciale européenne attribuant aux Indo-Européens l'essentiel de la culture et du progrès. Et, en 1976, Ivan Van Sertima, anthropologue guyanais, relance la thèse d'une diffusion précolombienne de la culture égyptienne sur le continent américain, puis aussi en Asie et en Europe.

Les années 1960-1970 sont ainsi marquées par un intense travail de réappropriation de leur histoire par les peuples africains. L'Unesco a contribué à cet effort. Ainsi, en 1970, l'organisation suscite la création à Tombouctou du Centre de documentation et de recherches Ahmed-Baba, chargée de répertorier, restaurer et protéger les milliers de vieux manuscrits retrouvés dans la région. Surtout, de 1965 à 1986, l'Unesco promeut la rédaction d'une *Histoire générale de l'Afrique*, publiée à partir de 1981. Soutenu par plusieurs États et par l'OUA, ce projet est représentatif de la forte demande sociale de reconnaissance de l'histoire du continent. Parmi les rédacteurs de cet ouvrage, les historiens africains sont largement représentés, constituant les deux-tiers des membres du Comité scientifique international chargé de superviser la rédaction. Le rôle important donné à ces historiens africains comme l'éminent professeur Joseph Ki-Zerbo dans ce projet contraste avec le précédent projet historiographique de l'Unesco, l'*Histoire de l'Humanité*, qui avait été publiée, en 1968, et dont la composition de la Commission internationale chargée de la rédaction était marquée par un net déséquilibre en faveur des Occidentaux. La réalisation de l'*Histoire générale de l'Afrique* donne lieu à d'importants travaux de documentation et d'inventaire, à des campagnes de collecte de la tradition orale et de manuscrits inédits, à la préparation d'un *Guide des sources de l'histoire de l'Afrique*. L'ouvrage, vaste et ambitieux, en huit volumes, se veut novateur : il se présente comme une première tentative d'élaboration d'un point de vue africain sur l'Afrique dans son ensemble. Le texte revalorise le passé précolonial. Les historiens qui l'écrivent comme Joseph Ki-Zerbo et le Guinéen Djibril Tamsir Niane s'efforcent d'utiliser des sources locales et notamment archéologiques. Ils réhabilitent les grands conquérants africains, diabolisés par l'historiographie coloniale, et mettent en valeur la richesse et le rayonnement des empires précoloniaux. L'*Histoire de l'Afrique* constitue un jalon historiographique important. Dans cette publication, le continent est considéré dans son ensemble, ce qui atteste de l'inspiration panafricaine du projet. Cette entreprise constitue aussi un témoignage intéressant de la volonté de nombreux Africains de produire eux-mêmes les savoirs sur leur histoire et leur culture. Si certains ont pu y voir une dimension communautariste, toutefois la perspective universaliste est également très présente, puisque l'histoire de l'Afrique y est conçue comme « un patrimoine culturel qui est le bien de l'humanité tout entière »[80].

Ce courant afrocentriste est représenté non seulement par des chercheurs africains mais aussi par quelques chercheurs occidentaux. Ainsi, en 1987, Martin Bernal, sinologue britannique, se tourne vers la Méditerranée antique. Il dénonce l'« aryanocentrisme » hérité du XIXe siècle et développe l'idée que la civilisation grecque antique est l'héritière de l'Égypte ancienne. Selon lui, les Athéniens de l'antiquité étaient des noirs[81].

À partir de la fin des années 1980, l'afrocentrisme devient une véritable croisade, visant à réhabiliter le continent africain dans son ensemble et à susciter la fierté de la diaspora noire dans le monde. En France, les éditions Présence africaine, puis la revue *Ankh*, créée en 1992, en sont les porte-voix. Aux États-Unis, ce mouvement, lié aux « *Black Studies* », et parfois appelé « kémétisme », a beaucoup de succès dans les universités californiennes.

Une autre des figures marquantes de ce mouvement est le philosophe et chercheur en *Black Studies* Molefi K. Asante, qui dans ses quelque soixante ouvrages s'est efforcé de restaurer la « fierté noire », au moyen d'études politiques mais aussi archéologiques, linguistiques, historiques[82].

L'Atlantique noir de Paul Gilroy (1993)

L'Atlantique noir, de Paul Gilroy[83], paru aux États-Unis en 1993, et traduit en français en 2003, permet de réfléchir aux notions d'ethnicisation, de racialisation et de repli identitaire dans le monde contemporain. Essai anthropo-sociologique et culturel sur les diasporas noires envisagées comme réseau s'articulant autour d'un océan, ce livre défend l'idée qu'il existe une culture qui n'est ni spécifiquement africaine, caraïbe, anglaise ou américaine, mais tout cela à la fois, réseau atlantique né des horreurs de l'esclavage considéré comme un système culturel et politique où le « capitalisme mis à nu » (les plantations) constitue un moment particulier de l'histoire de l'Occident. Gilroy montre que l'espace atlantique transnational constitue un lieu de circulation, de création et de résistance culturelle reliant les communautés noires américaines, européennes et caribéennes : une véritable « contre-culture de la modernité ».

---

80. Sur ce projet de l'Unesco, cf. Chloé Maurel, « L'*Histoire générale de l'Afrique* de l'Unesco : un projet de coopération intellectuelle transnationale d'esprit afro-centré (1964-1999) », in *Cahiers d'études africaines*, à paraître.
81. Martin Bernal, *Black Athena: The Afroasiatic Roots of Classical Civilization*, Rutgers University Press, 1987.
82. Nicolas Journet, « Réécrire le monde : la croisade afrocentriste », *in* Laurent Testot (dir.), *Histoire globale, op. cit.*, p. 224.
83. Paul Gilroy, *The Black Atlantic: Modernity and Double Consciousness*, Cambridge, Harvard University Press, 1993. Traduit en français sous le titre *L'Atlantique noir. Modernité et double conscience*, Paris, Kargo, 2003.

Le Vol de l'histoire de Jack Goody (2006)

Dans *Le Vol de l'histoire* (2006 pour l'édition en anglais)[84], l'anthropologue britannique Jack Goody étudie « comment l'Europe a imposé le récit de son passé au reste du monde » (sous-titre de l'ouvrage). Les recherches de ce chercheur se sont développées à partir de son expérience personnelle : sa participation à la Seconde Guerre mondiale comme soldat engagé volontaire de l'armée britannique, et son internement dans un camp de concentration en Italie, l'ont amené à s'intéresser à la Méditerranée ; sa mission au Ghana en 1950 l'a conduit à réfléchir à la sociologie, et aux rites du Ghana, puis à la notion de *literacy* (alphabétisation). *Le Vol de l'histoire* analyse trois œuvres d'historiens majeurs : au sujet de *Science et civilisation en Chine*, de Joseph Needham, publié à partir de 1954, Jack Goody cherche à démontrer que le fameux « problème de Needham » (pourquoi l'Occident a-t-il pris le dessus sur la Chine alors que les deux régions possédaient jusqu'au XVe siècle les mêmes atouts) ne trouve sa solution chez le savant britannique que parce que celui-ci compare une Europe perçue uniquement à travers sa modernité actuelle et une Chine anhistorique, figée dans les temps anciens. Au sujet de l'œuvre de Norbert Elias, Jack Goody estime que ce dernier n'aurait pris en considération que l'évolution européenne, sans visée comparatiste, et donc aurait attribué à l'Europe un processus de « civilisation » dont les traits principaux existent en réalité dans d'autres cultures, qu'il s'agisse des usages de table, de la maîtrise de soi ou de l'hygiène corporelle. Enfin, analysant l'œuvre de Fernand Braudel, et notamment ses réflexions sur le capitalisme et les villes, Jack Goody lui reproche d'avoir utilisé des perspectives comparatistes faussées : « Si Braudel s'assigne une tâche comparatiste, c'est en fait celle d'explorer l'Orient à la lumière de la supériorité de l'Occident » (p. 117). Ce chapitre sur Braudel lui permet de remettre en cause l'idée que l'Europe a été le creuset du capitalisme ; en cela, il élargit sa critique à Max Weber.

Ce que Goody rejette chez ces trois historiens, c'est qu'ils attribuent la modernité à la seule Europe. Selon lui, les historiens occidentaux auraient inventé l'Antiquité à partir de la position particulière de l'Europe moderne. Mais les exemples qu'il cite montrent en réalité que l'ethnocentrisme est né dès l'apparition de l'écriture, avec la distinction entre les Grecs et les barbares orientaux. En réalité, l'ethnocentrisme est apparu avec le récit historique, qui est une mise en forme de la vision du monde de celui qui écrit contre celui qu'il combat[85].

Dans ce livre, Goody critique la conception de Wallerstein des systèmes-monde. « Ses arguments contre Wallerstein portent sur les présupposés "a-historiques" et presque évolutionnistes de ce dernier concernant l'essor occidental » ; « la critique argumentée de Goody contre les historiens raisonnant en termes de système-monde, Wallerstein au premier rang, consiste à repérer les

---

84. Jack Goody, *The Theft of History*, Cambridge, Cambridge University Press, 2006. Traduit en français sous le titre : *Le vol de l'histoire. Comment l'Europe a imposé le récit de son passé au reste du monde*, Paris, Gallimard, NRF essais, 2010.
85. Sandrine Crouzet, « Le "récit global" de Jack Goody », nonfiction.fr : http://www.nonfiction.fr/article-4122-p3-le_recit_global_de_jack_goody.htm

obstacles eurocentriques qui tendent à couper l'Occident du reste du monde », comme l'explique Jonathan Friedman[86]. Ce dernier est d'ailleurs à l'origine d'un concept, l'occidentalisme, qui critique la focalisation excessive sur l'Occident.

Jonathan Friedman et l'occidentalisme

Si l'on définit l'occidentalisme, avec Buruma et Margalit, comme une critique systématique et massive de tout ce qui est associé à l'Occident[87], il s'agit alors, observe l'anthropologue américain Jonathan Friedman, d'un phénomène constituant l'exact inverse de l'ancien « orientalisme » cher à Edward Saïd, concept articulé précisément durant la période d'hégémonie occidentale. « Le retour de "l'autre" et l'émergence de l'occidentalisme sont liés, peut-être parce qu'ils représentent deux aspects d'un même phénomène, et surtout parce que ce sont là des conséquences directes d'une hégémonie de l'Ouest réellement sur le déclin ». « L'occidentalisme est donc une expression de l'opposition aux mêmes caractéristiques de la modernité que celles combattues par d'autres groupes ethniques et indigènes ».

L'occidentalisme est « une inversion du modernisme, tout en constituant une forme totalement complémentaire de ce dernier, ce couple d'opposés pouvant alors être considéré comme constituant un tout, une structure unique de complémentarités. Et si l'occidentalisme apparaît dans les périodes de déclin hégémonique, il est pourtant logiquement implicite en toute période puisqu'il est partie prenante (fût-ce négativement) de la constitution même du modernisme. » « C'est dans les périodes de déclin hégémonique que l'occidentalisme de l'intérieur se voit conforté par un occidentalisme de l'extérieur. Ainsi, la critique islamiste des valeurs occidentales peut être considérée comme exprimant une attaque contre une hégémonie en voie de désintégration, mais n'en est pas moins aussi secondée par un occidentalisme venant de l'intérieur même de l'Ouest. (...) L'inversion ou le renversement de la domination impliqué par l'occidentalisme constitue un phénomène historique que nous attribuerions à toutes les situations de déclin hégémonique »[88].

Ainsi, l'histoire mondiale, qui a connu un essor dans les années 1980 aux États-Unis, puis l'histoire globale, et les courants qui lui sont liés, ont apporté des innovations méthodologiques et épistémologiques, notamment l'ouverture aux aires extra-occidentales, le décentrage du regard et le va-et-vient entre le local et le global. D'autres courants, qu'on peut également rattacher à la galaxie histoire-monde, sont à présenter maintenant.

---

86. Jonathan Friedman, « Catégories occidentales et structuration de l'histoire », in Laurent Testot, Philippe Norel (dir.), Une histoire du monde global, op cit., p. 187-193.
87. I. Buruma, A. Margalit, Occidentalism: The West in the Eyes of its Enemies, New York, Penguin, 2004.
88. Jonathan Friedman, « Occidentalisme et déclin hégémonique », blog Histoire globale, 15 novembre 2011, http://blogs.histoireglobale.com/occidentalisme-et-declin-hegemonique_1119.

Chapitre 4

L'histoire transnationale, connectée, croisée, partagée...

L'histoire transnationale

Comme l'écrit l'historien américain Akira Iriye, éditeur du *Palgrave Dictionary of Transnational History*, paru en 2009, « l'histoire transnationale peut être considérée comme faisant partie de l'histoire globale »[1]. Il s'agit de retracer l'apparition du terme « transnational », de préciser quelle est sa signification appliquée à l'histoire, et de présenter un éventail des travaux historiques réalisés dans ce champ.

L'émergence du terme « transnational »

L'historien français Pierre-Yves Saunier, un des pionniers de l'histoire transnationale, retrace dans son article « transnational » du *Palgrave Dictionary of Transnational History*[2], comment a peu à peu émergé le mot « transnational » : employé dans les années 1950-1960 aux États-Unis dans le registre économique (pour parler notamment des firmes transnationales). Le terme « transnational » est aussi utilisé dans le registre juridique et dans le registre géopolitique. À la fin des années 1960, un groupe de chercheurs en relations internationales définit son approche en termes de « relations transnationales », par opposition à « relations internationales ». Parallèlement, Raymond Aron dès 1962 emploie l'expression « société transnationale » pour qualifier les interactions entre des acteurs non-étatiques (commerce, migrations, échanges d'idées...). Et en 1967 le chercheur en *Peace studies* Johan Galtung utilise l'expression « transnational » pour qualifier le type de loyauté qui se développe dans des organisations qui transcendent les frontières nationales. En 1970-1971, les politistes américains Robert Keohane et Joseph Nye organisent une conférence sur les « relations

---
1. Akira Iriye, « Réflexions... », article cité.
2. Pierre-Yves Saunier, « Transnational », article dans Pierre-Yves Saunier et Akira Iriye (dir.), *Palgrave Dictionary of Transnational History*, Londres, Palgrave Macmillan, 2009.

transnationales ». Insistant sur l'importance des phénomènes qui transcendent les frontières étatiques, ils appellent les chercheurs à étudier les organisations et les interactions transnationales (mouvements de capitaux, de personnes, d'objets et d'idées dans lesquels au moins un acteur n'est pas un agent d'un gouvernement).

Dans les années 1970, le terme de « firmes transnationales » se répand, de même que le souci de les encadrer ; ainsi l'ONU crée en 1975 le « centre sur les firmes transnationales » pour contrôler leur action et leur politique sociale[3]. Par ailleurs, les ONG sont séduites par le terme « transnational » et l'adoptent pour qualifier leur propre action, par opposition à l'action gouvernementale. Cela est illustré par exemple par le changement de nom de la revue *International Associations*, qui en 1977 devient *Transnational Associations*.

Saunier remarque que l'emploi du terme « transnational » a été en particulier important dans les *cultural studies* et l'anthropologie. Un des épicentres a été le *Center for Transcultural studies*, lié à l'université de Chicago et à l'université de Pennsylvanie. Ce centre a entrepris un programme pour l'internationalisation de la culture et de la communication à partir de 1986 sous l'impulsion notamment d'Arjun Appadurai, ainsi qu'un « Project for Transnational Cultural Studies ».

Saunier observe en outre qu'alors que le terme « transnational » a été utilisé dans les années 1970 par des personnes de gauche pour critiquer le capitalisme débridé des firmes transnationales, il est aujourd'hui plus utilisé par des personnes de droite, qui l'emploient pour désigner une élite transnationale composée notamment d'agents des ONG et des organisations internationales.

La notion de « transnational » appliquée à l'histoire

Quelques historiens dont l'Australien Ian Tyrell ont commencé à explorer le concept d'histoire transnationale dès le début des années 1990. Mais le terme de « transnational » n'a pas été immédiatement retenu, les historiens l'utilisant alors de manière interchangeable avec l'adjectif transfrontalier (« cross-national » et « cross-border » en anglais). Peu à peu, un nombre de plus en plus important d'études ont été publiées, portant sur les échanges, les interactions et les réseaux ainsi que sur d'autres thèmes axés sur les contacts et les associations transfrontalières, interculturelles voire même trans-civilisationnelles.

Akira Iriye a écrit un petit livre publié en 1997 intitulé *Cultural Internationalism and World Order*. Comme il le relate, « il s'agissait là d'une tentative d'écrire l'histoire internationale, non pas sous l'angle des relations des États entre eux mais plutôt de montrer comment des organisations privées ou semi-privées ainsi que des institutions internationales ont participé à définir un ordre mondial reposant sur une compréhension dépassant les frontières nationales et culturelles. Dans ce cas, les rôles principaux étaient tenus par les individus, les fondations, les organisations religieuses ainsi que, d'une part, les organisations

---

[3]. Cf. Chloé Maurel, « OIT et responsabilité sociale des entreprises transnationales depuis les années 1970 », in *L'Organisation mondiale du travail. Origine. Développement. Avenir*, sous la direction d'Isabelle Lespinet-Moret et de Vincent Viet, Rennes, Presses Universitaires de Rennes, 2011, p. 179-192.

non gouvernementales et celles à but non lucratifs et, de l'autre, les organisations inter gouvernementales. Ces acteurs non-étatiques entretenaient leur propre vision et cherchaient à créer un monde fondé et construit sur des postulats différents de ceux définis par les grandes puissances et les États souverains. »

Puis, en 2002, Akira Iriye a publié *Global Community: The Role of International Organizations in the Making of Contemporary World* (Communauté mondiale : le rôle des organisations internationales dans la création du monde contemporain) qui, à bien des égards, est une suite à *Cultural Internationalism and World Order*. « En écrivant ce dernier, j'avais été tellement impressionné par le rôle joué par les groupes transnationaux privés ainsi que par les organisations intergouvernementales que je décidai d'écrire une étude complémentaire qui cette fois insisterait sur leurs multiples activités dans des domaines aussi variés que les échanges en matière d'éducation, d'aide au développement, de préservation de l'environnement, et de protection des droits humains. Il devint alors très clair que toutes ces activités étaient des objectifs internationaux (ou plutôt transnationaux) auxquels les organisations internationales avaient dévolu leurs ressources humaines et financières sans que ni ces programmes, ni les organisations les développant n'aient été le sujet d'un traitement systématique dans la plupart des comptes rendus de la vie internationale. Je pensais que le temps était venu de corriger cette situation en mentionnant que ces programmes et ces organismes servaient la cause d'une « communauté mondiale » qui ne remplaçait pas forcement l'ordre international traditionnel. Plutôt que de s'intéresser exclusivement aux guerres, à la diplomatie, à l'équilibre des forces etc., au sein des États souverains, les historiens devraient commencer à prêter attention à des entités non étatiques et interétatique ainsi qu'à leurs engagements. » « J'étais enfin convaincu que l'heure de l'histoire transnationale était finalement arrivée ». « L'émergence d'une histoire transnationale suggère une prise de conscience que la nation n'est plus (si elle l'a jamais été) l'unique paramètre de l'identité humaine »[4].

Un récent essor de l'histoire transnationale

Récemment, l'approche transnationale a connu un intense engouement, à tel point que le terme « transnational » tend désormais à remplacer, parfois presque systématiquement, celui d'« international ». Au-delà de l'effet de mode, ce changement de vocabulaire a une réelle signification : l'approche transnationale se fonde sur la remise en cause de l'importance de la signification des frontières étatiques. Cette remise en cause peut être liée à l'idée d'un certain recul du rôle des États, et/ou à la prise de conscience de l'importance d'autres acteurs, non-étatiques. Par rapport au terme d'« international », celui de « transnational » signifie qu'on ne prend pas forcément pour cadre spatial celui d'un ou plusieurs États, mas un cadre qui peut être plus mouvant ; il signifie aussi qu'on ne considère pas forcément comme principaux acteurs les États, mais plutôt des acteurs non-étatiques (par exemple des intellectuels ou experts se déplaçant dans

---

4. Akira Iriye, « Réflexions... », article cité.

différents pays, associations ou réseaux agissant au-delà des limites étatiques) et que l'on entend suivre leurs trajectoires par-delà les frontières. Cette approche, qui s'attache à saisir les circulations, réseaux et trajectoires, s'est révélée féconde et a donné lieu à de multiples études historiques.

De multiples études historiques sur des sujets transnationaux

L'approche globale a donné lieu à de nombreuses études sur différents objets transnationaux, comme les maladies (William McNeill, *Plagues and Peoples*, 1976, Alfred Crosby, *America's Forgotten Pandemic: The Influenza of 1918*, 1989), le commerce (Kenneth Pomeranz et Steven Topik, *The World That Trade Created: Society, Culture, and the World Economy, 1400 to the Present*), l'énergie (Vaclav Smil, *Energy in World History. Global Perspectives and Uncertainties*, MIT Press, 2003), la danse (William McNeill, *Keeping together in time. Dance and Drill in the human history*, 1995), le feu (Johan Goudsblom, *Fire and Civilization*. 1992), la nourriture (Raymond Grew, *Food in Global History*, 1999), les migrations (Wang Gungwu, *Global History and Migrations*, 1996, Linda Basch et alii, *Towards a Transnational Perspective on Migration*, 1992), les guerres, la religion, l'art, etc.[5]. L'approche est réellement originale, car ces objets n'avaient jamais été pris comme véritable centre d'une recherche : par un déplacement de perspective, ils sont désormais appréhendés dans leur caractère mouvant, c'est l'historien qui se déplace et suit les objets qu'il étudie. Ainsi, dans ses travaux sur les migrations, Wang Gungwu, loin de se borner à l'étude d'un lieu délimité d'avance et de se contenter d'étudier les migrants qui en partent ou qui y arrivent, analyse les déplacements des migrants, et les liens entretenus à distance entre membres de mêmes communautés d'origine, et liens intensifiés de nos jours grâce aux perfectionnements des télécommunications. Ces différents travaux mettent donc l'accent sur les interconnexions au niveau mondial, sur les différentes modalités par lesquelles les cultures entrent en contact les unes avec les autres et interagissent entre elles. L'ouvrage collectif *The Palgrave Dictionary of Transnational History* (2009), auquel ont contribué aussi bien des Américains que des Européens, s'inscrit en plein dans cette perspective : il s'attache à saisir les circulations d'acteurs et d'idées, à reconstituer leurs trajectoires à travers des réseaux[6].

---

5. William McNeill, *Plagues and Peoples*, Anchor Books, 1998, première édition 1976 ; Alfred Crosby, *America's Forgotten Pandemic: The Influenza of 1918*, Cambridge University Press, 1989, 2003, initialement publié sous le titre *Epidemic and Peace, 1918*, Greenwood Press, 1976 ; Kenneth Pomeranz et Steven Topik, *The World That Trade Created: Society, Culture, and the World Economy, 1400 to the Present*, Armonk and London, Sharpe, 1999 ; Vaclav Smil, *Energy in World History. Global Perspectives and Uncertainties*, Cambridge, MIT Press, 2003 ; William McNeill, *Keeping together in time. Dance and Drill in the human history*, Harvard University Press, 1995 ; Johan Goudsblom, *Fire and Civilization*, London, Penguin Press, 1992 ; Raymond Grew, *Food in Global History*, Boulder, Westview Press, 1999 ; Wang Gungwu (dir.), *Global History and Migrations*, Westview Press, 1996 ; Linda Basch, Nina Glick Schiller, Cristina Szanton-Blanc, *Towards a Transnational Perspective on Migration: Race, Class, Ethnicity and Nationalism*, New York, New York Academy of Sciences, 1992.
6. Akira Iriye et Pierre-Yves Saunier (dir.), *The Palgrave Dictionary...*, op. cit.

Ainsi l'histoire transnationale fournit une nouvelle manière de penser les échanges, politiques, économiques, culturels, entre les espaces, en prenant en compte tous les mouvements (de capitaux, d'idées, d'hommes...) qui se font en dehors des relations strictement inter-étatiques. Ce courant en plein essor apporte un enrichissement considérable à la réflexion historique.

L'étude des transferts culturels

Le concept de « transfert culturel » a été élaboré par Michel Espagne et Michael Werner pour étudier les emprunts (d'idées, de discours, de textes) que les cultures allemandes et françaises se font l'une à l'autre depuis le XVIIIe siècle, en mettant l'accent sur les processus de réception et de transformation de ces emprunts dans la société d'accueil[7].

La notion de transfert culturel implique un mouvement d'objets, personnes, populations, mots, idées... entre deux espaces culturels (États, nations, espaces linguistiques, aires culturelles...). La théorie des transferts culturels propose d'en analyser les supports et les logiques. Elle s'intéresse à tous les domaines de l'interculturel[8]. Il s'agit d'analyser comment des éléments d'une culture se déplacent vers une autre culture et en cela se modifient.

Cette problématique est née dans les études germaniques, sur l'impulsion de Michel Espagne et de Michael Werner[9]. Ces deux chercheurs s'interrogeaient sur l'origine de certains fonds d'archives et de bibliothèques concernant d'abord l'histoire culturelle allemande, mais localisés en France. Cela a donné naissance à une réflexion sur le « moment allemand de la culture française » depuis le XVIIIe siècle : une sorte de « mémoire française de l'Allemagne », conservée dans les archives et les bibliothèques et dont la littérature, la philosophie, l'histoire, la politique, gardent encore des traces. Suite à ces réflexions, ces deux chercheurs ont créé en 1985 un « groupement de recherches sur les transferts culturels ». Ils entendaient faire de « la manière dont les cultures occidentales importent et s'assimilent des comportements, des textes, des formes, des valeurs, des modes de penser étrangers (...) un véritable objet de recherches scientifique »[10].

En fait l'idée des transferts culturels est née chez un petit groupe de chercheurs spécialistes de l'écrivain allemand Heinrich Heine : observant que celui-ci, qui a passé vingt-cinq ans à Paris, a cherché à s'adresser aussi au public français, notamment en utilisant la pensée et la langue saint-simonienne, qu'il trouvait particulièrement apte à faire passer des catégories allemandes en français, ces

---
7. Capucine Boidin, « L'Horizon anthropologique des transferts culturels », Revue Germanique internationale, n°21, janvier 2004.
8. Béatrice Joyeux-Prunel, « "Les transferts culturels" Un discours de la méthode », Hypothèses, 2002/1, p. 149-162.
9. Cf. l'article-manifeste de Michel Espagne et Michael Werner, « La construction d'une référence culturelle allemande en France : genèse et histoire (1750-1914) », Annales ESC, n°4, juillet-août 1987, p. 969-992. Repris dans M. Espagne et M. Werner (dir.), Transferts. Les relations interculturelles dans l'espace franco-allemand (XVIIIe-XIXe siècles), Paris, Éditions Recherches sur les civilisations, 1988.
10. M. Espagne et M. Werner, Transferts, op. cit., p. 5.

chercheurs se sont rendus compte que cette proximité surprenante venait d'un contact antérieur, oublié, entre culture française et allemande, dû aux séjours à Berlin des proches de Prosper Enfantin, l'un des principaux chefs de file du mouvement saint-simonien.

Ces chercheurs en transferts culturels ont notamment étudié la réception de la philosophie allemande en France, dans la première moitié du XIXe siècle, autour du philosophe français Victor Cousin. Ils ont mené des enquêtes empiriques pour isoler les éléments de la culture allemande présents en France à l'état latent.

Michel Espagne montre comment les traductions de la littérature allemande en français au XIXe siècle ont enrichi la langue et la littérature françaises. Ainsi, Loève-Weimars, premier traducteur de Hoffmann et de Heine en français, a subverti les contraintes rhétoriques françaises et les a adaptées aux caractéristiques du modèle allemand[11].

Les travaux de ces chercheurs ont mis en évidence qu'une bonne partie des Allemands qui sont venus à Paris au XIXe siècle et se sont intégrés à la vie intellectuelle sont des juifs allemands qui ont rencontré des difficultés pour faire carrière en Allemagne : ainsi, paradoxalement, les Français entendaient parler de l'Allemagne et de sa culture par ceux qui en ont été exclus.

Les chercheurs en transferts culturels montrent aussi comment le déplacement de certains intellectuels de l'Allemagne à la France (ou inversement) a pu féconder leur pensée : ainsi, selon Jürgen Trabant, l'idée révolutionnaire énoncée dans les années 1880 par le philosophe allemand Guillaume de Humboldt selon laquelle chaque langue crée une « vision du monde » particulière, serait née de son transfert de l'Allemagne vers Paris ainsi que de sa rencontre avec le pays Basque et avec la radicale étrangeté de la langue basque.

Le choix du terme « transferts » est le fruit d'une réflexion soigneusement mûrie de la part de ces chercheurs : comme le souligne Michel Espagne : « le terme de transfert n'a pas, à l'exclusion de son emploi en psychanalyse, de valeur prédéterminée. Mais il implique le déplacement matériel d'un objet dans l'espace. Il met l'accent sur des mouvements humains, des voyages, des transports de livres, d'objets d'art ou bien d'usage courant à des fins qui n'étaient pas nécessairement intellectuelles. Il sous-entend une transformation en profondeur liée à la conjoncture changeante de la structure d'accueil. Car la relation entre cultures, et plus particulièrement entre la France et l'Allemagne, semblent se nouer en général à des niveaux hétérogènes, comme si tout livre et toute théorie devaient avoir une fonction radicalement différente de celle qui lui était dévolue dans son contexte originel. C'est la mise en relation de deux systèmes autonomes et asymétriques qu'implique la notion de transfert culturel. Les besoins spécifiques du système d'accueil opèrent une sélection : ils refoulent des idées, des textes ou des objets, qui demeurent désormais dans un espace où ils restent éventuellement disponibles pour de nouvelles conjonctures »[12].

---

11. Michel Espagne, « La fonction de la traduction dans les transferts culturels franco-allemands au XVIIIe et au XIXe siècle », *Revue d'histoire littéraire de la France*, 1997/3 (n° 97), p. 413-427.
12. M. Espagne, *Les transferts culturels franco-allemands*, Paris, PUF, 1999, p. 286.

La théorie des trasnferts culturels implique une forte critique du comparatisme. En effet elle pointe que le comparatisme littéraire a le défaut de poser l'existence de littératures nationales distinctes, il présuppose des aires culturelles closes, ne réfléchit pas assez à la notion de frontières, et ne prend pas assez en compte les métissages.

Les théoriciens des transferts culturels invitent à questionner non seulement les concepts utilisés (comme celui de culture nationale), mais aussi les sources de toute recherche portant sur plusieurs ensembles nationaux, notamment par une généalogie de leur constitution, une analyse de leurs taxinomies.

La méthode des transferts culturels insiste sur deux analyses : celle des contextes d'accueil et de départ d'un transfert, et celle de ses vecteurs (voyageurs, enseignants, traducteurs, artisans émigrés, musiciens, commerçants...). La recherche sur les transferts culturels emprunte ses outils à plusieurs disciplines : histoire littéraire, histoire de l'art, philologie, sociologie, économie, histoire politique.

L'analyse des transferts culturels s'est d'abord consacrée aux relations franco-allemandes, dans la lignée des recherches de Claude Digeon[13]. Elle s'est étendue depuis à d'autres domaines. Le roman donne un exemple de transfert culturel : comme genre littéraire produit par la culture européenne moderne, il a été introduit en Russie au XVIIIe siècle et en Inde au XIXe siècle avec des conséquences inégales puisqu'en retour les romans russes sont lus au niveau international tandis que les romans indiens non.

Il est intéressant de présenter quelques exemples précis de travaux en transferts culturels. Michael Harbsmeier a étudié les rapports et les journaux intimes de diplomates chinois datant de 1866-1876. Observe que ces diplomates chinois ont été frappés en premier lieu par l'intérêt « ethnologique » des Européens pour leur propre pays, il met en évidence la vision de l'Europe que se font ces Chinois comme un « monde à l'envers »[14]. Carmen Bernand a quant à elle étudié les écrits de Garcilaso de la Vega, métis, fils de conquistador et de princesse péruvienne, qui malgré l'Inquisition du XVIe sicèle, a écrit les chroniques du Pérou en « traduisant » ce monde selon les termes de la tradition latine, grecque et judéo-chrétienne. En particulier, à un niveau plus personnel, en tant que métis et déraciné, il aurait opéré un transfert (au sens psychologique) sur la figure du juif errant et en particulier Léon L'Hebreu dont il a fait plusieurs traductions[15].

En outre, l'histoire mondiale/globale, par sa volonté de mettre en lumière des connexions inédites, présente aussi des points communs avec la « *connected*

---

13. Claude Digeon, *La crise allemande de la pensée française*, Paris, PUF, 1959, sur le poids de l'exemple allemand dans la réflexion politique française au XIXe siècle.
14. Michael Harbsmeier, « Le monde renversé, quelques expériences chinoises de la modernité européenne au XIXe siècle », *Revue Germanique internationale*, n°21, 2004, p. 163-180.
15. Carmen Bernand, « Les incas sont-ils un peuple bon à penser ? Moïse, Platon, Rome et l'exotique apprivoisé », *Revue Germanique internationale*, n°21, 2004, p. 105-120.

history », qui s'intéresse aux passeurs d'une civilisation à une autre, qui tissent les liens concrets entre le « système Monde »[16].

L'histoire connectée

L'histoire connectée se fonde sur la volonté de « reconnecter » des histoires qui ont été séparées en particulier à la suite du cloisonnement produit par l'essor des historiographies nationales.

Sanjay Subramanyam

D'origine indienne, Sanjay Subramanyam est un historien cosmopolite (il a enseigné en Inde, aux États-Unis à UCLA, en Angleterre à Oxford et en France à l'EHESS) et polyglotte (il maîtrise une dizaine de langues).

La démarche que Sanjay Subrahmanyam a appelée « histoire connectée » (« *connected history* ») consiste pour l'historien à jouer le rôle d'une sorte d'électricien rétablissant les interconnexions au niveau mondial, c'est-à-dire les connexions continentales et intercontinentales que les historiographies nationales auraient artificiellement rompues en adoptant un cadre spatial étatique[17]. S'affranchissant des découpages dictés par ces frontières, l'histoire connectée entend briser les compartimentages des histoires nationales, pour mettre au jour les relations, passages, influences, transferts, parentés jusque là occultés[18]. Décentrant le regard, cette histoire s'intéresse prioritairement aux « passeurs » d'une civilisation à une autre. Si cela peut être fait plus facilement pour le champ économique (c'est ce qu'a fait par exemple Sanjay Subrahmanyam, mettant en lumière le rôle des réseaux marchands à l'époque moderne[19]), cela peut être envisagé aussi pour le champ culturel, où différents types de « passeurs » (ou médiateurs) peuvent être identifiés et suivis.

Dans un article pionnier paru en 2001 dans les *Annales*, Sanjay Subramanyam s'interroge : « Quels furent les grands phénomènes qui unifièrent le monde au début de la période moderne, permettant aux habitants des diverses parties du globe, en dépit de leur dispersion, d'imaginer pour la première fois l'existence d'événements se produisant véritablement à l'échelle mondiale ? » Il observe que plusieurs types d'événements ont été tour à tour pris en compte par les historiens. « Les microbes, par exemple, qui se sont propagés d'un bout à l'autre de l'Eurasie durant la grande période mongole et immédiatement après, entraînant des épidémies de peste aux confins des terres eurasiennes. L'argent

---

16. Comme l'a fait par exemple Sanjay Subrahmanyam pour l'histoire moderne, avec *Merchant Networks in the Early Modern World*, Aldershot, Variorum Books, 1996, contribution à la série « An Expanding World ».
17. Sanjay Subrahmanyam, « Connected histories: notes towards a reconfiguration of early modern Eurasia », *in* Victor Lieberman (dir.), *Beyond Binary Histories. Re-Imagining Eurasia to c. 1830*, Ann Arbor, The University of Michigan Press, 1999, p. 289-316.
18. Cf. Caroline Douki, Philippe Minard, « Histoire globale, histoires connectées : un changement d'échelle historiographique ? Introduction », *Revue d'histoire moderne et contemporaine*, 2007/5, n°54-5, p. 19-20.
19. Sanjay Subrahmanyam, *Merchant Networks in the Early Modern World*, Aldershot, Variorum, 1996.

et les métaux précieux, dont d'autres chercheurs ont patiemment retracé le cheminement de par le monde depuis les grands gisements de Potosí en Bolivie à partir des années 1570, ou du Japon à peu près à la même époque, entraînant parfois de désastreux effets d'inflation et à l'origine de révoltes sociales. Les plantes et les animaux, selon les partisans de la thèse de l'échange colombien, qui présentaient tous deux un potentiel de développement pour l'agriculture et le bétail, annihilèrent aussi parfois d'anciens styles de vie et décimèrent d'anciennes populations ». Subramanyam appelle à s'intéresser à un autre type de phénomène qui s'est produit à l'échelle globale au cours des XVe, XVIe et XVIIe siècles, qui a eu de très amples répercussions sur les plans culturels, sociaux et même politiques : le « réseau complexe de mouvements politiques millénaristes qui accompagnent le processus de l'expansion européenne ». Il observe qu'on a certes déjà beaucoup écrit sur ces mouvements, considérés comme des foyers de rébellion et de résistance, ou des mécanismes de défense désespérée de groupes menacés qui produisirent leurs propres prophètes. Mais il propose une nouvelle approche, globale, connectée, de ces phénomènes, qui ne se résumerait pas à une simple synthèse des connaissances déjà existantes. Il s'interroge : « qu'en est-il du millénarisme politique en tant qu'idéologie dominante, fondement d'empires et moteur des ambitions impériales ? »[20]. S. Subrahmanyam montre que le millénarisme d'État, présent dans un immense espace étiré entre le Tage et le Gange, au service des ambitions dynastiques, peut être l'objet d'une double lecture : d'un côté, celle qui identifie les traits communs qui le constituent, de l'autre, celle qui repère la transmission et le réemploi des mêmes références dans des contextes différents.

Son livre *Vasco de Gama : Légende et tribulations du vice-roi des Indes* (2012) a été très mal accueilli au Portugal, car il y déboulonne le mythe de cet explorateur, figure révérée au Portugal[21]. Chercheur iconoclaste, Sanjay Subramanyam n'hésite pas à bousculer les habitudes et les modes de pensée convenus du monde universitaire.

Sa démarche d'histoire connectée lui a permis d'écrire récemment un ouvrage stimulant : *Comment être un étranger* (2013)[22]. Il répond à cette question en croisant les destins de trois personnages dont la carrière s'est jouée entre l'Europe, l'Iran et l'Inde mongole aux XVIe, XVIIe et XVIIIe siècles : le premier est le « Maure Meale », un prince de Bijapur (centre-ouest de l'Inde) réfugié auprès des Portugais de Goa à la suite de querelles dynastiques puis balloté d'un camp à l'autre au gré des conflits d'intérêts, écartelé entre la culture de l'Islam indo-persan et celle de la Contre-Réforme des jésuites. Le deuxième est un voyageur, négociant et aventurier anglais, Anthony Sherley ; passionné de philosophie politique, de diplomatie et de commerce, il est devenu prince à la Cour safavide d'Ispahan avant de finir son parcours comme amiral espagnol, ayant été écarté

---

20. Subrahmanyam Sanjay, « Du Tage au Gange au XVIe siècle : une conjoncture millénariste à l'échelle eurasiatique », *Annales. Histoire, Sciences Sociales*, 2001/1 56e année, p. 51-84.
21. Sanjay Subramanyam, *Vasco de Gama : Légende et tribulations du vice-roi des Indes*, Paris, Alma Éditeur, collection « Essai Histoire », 2012.
22. Sanjay Subramanyam, *Comment être un étranger*, Paris, Alma Éditeur, collection « Essai Histoire », 2013.

par l'Angleterre en raison de son originalité ; enfin, l'auteur présente l'itinéraire de l'aventurier vénitien Nicolò Manuzzi : à la fois marchand, artilleur et médecin autodidacte, il brille à Delhi auprès du « Grand Mogol » et parcourt le sous-continent indien jusqu'à sa mort. À travers ces trois personnages se dessinent, non pas un choc des cultures – idée que Sanjay Subrahmanyam récuse – mais les débuts de la conscience moderne de l'altérité.

Romain Bertrand

En restituant les conditions dans lesquelles se sont effectués les premiers contacts entre Hollandais, Malais et Javanais au tournant du XVIIe siècle, Romain Bertrand, directeur de recherche à la Fondation nationale des Sciences politiques, pionnier de l'histoire connectée[23], signe, avec *L'histoire à parts égales* (2011)[24], un livre magistral, qui a valu à son auteur le prix du livre d'histoire des Rendez-vous de l'histoire de Blois.

Il y étudie la rencontre, à la fin du XVIe siècle, entre des marchands hollandais, et les habitants du port de Banten, à Java, cité multiculturelle de 40 000 habitants. Le tout premier contact passe par l'intermédiaire d'émissaires portugais envoyés par les autorités locales ; bientôt sont utilisés aussi des intermédiaires chinois.

Les voyageurs hollandais sont plongés dans un univers d'incertitudes radicales : ils ne parlent pas les langues locales, ignorent les rituels en usage. Ils sont là pour commercer, mais cela s'avère difficile étant donné leur ignorance des usages javanais. Ils multiplient donc les impairs et sont considérés par les Javanais comme des brutes, des rustres. La distance est immense entre les univers sociaux des deux communautés. Romain Bertrand adopte une approche originale, adoptant successivement le point de vue des deux parties en présence, pour maintenir la « part égale » entre eux. La méthode est proche de celle de la « comparaison réciproque » telle que l'a définie Kenneth Pomeranz, conférant une égale dignité aux deux univers observés, sans téléologie ni ethnocentrisme. Romain Bertrand a utilisé des sources provenant justement de ces deux communautés : les livres de bord et récits de voyage européens, et toutes les chroniques insulindiennes disponibles, considérées à égalité de statut documentaire, en se gardant de toute condescendance anthropologique, malgré le constat d'une incontestable asymétrie documentaire. L'auteur met au jour également la féroce concurrence que se livrent dans l'Océan Indien les hommes de la Compagnie néerlandaise des Indes orientales et ceux de l'*Estado da India* portugais, ainsi que celle qui a cours entre les principaux sultanats d'Insulinde. D'où des jeux complexes d'alliance et de balancier entre les uns et les autres. Romain Bertrand, au terme de sa minutieuse enquête, récuse toute analyse en termes de « choc des civilisations », ou de conflit entre islam et chrétienté.

---

23. Romain Bertrand, « Rencontres impériales. L'histoire connectée et les relations euro-asiatiques », *Revue d'histoire moderne et contemporaine*, vol. 54, n° 4-bis, dossier « Histoires globales », 2007, p. 55-75.
24. Romain Bertrand, *L'Histoire à parts égales*, Paris, Seuil, 2011.

L'auteur révèle aussi que cette rencontre hollando-javanaise ne se joue pas en vase clos. Au contraire, elle se fait dans un cadre local où sont présents des Indiens, de Chinois, des esclaves noirs, des Suisses, des Français... L'Insulinde apparaît ainsi comme un lieu « global » : Java est en effet reliée par des « connexions au long cours » avec la Chine impériale via ses marchands, avec le monde persan et l'Empire ottoman via les oulémas, avec le Gujarat via ses marins et négociants. En effet, les élites javanaises entretenaient des liens anciens avec la péninsule arabique, l'Empire ottoman, la Chine impériale, mais aussi le monde persan et l'Inde moghole.

Romain Bertrand fait également bien apparaître que l'arrivée des Européens n'est qu'un événement parmi d'autres pour les Insulindiens.

Avec ce livre que Romain Bertrand qualifie d'« expérimentation historiographique », d'« exploration thématique conjointe et parallèle » plutôt que de comparaison structurelle terme à terme entre deux univers, nous avons affaire à un véritable tournant historiographique[25]. Accorder la même importance, lorsqu'on analyse la « rencontre » entre deux peuples, à chacun de ces deux groupes, en termes de sources utilisées notamment, apparaît désormais essentiel.

Serge Gruzinski

Serge Gruzinski, directeur d'études à l'EHESS, a également appelé de manière pionnière à faire de l'histoire connectée[26]. Spécialiste de l'Amérique latine, il s'intéresse aux expériences coloniales comme lieux de métissages et de naissance d'espaces hybrides et comme première manifestation de la mondialisation. Il a été ainsi commissaire de l'exposition « Planète métisse » présentée au Musée du Quai Branly en 2008-2009.

Dans *La Pensée métisse* (1999), Serge Gruzinski montre que le mélange et l'hybridation ont toujours existé. L'acculturation, l'adoption par un groupe d'éléments de culture différente, est un phénomène universel et constitutif des cultures, source d'émulation et de créativité. L'analyse de Gruzinski porte principalement sur le Mexique après la conquête espagnole, période d'intenses brassages interculturels. Deux peuples, deux cultures distinctes, espagnole et indienne, très différentes l'une de l'autre, ont réussi à imbriquer leurs deux imaginaires artistiques, l'inspiration indienne devenant indissociable de l'influence occidentale, pour créer un véritable univers hispano-indien, comme le montrent par exemple l'architecture urbaine (plans des villes), les décorations religieuses et notamment la peinture (fresques des couvents), les chants et les fêtes, la littérature. Serge Gruzinski s'attache dans ce livre à défaire l'écheveau des brassages qui, au cours des XVIe et XVIIe siècles, se sont élaborés au Mexique et, plus généralement, dans la région amazonienne.

---

25. Philippe Minard, « Pour l'histoire connectée », *La vie des idées*, 4 avril 2012 (recension du livre de Romain Bertrand).
26. Serge Gruzinski, « Les mondes mêlés de la monarchie catholique et autres "connected histories" », *Annales. Histoire, Sciences Sociales*, 2001/1 56e année, p. 85-117.

Dans *Les quatre parties du monde : histoire d'une mondialisation* (2004)[27], Serge Gruzinski vise, en prenant pour objet la monarchie catholique de Philippe II, à renouveler le projet braudélien d'une histoire totale, celle de la première « mondialisation », en étendant le cadre spatial pour englober aussi l'Asie, la Nouvelle-Espagne et l'Afrique. La comparaison avec l'œuvre de Fernand Braudel s'étend d'ailleurs à la construction de l'ouvrage. Mais ce livre se distingue de l'œuvre braudélienne car Gruzinski s'intéresse plutôt aux connexions, aux interactions ponctuelles à longue distance, aux influences croisées et aux métissages.

La première partie de l'ouvrage raconte le « décentrement du monde », désenclavement des hommes et de leurs créations qui atteint les provinces les plus éloignées de l'Empire catholique. Un des exemples les plus intéressants est l'effort systématique de collecte des savoirs locaux : dès les premières décennies de la colonisation en Amérique latine, dès les premiers séjours en Inde, en Chine ou au Japon, des moines et des hommes d'Église principalement s'engagent dans le recueil de l'histoire et des légendes des sociétés locales, dans le recensement de leurs savoirs et techniques, dans la collecte de leurs langues. Ainsi se constitue une première élite internationalisée. Ces collecteurs (religieux, militaires ou mercenaires, commerçants, artistes, administrateurs, hommes de loi...) apparaissent comme de précoces « artisans de la mondialisation ». Bientôt ils sont rejoints dans leurs travaux de collecte par des métis et par des artisans locaux. Ainsi se mettent en place des métissages dans la langue, les arts, les techniques..., comme l'illustre par exemple l'influence de la peinture occidentale sur l'art des miniaturistes indiens et des peintres japonais.

Dans la seconde partie de l'ouvrage, l'auteur dépeint le revers de cette expérience, en opposant la mondialisation, qui va de pair avec l'acculturation réciproque, à la globalisation, qui selon lui est unilatérale et relève de la domination ou de l'hégémonie (hégémonie de l'Europe sur le monde, en l'occurrence). Il montre que dans ces échanges et ces métissages, il y a toujours une domination du modèle européen. Le métissage apparaît en fait plutôt comme une occidentalisation[28].

Dans *L'Aigle et le Dragon. Démesure européenne et mondialisation au XVIe siècle* (2012)[29], Serge Gruzinski invite à « une lecture globale des visites ibériques » dans le monde du XVIe siècle. Il y explore la mondialisation hispano-lusitanienne. L'enjeu est de ne pas se laisser enfermer dans le carcan rétrospectif du grand récit de l'expansion européenne. Il s'agit, comme le dit Gruzinski lui-même, de « rebrancher les câbles que les historiographies nationales ont arrachés ». Il compare la conquête du Mexique par les Espagnols et la conquête de la Chine par les Portugais, deux événements qui se situent à quelques années seulement

---

27. Serge Gruzinski, *Les quatre parties du monde : histoire d'une mondialisation*, Paris, La Martinière, 2004.
28. Compte rendu du livre *Les quatre parties du monde* par Jérôme Sgard, *Critique internationale*, 2005/1, n° 26, p. 166-170.
29. Serge Gruzinski, *L'Aigle et le Dragon. Démesure européenne et mondialisation au XVIe siècle*, Paris, Fayard, 2012.

d'intervalle. Gruzinski montre, par son étude d'histoire connectée, comment « dans le même siècle, les Ibériques ratent la Chine et réussissent l'Amérique »[30].

Ainsi, l'histoire connectée offre un apport considérable, en ce qu'elle amène à faire peser d'un poids égal les sources de différentes origines (par exemple dans l'étude d'une situation de contact entre deux peuples) et parce qu'elle rétablit la continuité des phénomènes, au-delà de la barrière souvent artificielle des frontières étatiques. Les travaux en histoire connectée publiés ces dernières années par des chercheurs comme Romain Bertrand ou Sanjay Subramanyam emportent la conviction. On peut ajouter à ces chercheurs qui s'intéressent à l'histoire du monde au fil des siècles et aux contacts, interactions entre cultures qui s'y sont déployés, les travaux de Patrick Boucheron : avec *Histoire du monde au XVe siècle* et *Pour une histoire-monde,* il va dans le même sens[31].

L'histoire croisée, partagée
(*shared, entangled history*)

Michael Werner, pionnier de l'histoire des transferts culturels, a également développé le concept d'histoire croisée, notamment avec son article rédigé avec Bénédicte Zimmermann : « Penser l'histoire croisée » (2003). Il y explique en quoi consiste cette manière de faire de l'histoire : « l'histoire croisée appartient à la famille des démarches « relationnelles » qui, à l'instar de la comparaison, des études de transfert et, plus récemment, de la *Connected* et de la *Shared history*, interrogent des liens, matérialisés dans la sphère sociale ou simplement projetés, entre différentes formations historiquement constituées. À ce titre, elle reprend, à nouveaux frais, les discussions menées, au cours des dernières années, sur la comparaison, les transferts et, plus généralement, les interactions socioculturelles. Elle offre en particulier des pistes nouvelles pour sortir de l'impasse des débats entre comparatistes et spécialistes des transferts, sans pour autant minorer les apports de ces deux approches sur lesquelles elle s'appuie largement »[32].

Il donne des exemples de recherches en histoire croisée : l'accent peut porter sur la dimension historique constitutive des éléments croisés et sur l'histoire du croisement lui-même, comme dans la recherche menée par Sebastian Conrad sur la constitution de l'histoire japonaise à la confluence entre tradition locale

---

30. Laurent Testot, « Histoires parallèles : la guerre de Chine n'a pas eu lieu », Blog Histoire globale, 19 janvier 2012 (recension du livre *L'Aigle et le dragon*).
31. Patrick Boucheron, *Histoire du monde au XVe siècle*, Paris, Fayard, 2009, et *Pour une histoire-monde*, Paris, PUF, 2013.
32. Werner Michael et Zimmermann Bénédicte, « Penser l'histoire croisée : entre empirie et réflexivité », *Annales. Histoire, Sciences Sociales*, 2003/1 58e année, p. 7-36. Cf. aussi Bénédicte Zimmermann, Claude Didry et Peter Wagner (dir.), *Histoire croisée de la France et de l'Allemagne*, Paris, Édition de la Maison des Sciences de l'Homme, 1999 ; et Bénédicte Zimmermann et Michael Werner (dir.), *De la comparaison à l'histoire croisée*, Paris, Seuil, collection « Le genre humain », 2004.

et importation d'une historiographie nationale européenne[33]. L'enquête vise alors les moments et les phénomènes en amont du croisement, de même que les modalités de ce dernier. Mais il est également possible de s'intéresser à ce qui se passe en aval, aux produits et aux processus que le croisement génère plus ou moins directement. C'est le cas d'une étude réalisée par Kapil Raj sur les effets du croisement entre méthodes indiennes et anglaises dans la naissance d'une cartographie britannique au début du XIXe siècle[34]. « Celle-ci n'apparaît plus alors comme une réalisation authentiquement "anglaise", mais comme le résultat d'un va-et-vient entre deux traditions distinctes qui se sont fécondées ». De la même manière, Christine Lebeau montre dans ses recherches sur la figure de l'administrateur au XVIIIe siècle, comment les savoirs administratifs se sont constitués de manière croisée par la circulation, à travers toute l'Europe, de mémoires et de documents de provenances diverses, conservés dans les papiers privés des gestionnaires des finances publiques de l'époque[35]. Enfin, « une étude de la réception de la *Germanie* de Tacite en Europe entre le XVe et le XXe siècle peut révéler des phénomènes de croisements historiques – la circulation des arguments et leur réinterprétation selon des contextes nationaux –, mais elle peut aussi mettre l'accent sur la nécessité de croiser différentes réceptions nationales pour constituer une problématique de recherche de dimension européenne »[36].

Quant à l'expression de *Shared history* (« histoire partagée »), elle a été, au départ, utilisée pour l'histoire partagée de groupes ethniques différents et a ensuite été étendue à l'histoire des genres, avant d'être mobilisée dans la discussion sur les *Post-Colonial studies*[37].

Ainsi, toutes ces approches : l'histoire transnationale, l'histoire des transferts culturels, l'histoire connectée, l'histoire croisée, partagée, se rattachent au spectre de l'histoire globale. Elles sont intéressantes par les innovations méthodologiques et épistémologiques qu'elles apportent ; allant plus loin que le simple comparatisme, elles ouvrent des champs fertiles pour de nouvelles recherches, fondées sur l'analyse des déplacements d'acteurs, d'idées, etc., au-delà des frontières et sur une prise en compte équilibrée des sources pour les saisir.

---

33. Sebastian Conrad, « La constitution de l'histoire japonaise. Histoire comparée, histoire des transferts et interactions transnationales », in M. Werner et B. Zimmermann (dir.), *Histoire croisée...*, op. cit.
34. Kapil Raj, « Histoire européenne ou histoire transcontinentale ? Les débuts de la cartographie britannique extensive, XVIIIe-XIXe siècles », in *ibid*.
35. Christine Lebeau, « Éloge de l'homme imaginaire : la construction de la figure de l'administrateur au XVIIIe siècle », in *ibid*.
36. Michael Werner, article cité.
37. cf. Ann Laura Stoler et Frederick Cooper, « Between Metropole and Colony. Rethinking a Research Agenda », in *id.* (dir.), *Tensions of Empire. Colonial Cultures in a Bourgeois World*, Berkeley, University of California Press, 1997, p. 1-56, ainsi que Stuart Hall, « When was the Post-Colonial? Thinking at the Limit », in I. Chambers et L. Curti (dir.), *The Post-Colonial Question. Common Skies, Divided Horizons*, Londres, Routledge, 1996, p. 242-260. Pour le concept de *Entangled history*, voir Sebastian Conrad et Shalini Randeria (dir.), *Jenseits des Eurozentrismus. Postkoloniale Perspektiven in den Geschichts und Kulturwissenschaften*, Francfort, Campus, 2002.

Chapitre 5

De l'histoire économique globale à l'histoire culturelle globale en passant par l'anthropologie globale

L'histoire globale s'enrichit aussi des approches économique, anthropologique et culturelle.

L'histoire économique globale

Pour remonter aux origines de l'histoire économique globale, il est nécessaire de revenir aux années 1940 avec les travaux de Karl Polanyi.

L'histoire du capitalisme : Polanyi et la construction de l'économie de marché

Avec son livre devenu un classique, *La Grande Transformation. Aux origines politiques et économiques de notre temps* (1944, trad. fr. 1983)[1], Karl Polanyi est devenu un des auteurs majeurs qui a analysé les modalités de construction de l'économie de marché. Pour lui les sociétés traditionnelles s'opposeraient résolument au marché dans la mesure où l'économie n'y constituerait pas une sphère autonome, distincte des autres activités sociales. Par conséquent, toute économie de marché y serait impossible. En fait, il a été montré plus tard que Polanyi, sur la base de ces hypothèses, a largement sous-estimé l'existence de marchés concrets, parfois très influencés par l'offre et la demande, dès l'Antiquité mésopotamienne, égyptienne ou grecque. Et les découvertes archéologiques ont du même coup jeté un doute sur la pertinence de l'ensemble de son analyse, voire décrédibilisé sa méthode.

Pourtant les bases de la théorie de Polanyi de la formation des marchés et de l'économie de marché restent selon Philippe Norel pertinentes pour appréhender

---
1. Karl Polanyi, *La Grande Transformation. Aux origines politiques et économiques de notre temps*, Paris, Gallimard NRF, 1983.

ce qui se passe, en histoire globale, quand le commerce de longue distance vient mettre en contact des sociétés où le marché n'est pas nécessairement le principe régulateur des activités économiques et sociales.

La théorie de Polanyi est intéressante pour l'histoire économique globale, qui étudie les échanges commerciaux transculturels, notamment les échanges à longue distance. « Le commerce de longue distance constitue un puissant stimulant poussant des populations à céder leur surplus. Il serait donc à l'origine de l'instauration de marchés puissants capables de perturber en profondeur les trois institutions initiales décrites par Polanyi. Mais il serait tout autant l'instigateur potentiel d'une mobilisation, voire d'une marchandisation de la terre et du travail, dans ces sociétés touchées par son influence ». Ainsi pour Philippe Norel, « la théorie polanyienne doit pouvoir guider des recherches en histoire économique globale, notamment quant au pouvoir dissolvant du commerce de longue distance et sa capacité à entraîner des sociétés qu'il touche dans l'engrenage de la construction du marché »[2].

Les travaux de Philippe Norel

L'histoire économique n'est pas d'abord celle de l'Europe. La genèse de l'économie moderne est aussi orientale, comme le montre, bien avant notre Renaissance, la circulation afro-eurasienne des biens, des hommes et des techniques. Le livre de Philippe Norel, *L'histoire économique globale* (2009)[3] analyse des réseaux commerciaux asiatiques plurimillénaires, la technicité financière du monde musulman entre le VIIIe et le XIe siècle, le poids récurrent d'une Chine qui, la première, conçut à peu près toutes les techniques productives de base. Il cherche à comprendre les institutions de ces premiers échanges globaux, notamment les diasporas qui, après l'effondrement de l'empire romain, continuent d'animer les faibles échanges intra-européens sur un modèle pratiqué de longue date sur les routes de la Soie. Philippe Norel bat en brèche les fondements de notre eurocentrisme, montrant que l'Europe a été longtemps dépassée par l'Orient, en matière de PIB par tête, de croissance démographique, d'urbanisation, de techniques. Si l'histoire économique globale cherche à comprendre ces inégalités à travers le concept de système-monde, elle est surtout confrontée à un paradoxe de taille : comment l'Europe, économiquement plus fruste, peut-elle connaître cet essor spectaculaire à partir du XVIe siècle ? C'est le défi que relève cet ouvrage en construisant pas à pas l'originalité du capitalisme européen, de fait largement fondé sur l'économie globale qui l'a précédé.

Philippe Norel observe que l'histoire économique élargit de plus en plus son horizon de recherches à l'échelle globale. Cette tendance est visible dans trois courants : le courant de la convergence, le courant du système-monde, et le

---

[2]. Philippe Norel, « Karl Polanyi et la construction du Marché : leçons pour l'histoire globale », blog histoire globale, 30 janvier 2012 (publié aussi dans Ph. Norel, L. Testot, *Une histoire du monde global, op. cit.*, p. 219-222).
[3]. Philippe Norel, *L'Histoire économique globale*, Paris, Seuil, 2009.

courant néo-smithien. Elle s'expliquerait par l'intérêt porté à la mondialisation et le rejet d'une histoire eurocentrée[4].

Cela ne date pas d'hier que l'histoire économique s'intéresse à la dimension mondiale : en témoigne la volumineuse *Histoire économique et sociale du monde* publiée sous la direction de Pierre Léon à partir de 1977[5]. Du côté anglo-saxon, des travaux ont émergé en histoire économique mondiale, comme les recherches quantitatives d'Angus Maddison sur l'économie mondiale depuis l'an 1000 ou celles de David S. Landes dans *Richesse et pauvreté des nations*[6].

Pour Philippe Norel, c'est l'intérêt pour la mondialisation contemporaine, depuis le début des années 1980, qui a incité à chercher dans le passé des phénomènes précurseurs ou des périodes similaires. Cela est illustré par les travaux de Kevin H. O'Rourke et de Jeffrey G. Williamson sur la première globalisation (de 1860 à 1914), résumés dans *Globalization and History*[7]. John M. Hobson a lui aussi fait apparaître cette dimension de globalisation précoce dans *The Eastern Origins of Western Civilisation*. Quant à Philippe Norel, dans *L'Invention du marché*[8], il a également tenté de repérer des processus de globalisation avant le XIXe siècle, en montrant que cette globalisation constitue une synergie par laquelle l'extension géographique des échanges permet de façon décisive de créer ou approfondir des institutions de régulation marchande.

Par ailleurs, la mise en évidence d'un fort eurocentrisme, propre à l'histoire économique telle qu'elle était enseignée, a amené plusieurs chercheurs à se préoccuper non plus de la façon dont l'Occident a contribué au développement des autres peuples, mais de la manière dont l'Occident a été autrefois dominé par des civilisations plus influentes. Ainsi, James M. Blaut, dans *The Colonizer's Model of the World*, critique « l'histoire tunnel » qui ne s'intéresse, en guise d'histoire mondiale, qu'à l'Europe et qui ne prend en compte l'histoire des autres peuples que dans la mesure où elle a un impact sur l'histoire occidentale[9]. Dans *ReOrient*, Gunder Frank montre combien l'Asie est restée motrice dans le système-monde moderne qui se met en place à partir du XVIe siècle. Et J. M. Hobson montre dans *The Eastern Origins of Western Civilisation*, comment l'Europe s'est éveillée tardivement, en se saisissant des ressources techniques et institutionnelles puis des ressources matérielles de l'Orient[10].

Pour Philippe Norel, l'histoire économique globale peut être appréhendée aujourd'hui à partir de trois écoles de pensée. La première est le courant de la convergence. Ce courant s'intéresse aux globalisations récentes, abordées

---

4. Pour tout le développement qui suit, cf. Philippe Norel, « La dimension globale en histoire économique », *in* Laurent Testot (dir.), *Histoire globale, op. cit.*, p. 177-184.
5. Pierre Léon (dir.), *Histoire économique et sociale du monde*, Paris, Armand Colin, 1977-78.
6. Angus Maddison, *L'économie mondiale. Une perspective millénaire*, Paris, éd. OCDE, 2002 ; David S. Landes, *Richesse et pauvreté des nations*, Paris, Albin Michel, 2000.
7. Kevin H. O'Rourke et Jeffrey G. Williamson, *Globalization and History: The Evolution of a nineteenth-century Atlantic economy*, MIT Press, 1999.
8. Philippe Norel, *L'Invention du marché. Une histoire économique de la mondialisation*, Paris, Seuil, 2004.
9. James M. Blaut, *The Colonizer's Model of the World: Geographical Diffusionism and Eurocentric History*, Guilford Press, 2003.
10. J. M. Hobson, *The Eastern Origins of Western Civilisation*, Cambridge, Cambridge University Press, 2004.

exclusivement comme phénomènes d'intégration économique et financière. Il s'inspire de travaux montrant que la libéralisation du commerce mondial et la spécialisation en fonction des avantages propres provoqueraient une tendance à l'égalisation des prix. Dans ces analyses, c'est l'intérêt supposé bien compris des différentes économies naitonales qui doit les pousser à instituer des relations marchandes entre elles et à créer le marché mondial. L'ouvrage pionnier de K. H. O'Rourke et J. G. Williamson *Globalization and History* est représentatif de ce courant. Toutefois, pour Philippe Norel, les chercheurs se rattachant à cette première école restent empreints d'un eurocentrisme dommageable.

La deuxième école analyse la dimension globale à travers le concept de système-monde, forgé par I. Wallerstein dès les années 1970. C'est l'idée que le centre exploite les périphéries. Mais la théorie des systèmes-monde achoppe sur la question de la mesure des phénomènes d'exploitation des périphéries par le centre. Selon l'analyse marxiste, le fondement de cette exploitation résiderait dans un transfert de valeur (transfert d'une partie du travail socialement nécessaire) de la périphérie vers le centre. Mais comment mesurer ce transfert de valeur ? Cela apparaît difficile et cette conception a été critiquée, notamment par Pierre Dockès dans *L'Internationale du Capital* (1975) et par Carlo Benetti dans *Valeur et répartition* (1974)[11]. Ils considèrent qu'aucune théorie positive des prix ne peut être élaborée sur la base du tableau marxien de passage de la valeur aux prix de production.

La troisième école, néo-smithienne (par référence à Adam Smith qui s'intéressait aux gains de productivité obtenus par le centre en vendant sur le marché mondial), est plus diverse et semble en essor aujourd'hui. Elle est représentée notamment par Roy Bin Wong avec son livre *China Transformed*[12] et Kenneth Pomeranz avec *La Grande Divergence*. Mais beaucoup d'autres chercheurs aux travaux différents peuvent aussi y être rattachés, comme Philip D. Curtin avec *Cross-Cultural Trade in World History* et Jerry Bentley avec *Old World Encounters*[13], qui analysent les réseaux marchands de longue distance et les interconnexions lointaines entre les économies. Certains de ces chercheurs s'attachent à montrer que la maîtrise d'un espace commercial de plus en plus large stimule de façon déterminante les institutions du capitalisme, et, par là, détermine une hiérarchie des puissances.

Ainsi, avec ces trois écoles, l'histoire économique globale apparaît en plein essor. Les chercheurs qui s'y rattachent sont reliés en réseaux, notamment avec le *Global Economic History Network*, basé à la *London School of Economics*.

---

11. Pierre Dockès, *L'Internationale du Capital*, Paris, PUF, 1975 ; Carlo Benetti, *Valeur et répartition*, Paris, Maspero, 1974.
12. Roy Bin Wong, *China Transformed: Historical Change and the Limits of European Experience*, Cornell University Press, 1997.
13. Philip D. Curtin, *Cross-Cultural Trade in World History*, Cambridge, Cambridge University Press, 1998 ; Jerry Bentley, *Old World Encounters: Cross-Cultural Contacts and Exchanges in pre-Modern Times*, Oxford, Oxford University Press, 1993.

Rosenthal et Wong, *Before and Beyond Divergence : The Politics of Economic Change in China and Europe (2011)*[14]

Dans ce livre important, non encore traduit en français, Jean-Laurent Rosenthal, spécialiste de l'histoire économique française, de ses marchés du crédit et des politiques économiques d'ancien régime, et Roy Bin Wong, spécialiste de l'histoire économique chinoise, se livrent à une véritable analyse économique comparée des croissances chinoise et européenne sur la longue durée. Cela fait de ce livre un exemple particulièrement réussi de la méthode comparatiste en histoire globale. Les auteurs plaident pour une révision des idées reçues, empreintes d'eurocentrisme, sur la supposée infériorité économique chinoise sur la longue durée. Ils pointent le fait que la croissance chinoise a pu se passer des structures occidentales de crédit, dans le cadre de son développement historique jusqu'au XIXe siècle, du fait que sa croissance peu capitalistique requérait moins de financement qu'en Europe et que ses structures lignagères y étaient parfaitement adaptées. Ils récusent aussi le mythe d'une Chine despotique et taxant outrageusement sa population : le taux de taxation chinois était, vers 1780, sans doute inférieur à 7 % du produit, soit moins que la totalité des États européens. Comparant la structure politique de la Chine et de l'Europe, ils constatent une différence fondamentale entre les deux entités : alors que la Chine a presque toujours connu un empire unifié, entre - 221 et 1911, l'Europe est restée depuis le Ve siècle morcelée et victime d'une concurrence féroce entre États rivaux. Ils soulignent un atout fondamental de l'Europe : en privilégiant les activités capitalistiques, la ville européenne serait poussée à perfectionner ensuite ce capital, à innover techniquement, permettant un accroissement de la productivité du travail, donc la possibilité de salaires réels croissants. Inversement la Chine, unifiée et plus pacifiée que l'Europe, aurait maintenu ses activités productives non agricoles en milieu rural et les aurait alors fondées sur une plus forte intensité en travail. Par là, les auteurs ébauchent une explication, à la fois du retard de l'Europe sur la Chine (au moins jusqu'au XVIIe siècle) et de son essor triomphant par la suite[15].

L'anthropologie globale

L'invention de l'ethnographie multi-site a rapproché la discipline anthropologique de l'histoire globale. C'est l'anthropologue britannique Edmund Leach qui le premier a fait voler en éclats la monographie mono-site, lorsqu'après avoir passé sept mois dans un village birman, il fut mobilisé durant cinq années comme officier dans l'armée alliée, afin de parcourir les États *shan* et d'organiser la

---

14. Jean-Laurent Rosenthal et Roy Bin Wong, *Before and Beyond Divergence: The Politics of Economic Change in China and Europe*, Cambridge, Harvard University Press, 2011.
15. Philippe Norel, « Comment faire de l'histoire globale hors connexion », blog Histoire globale, 31 décembre 2011.

défense des régions limitrophes chinoises et indiennes, en montant de toutes pièces avec l'appui des chefs locaux une force militaire *kachin*[16].

L'anthropologie globale s'intéresse aux phénomènes de métissage, de créolisation, de syncrétismes. Elle pose la question : la globalisation est-elle enrichissante culturellement, ou destructrice des cultures ? Cela rejoint les réflexions d'Homi Bhabha sur l'hybridité, productrice d'un tiers-espace. Plusieurs anthropologues se sont intéressés récemment à la dichotomie entre local et global, comme Clifford Geertz avec son ouvrage *Savoir local, savoir global. Les lieux du savoir* (1986)[17]. Nous présenterons ici les travaux de deux anthropologues français, Marc Abélès et Jean-Loup Amselle.

Marc Abélès

Parmi les anthropologues/ethnologues développant des problématiques d'histoire globale, on peut citer Marc Abélès. Celui-ci a mené plusieurs travaux empiriques dans des lieux concernés par la globalisation : Commission européenne, Silicon Valley, OMC, Parlement européen. Il a ainsi écrit notamment *La Vie quotidienne au Parlement européen*, 1992, *Les Nouveaux Riches. Un ethnologue dans la Silicon Valley*, 2002, *Anthropologie de la globalisation* (2008), et *Des anthropologues à l'OMC. Scènes de la gouvernance mondiale* (2011)[18].

Alors que l'anthropologie a longtemps eu pour objet les sociétés éloignées, Marc Abélès estime que dans le contexte de la mondialisation, l'objet de cette science ne serait plus d'étudier des cultures séparées, mais de multiplier les investigations sur les relations entre cultures.

De formation classique, philosophique à l'origine, Marc Abélès a travaillé en Éthiopie avec Claude Lévi-Strauss dans les années 1970. Y étant retourné récemment, il souligne combien le monde a changé, sous l'effet de la mondialisation. Avec les possibilités récentes de dialoguer par des systèmes tels que Skype, la notion de distance a disparu.

En Éthiopie dans les années 1970, il s'est familiarisé avec la question du politique et de son « lieu ». À contre-courant d'une anthropologie encore marquée par la nécessité supposée du décentrement, de l'exotisme et de l'éloignement, il décide ensuite de mener ses recherches dans un contexte français, dans l'Yonne où il observe les pratiques politiques locales (*Jours tranquilles en 89*, 1989), et à l'Assemblée nationale (*Un ethnologue à l'Assemblée*, 2000), mais aussi dans le cadre transnational européen (*La vie quotidienne au Parlement européen*, 1992). En 1993, à la demande de la Commission européenne, il dirige une recherche anthropologique au sein de cet organisme. Plus récemment, il s'est interrogé

---

16. E. Leach, *Political Systems of Highland Burma*, Cambridge, MA, Harvard University Press, 1954. Cf. Laurent Berger, « La place de l'ethnologie en histoire globale », Monde(s). *Histoire, Espaces, Relations*, n°3, 2013, p. 193-212.
17. Cf. Clifford Geertz, *Savoir local, savoir global. Les lieux du savoir*, Paris, PUF, 1986.
18. Marc Abélès, *La Vie quotidienne au Parlement européen*, Paris, Hachette, 1992 ; *Les Nouveaux Riches. Un ethnologue dans la Silicon Valley*, Paris, Odile Jacob, 2002 ; *Anthropologie de la globalisation*, Paris, Payot et Rivages, 2008 ; *Des anthropologues à l'OMC. Scènes de la gouvernance mondiale*, Paris, CNRS éditions, 2011.

sur ce que change la globalisation à la distribution du pouvoir et aux pratiques politiques (*Politique de la survie*, 2006 ; *Anthropologie de la globalisation*, 2008), questionnement qui le conduit aujourd'hui à mener ses recherches au cœur de l'Organisation mondiale du commerce (OMC). Il s'attache à observer le fonctionnement quotidien des lieux institutionnels du politique, afin de déceler les rapports de force qui se jouent en leur sein.

En 1995, il publie, dans la revue *L'Homme*, un manifeste « Pour une anthropologie des institutions », dans lequel il décrit notamment son passage d'une analyse du lieu du politique à une anthropologie des institutions et défend une approche prenant comme point de départ le quotidien de l'institution. Il refuse ainsi d'étudier l'institution uniquement à l'aune de sa finalité, autrement dit de l'objectif qu'elle est censée viser (vision *top-down*). Il dit vouloir éviter « le traitement de l'institution comme système doté d'une rationalité qui commanderait son fonctionnement et aurait une incidence directe ou dérivée sur le comportement de ses membres ». Il s'agit donc, en s'en tenant à la réalité des pratiques, de refuser une conception téléologique de l'institution, telle qu'elle est souvent « proposée par ses propres élites » : « La tâche de l'anthropologue consiste précisément à déconstruire ce qui se donne comme une institution, autonome dans ses finalités, maîtrisant ses instruments techniques et intellectuels et sécrétant sa culture ».

Marc Abélès estime que l'anthropologue a beaucoup à apprendre au lecteur sur la globalisation, qu'il conçoit comme un phénomène d'intégration financière et d'interconnexion se traduisant par la perception empirique par les individus de leur appartenance à un monde global. La globalisation est selon lui un phénomène anthropologique majeur. Il souligne qu'aujourd'hui l'anthropologue doit se situer dans le rapport permanent entre le local et le global. Il pointe l'importance de la question de savoir si les cultures subissent un processus de déterritorialisation[19].

Marc Abélès s'intéresse aussi à la question de la gouvernance, question « fascinante » à ses yeux. Il se situe dans la lignée des travaux de Bertrand Badie, qui estime que nous sommes aujourd'hui dans un monde sans souveraineté, une gouvernance sans gouvernement. Dans sa thèse, *Le lieu du politique*, parue en 1983[20], Marc Abélès analyse les notions récentes de gouvernance et d'*empowerment* ; cette dernière notion est née au FMI, c'est l'idée que les gens doivent se saisir d'initiatives. Marc Abélès observe que ces deux notions ont émergé dans des institutions internationales.

S'intéressant aux organisations internationales, qu'il considère être les lieux du pouvoir qui expriment le mieux la globalisation, Marc Abélès a travaillé sur l'OMC et le Parlement européen. Durant son travail de terrain de trois ans à l'OMC, il a analysé les processus du « global politique ». Il a observé comment des fonctionnaires d'organisations internationales peuvent aller ensuite travailler

---

19. Intervention de Marc Abélès au séminaire « Histoire globale » organisé à l'ENS par Chloé Maurel, 26 janvier 2012.
20. Marc Abélès, *Le Lieu du politique*, Paris, Société d'Ethnographie, 1983.

dans des ONG soutenir des idées opposées ; il a observé aussi la reproduction des élites des fontionnaires européens[21].

Dans *Anthropologie de la globalisation*, Marc Abélès précise notamment pourquoi la dichotomie entre sociétés du lointain et sociétés du proche lui semble dépassée. L'importance des phénomènes transnationaux qui caractérise la globalisation amène l'anthropologie à rendre intelligible les liens qui se tissent entre les différentes parties du monde.

Abélès pense qu'une ethnographie du global est possible à partir du moment où l'on prend en compte trois éléments complémentaires : l'influence des forces externes sur la vie locale, les connexions existantes entre différents lieux, les représentations qui façonnent le quotidien et qui s'alimentent au global. Son approche trouve ses racines dans la démarche de l'École de Manchester et de celle de Chicago. Pour saisir la situation de la population immigrée polonaise dans la ville de Chicago, Thomas et Znaniecki ont porté une attention aux correspondances d'immigrés et ont fait plusieurs voyages en Pologne. Marc Abélès s'est nourri aussi de la démarche novatrice d'Arjun Appadurai et de ses notions de flux et « d'ethnoscape » amenant à repenser les diasporas.

Marc Abélès plaide pour penser les nouvelles formes de gouvernementalité non plus en termes de plus ou de moins d'État, mais plutôt en termes de « déplacement » de souveraineté (les réseaux transnationaux en étant une illustration).

Il s'interroge sur la relation à établir entre violence et globalisation constatant qu'une des conséquences de la globalisation est l'aggravation des inégalités. Il lie la question de l'accroissement de la violence dans certains pays avec l'accroissement des inégalités. Dans certains cas, estime-t-il, c'est l'État déficient qui est en cause, dans d'autres ce sont des formes d'exploitation et de souffrance sociale liées à l'exercice du pouvoir par l'État.

Pour Pour Marc Abélès, la globalisation, fait nouveau dans l'histoire de l'humanité, n'est « ni bonne, ni mauvaise » : elle est un objet d'étude, qui se pose comme un défi pour les anthropologues. Elle engendre, observe-t-il, une violence spécifique[22]. La globalisation, observe-t-il, engendre la production de marges dans lesquelles des masses d'individus se retrouvent laissés pour compte, phénomène illustré par les camps de réfugiés, « espaces hors lieux et hors temps ».

Marc Abélès explique sa conception de la globalisation : « il existe aujourd'hui une expérience anthropologique de la globalité : celle-ci passe non seulement par un nouveau rapport à l'espace et au temps (tous deux désormais comprimés voire abolis), mais aussi par l'interconnexion généralisée, *via* les réseaux de communication. C'est cette nouvelle façon qu'a l'individu de se situer dans le collectif qui appelle je crois une analyse anthropologique. La géographie, la *world history* et l'économie permettent bien d'analyser la mondialisation ; mais les outils de l'anthropologue sont déterminants pour analyser la globalisation. Et je dirais

---

21. Marc Abélès, *Un anthropologue à l'OMC, op. cit.* ; cf. aussi Ulrich Beck, *Pouvoir et contre-pouvoir dans la globalisation*, Paris, Flammarion, Alto/Aubier, 2003.
22. « Pour une anthropologie de la globalisation », entretien avec Marc Abélès, propos recueillis par Régis Meyran, *Sciences humaines*, 2008/8, p. 26.

même que la globalité est le grand défi auquel est confrontée l'anthropologie actuelle »[23].

Il appelle les anthropologues à repenser leur méthode. On ne peut pas, selon lui, continuer à étudier une population en la considérant comme un isolat culturel, c'est-à-dire coupée du reste du monde. Le chercheur doit aussi faire un retour réflexif sur sa position, et on ne peut plus dès lors décomposer le monde entre un chercheur « neutre » et des informateurs omniscients qui vous livrent la vérité d'une culture. Marc Abélès estime que les anthropologues seront de plus en plus appelés à entrer dans l'espace public, à titre d'experts[24].

Marc Abélès introduit de nouveaux concepts, comme ceux de « convivance » et de « survivance ». Pour lui, « il faut décentrer son regard de la forme vers le contenu du politique » ; « le contenu du politique a changé avec la globalisation : on est passé de la "convivance" à la "survivance". » Que signifient ces notions ? Jusqu'à la fin des années 1980, il était question dans les discours politiques de coexister, d'« être ensemble » sur des sols nationaux, et la grande valeur internationale, portée par les marxistes, était celle du progrès social généralisé. Abélès nomme cela la « convivance ». Quant à la « survivance », elle désigne une nouvelle façon de faire de la politique, qui a commencé à émerger dans l'après-guerre avec l'apparition de la société civile internationale, « sorte d'internationale de la vertu civique », et qui prend en compte « une valeur déterminante, qui crée des formes inédites de politique au niveau global : le risque, les menaces, l'écologie, le principe de précaution, le développement durable ». Les enjeux sont appréhendés désormais au niveau mondial, comme c'est le cas par exemple de la question du climat. « Il s'agit donc là d'une façon nouvelle de faire de la politique, prise en charge d'ailleurs par des élites qui sont elles-mêmes transnationales »[25]. Observant que la globalisation suscite un véritable déplacement du politique, Marc Abélès estime que des domaines aussi divers que l'économie, l'environnement, la sécurité ne peuvent plus trouver un traitement adéquat à l'échelle de l'État-nation[26]. « Ce que j'essaie de thématiser avec les concepts de survivance et de convivance est un changement de représentation. La convivance, privilégiée jusqu'à la fin du siècle dernier, désigne le vivre ensemble et les conditions de son amélioration. C'est ce modèle qui a orienté les projets des grands partis politiques, avec l'idée de réaliser l'avenir radieux, que ce soit sur le mode socialiste ou libéral. Aujourd'hui prévaut plutôt l'horizon de la survivance : on attend du politique une meilleure protection par rapport à un avenir perçu comme lourd de menaces »[27].

Enfin, Marc Abélès introduit la notion de « *global-politique* ». Ce terme, qui renvoie à la question du lieu du politique, désigne la façon dont, sur le plan international, un certain nombre de concepts, un certain nombre de problématiques communes, notamment sur l'environnement, circulent. Ces

---

23. *Ibid.*
24. *Ibid.*
25. *Ibid.*
26. Julien Bonnet, « Entretien Marc Abélès : une Europe politique qui se cherche », *Sciences humaines*, 2010/5, p. 43.
27. *Ibid.*

nouvelles « arènes » prennent en charge certains aspects que, selon Abélès, les États-nations ne peuvent plus assumer [28].

Si les travaux anthropologiques de Marc Abélès se situent essentiellement dans le domaine du politique, ceux de Jean-Loup Amselle s'inscrivent plutôt dans le domaine du culturel.

Jean-Loup Amselle

L'anthropologue africaniste Jean-Loup Amselle a développé, sur la base de ses travaux de terrain en Afrique, des réflexions critiquant l'idée selon laquelle existeraient à l'origine des cultures « pures », « authentiques ». Son ouvrage *Branchements. Anthropologie de l'universalité des cultures* (2001)[29] s'inscrit dans le prolongement et en même temps en contrepoint à son livre précédent intitulé *Logiques métisses. Anthropologie de l'identité en Afrique et ailleurs* (1990)[30]. Cet ouvrage utilisait la métaphore du métissage des sociétés par opposition à la notion de « multiculturalisme » où les cultures restent appréhendées comme des entités discrètes, alors que pour l'auteur les sociétés sont d'emblée métisses, d'emblée dans un syncrétisme originaire. L'idée d'une pureté originaire est, nous dit Jean-Loup Amselle, une illusion dont chaque génération se berce pour forger son identité. *Branchements* s'écarte de la métaphore du métissage aux présupposés trop biologiques (supposant des entités préalablement « pures ») pour adopter celle du branchement qui s'inspire du registre des circuits électriques, faisant valoir, par là même, le caractère ouvert de chaque culture. C'est aussi pour éviter l'idée d'une biologisation de la mondialisation ou de la racialisation des sociétés que Jean-Loup Amselle a privilégié le terme de « branchement » à celui de « société métisse ».

De plus, le métissage des cultures induit l'idée de cultures d'origine alors que l'idée de branchement cherche à casser toute idée de cloisonnement et d'étanchéité. D'un point de vue diachronique, on évite l'idée d'une pureté originelle ou d'une séparation des sociétés, et, d'un point de vue synchronique, on évite l'idée d'une homogénéisation du monde actuel, idée qui tend à faire disparaître la question sociale. De plus en plus fréquemment en effet, le culturel supplante la question sociale. Pour Amselle, la mondialisation n'entraîne pas une uniformisation culturelle mais au contraire des « guerres identitaires » ou des « guerres de cultures ». Elle conduit à deux attitudes : soit un « choc des cultures », soit, à l'inverse, une « créolisation » du monde.

Ce livre est une excellente réflexion sur des thèmes propres à l'anthropologie – notamment celui des identités – mais aussi sur les méthodes de travail de l'ethnologue, en particulier l'enquête de terrain. L'auteur refuse de se figer dans une observation participante de longue durée au profit d'une ethnographie itinérante ; pour Jean-Loup Amselle, le principe même de la monographie

---

28. Arnaud Fossier, Éric Monnet, « De l'anthropologie du "lieu du politique" à l'anthropologie des institutions. Entretien avec Marc Abélès », *Tracés*, 2009/2, n°17, p. 231-241.
29. Jean-Loup Amselle, *Branchements. Anthropologie de l'universalité des cultures*, Paris, Flammarion, 2001.
30. Jean-Loup Amselle, *Logiques métisses. Anthropologie de l'identité en Afrique et ailleurs*, Paris, Payot, 1990, rééd. 1999.

villageoise (micro-enquête sédentaire) aurait induit une déshistoricisation des sociétés étudiées par l'ethnologue. À l'instar de l'anthropologue américain George Marcus, il prône les enquêtes « multi-situées ». Selon Amselle, les enquêtes sédentaires (qu'il critique) sont responsables d'une marginalisation de l'islam chez les ethnologues des générations précédentes.

La génétique et la linguistique sont, d'après Amselle, les deux sciences du mythe de la société-isolat. La « pulsion typologique » des premiers linguistes, selon l'expression de Jean-Loup Amselle, a conduit à la recherche d'une pureté imaginaire des langues selon le même modèle que celui de la génétique des populations, toujours en référence à la notion d'un âge d'or qui n'a jamais existé. L'anthropologie, en cela, se rapprochait dans ses méthodes des sciences de la nature. Elle doit accepter de se livrer aujourd'hui, nous dit Jean-Loup Amselle, à l'étude des écrits et des images. C'est donc à partir de ces réflexions autour des identités-racines et de leurs « branchements » que l'auteur nous amène à son ethnographie itinérante au cœur de l'afrocentrisme.

Le paradigme raciologique et le thème de l'écriture sont au fondement de l'afrocentrisme. L'afrocentrisme est, en effet, l'affirmation de la race noire prônant son origine dans la civilisation égyptienne d'origine noire. Il naît à une époque qui fait référence à la hantise du métissage. Jean-Loup Amselle évoque la position de Cheikh Anta Diop, figure de proue de l'afrocentrisme, et fait allusion aux Africains-Américains qui développent, eux aussi, un discours fondé sur le thème des origines. Aux États-Unis, ce discours fait valoir deux tendances : soit celle qui revendique une intégration ; soit celle qui rejette cette intégration comme le mouvement des Blacks Panthers ou celui de Malcolm X. Cette politique identitaire fondée sur l'ethnie ou la race conduit à une recherche de survivances africaines par rapport à la « communauté d'origine ». Cette recherche au sein des cultures américaines, puis des Caraïbes, est depuis les années 1950 un thème cher à l'anthropologie française.

Jean-Loup Amselle étudie notamment le « n'ko », mouvement « prophétiste scripturaire », originaire d'Afrique de l'Ouest et plus précisément du milieu mandingue. Le n'ko est un mouvement de pensée, mais il est aussi une écriture dont l'alphabet a été créé par Souleymane Kanté en 1949 en Côte-d'Ivoire. Ce dernier a rédigé de nombreux ouvrages de médecine et de pharmacopée. Il existe d'ailleurs des docteurs du n'ko qui officient dans des centres qu'on peut presque assimiler à de véritables dispensaires. Ils utilisent des médicaments modernes mais aussi homéopathiques. Ce type de médecine qui affirme le pouvoir de la médecine africaine a néanmoins recours à la science occidentale pour valider son savoir. On peut dire à l'instar de Jean-Loup Amselle qu'il peut s'agir d'une « pensée mondialisante partielle ». Elle utilise la culture européenne dans une théorie de la preuve. Cette posture montre à quel point l'afrocentrisme prend appui sur l'écrit pour défendre ses théories et apporter les preuves de son pouvoir de guérir.

L'objectif de Kanté a d'ailleurs été de traduire le Coran en n'ko afin d'indigéniser l'islam et par là même de dissocier la langue arabe de la religion musulmane : pour « mandinguiser la religion musulmane », écrit Jean-Loup Amselle (p. 136). Il faut donc distinguer l'islamisation de l'arabisation. Le n'ko est favorable à l'islamisation de l'Afrique, mais opposé à son arabisation. Les fondateurs du n'ko cherchent même à « débrancher » le réseau multiséculaire Moyen-Orient-Maghreb-Afrique noire. Cela dit, les représentants du n'ko sont allés jusqu'à enseigner l'arabe en se servant de l'alphabet n'ko (qui s'écrit avec des caractères latins, mais de droite à gauche) et Kanté revendique, en même temps, un statut de marabout ! Ce paradoxe s'explique par une triangulation, où la culture européenne est utilisée contre la culture arabo-musulmane pour affirmer et magnifier la culture malinké. Au final, le n'ko est davantage un mouvement anticolonialiste arabo-musulman qu'anti-européen.

Jean-Loup Amselle rattache le n'ko à tous les prophétismes africains, faisant remarquer que Kanté, qui dit avoir créé l'alphabet sous l'emprise d'une révélation, a une idéologie universalisante.

Le statut de l'écrit est au fondement du n'ko. Kanté reproche aux alphabets arabes et latins de ne pas inscrire les tons des langues africaines, ce que les linguistes commenceront à faire, en France avec Maurice Houis dans les années 1960, mais ce qui justifie la nécessité pour Kanté, à cette époque, de créer cet alphabet. Bien qu'à visée universelle, la pensée de Kanté s'appuie sur la volonté de purifier la culture mandingue de tout apport extérieur. La sauvegarde de la culture mandingue est le but primordial. L'écrit permet de fixer la culture mandingue, de la délivrer, nous dit l'auteur, de « la malédiction de l'oralité ». Kanté cherche même à promouvoir, au Mali, l'alphabétisation en alphabet n'ko mais il échoue dans cette tentative auprès des instances gouvernementales. La revendication du thème de l'authenticité se présente en concurrence du modèle européen et contre l'arabité. Il ne s'agit plus d'un « système de pensée » ethnologique ou de « représentations collectives » à la Durkheim, d'une « pensée sauvage » lévi-straussienne ou d'une « idéologique », comme l'entend Augé. La philosophie afrocentriste refuse aussi d'être rangée dans les œuvres qui relèvent d'une « vision du monde ». Les membres du n'ko refusent aussi la notion d'ethno-philosophie. Il s'agit plutôt d'une certaine philosophie de l'histoire, ou encore d'une « culture mandingue lettrée ». Le n'ko revendique aussi une antériorité historique (les Mandingues existaient bien avant l'islam) ainsi que la supériorité de la culture mandingue (avec le rôle du fer comme démonstration). La conversion à l'islam a contribué, selon Kanté, au déclin des civilisations africaines.

L'afrocentrisme se situe dans un espace interculturel. Il représente un nationalisme culturel qui suppose l'existence de cultures pures. Il crée, de fait, ce que l'auteur nomme des « labels identitaires ». Dans ce contexte, le nationalisme finit par s'opposer à l'universalisme car finalement l'afrocentrisme est à la fois un espace de communication et de revendication de spécificités culturelles[31].

Ainsi, les réflexions de Jean-Loup Amselle critiquent de manière pertinente les représentations usuelles selon lesquelles des cultures « pures » existeraient à l'origine. Dénonçant le mythe d'une supposée authenticité culturelle, Jean-Loup Amselle contribue avec finesse à l'analyse des brassages et des influences culturelles. Justement, la ou les culture(s) apparaissent comme un des objets particulièrement intéressants pour l'histoire globale.

---

31. Doris Bonnet, « Jean-Loup Amselle. *Branchements. Anthropologie de l'universalité des cultures* », *Cahiers d'études africaines* [En ligne], http://etudesafricaines.revues.org/1528

Une histoire culturelle globale ?

En France, l'histoire culturelle, « histoire sociale des représentations », c'est-à-dire histoire des manières dont les hommes représentent et se représentent le monde qui les entoure, comme l'a définie Pascal Ory[32], a connu un intense essor depuis quelques décennies. Les travaux auxquels elle a donné lieu se sont axés sur plusieurs thèmes, comme la symbolique politique, la mémoire collective, l'histoire du rite politique, le champ de la médiation, et celui de l'imaginaire et de la sensibilité[33]. Toutefois ils se sont souvent limités à un cadre national. Un enjeu actuel important est d'étendre cette histoire culturelle au domaine « mondial » ou « global ». L'histoire mondiale et l'histoire globale ont été investies prioritairement par des spécialistes d'histoire économique. Ainsi, le *Journal of Global History*, créé en 2006 par *Cambridge University Press* et la *London School of Economics*, est dirigé par trois historiens économistes : Kenneth Pomeranz, Peer Vries et William G. Clarence-Smith. L'histoire mondiale et l'histoire globale semblent donc se caractériser jusqu'à maintenant par une certaine sur-représentation des historiens économistes au détriment des spécialistes d'histoire culturelle, restés davantage ancrés dans un cadre national[34]. Quelle peut être la place de l'histoire culturelle dans une histoire mondiale ? Une histoire culturelle mondiale, si elle est possible, doit-elle se concevoir comme un « Grand récit de la modernisation » (« *Big Story* »), unifié, comme le conçoivent pour leur champ de recherche certains historiens de l'économie, ou bien comme une histoire fragmentée, émiettée, parcellisée, ainsi que la considèrent les post-modernistes ? Il convient de présenter les récents développements dans le domaine de l'histoire culturelle mondiale, puis de faire le point sur les méthodes que ces développements ont apportées, et enfin d'évoquer quelques nouvelles pistes possibles pour une histoire culturelle mondiale.

Un difficile mariage entre histoire culturelle et histoire globale

L'histoire globale plutôt portée sur le domaine économique

L'histoire globale a porté, du moins à ses débuts, davantage sur les aspects économiques que sur les aspects culturels. En lançant la « *New Global History Initiative* » en 1989, l'Américain Bruce Mazlish la concevait surtout comme l'étude de la société « globalisée » découlant de la mondialisation économique. Comme l'a fait remarquer Giorgio Riello, il est d'ailleurs plus aisé de mener une

---

32. Cf. Pascal Ory, *L'histoire culturelle*, Paris, PUF, collection « Que sais je ? », 2004 ; cf. aussi Philippe Poirrier, *Les enjeux de l'histoire culturelle*, Paris, Seuil, collection « Points histoire », 2004, et Jean-Yves Mollier, notice « Histoire culturelle », *Dictionnaire du littéraire*, Paul Aron, Denis Saint-Jacques et Alain Viala (dir.), Paris, PUF, 2002, p. 266-267.
33. Sudhir Hazareesingh, « L'histoire politique face à l'histoire culturelle : état des lieux et perspectives », *Revue historique*, PUF, 2007/2, n° 642, p. 359-361.
34. Giorgio Riello, « La globalisation de l'Histoire globale : une question disputée », *Revue d'Histoire Moderne et Contemporaine*, 2007/5, n°54-5, p. 30-31.

histoire globale portant sur le domaine économique que sur le domaine culturel, car il est plus facile de construire de « grands récits » unifiés dans ce premier domaine que dans le second. Ainsi l'étude de Kenneth Pomeranz, *The Great Divergence*, sur l'influence de la Chine sur l'Europe, porte essentiellement sur des aspects économiques : l'auteur s'attache à faire apparaître le rôle joué par la Chine dans la révolution industrielle anglaise, ce qui est facilité par le fait que les prix, la production, le revenu national, les salaires, la monnaie sont des notions qui s'appliquent partout et peuvent être aisément quantifiées et comparées, contrairement à des notions culturelles, plus subjectives, moins facilement quantifiables et peut-être moins universelles[35].

L'histoire culturelle longtemps restée cantonnée au domaine national ou local

Du fait de ces difficultés, l'histoire culturelle est longtemps restée, en France, cantonnée au domaine national, et s'est souvent développée de manière déconnectée des enjeux politiques, économiques et sociaux, se fondant souvent sur le postulat que le champ culturel serait autonome de ces derniers. Cette spécificité de l'histoire culturelle française rend difficile son articulation avec l'histoire culturelle telle que la pratiquent des historiens d'autres pays, par exemple les Italiens (*microstoria*) ou les Américains (*cultural studies* et *cultural history*)[36].

C'est sans doute par le biais de l'histoire des relations internationales que, en France, l'histoire culturelle s'est le plus facilement étendue au-delà du champ national : à partir des années 1990, progressivement, « l'histoire des relations culturelles internationales » a connu un certain essor, puis a acquis une réelle légitimité, comme l'illustre l'organisation à Paris en 2006 du colloque « Les relations culturelles internationales au vingtième siècle. Entre diplomatie, transferts culturels et acculturation » (université de Paris I, Centre d'histoire de Sciences-Po, UVSQ)[37]. Grâce à cette approche qui mêle histoire diplomatique et histoire culturelle, plusieurs thèmes classiques de l'histoire des relations internationales ont ainsi été appréhendés sous l'angle de l'histoire culturelle, ouvrant la voie à des travaux féconds. Par exemple, le volet culturel de la guerre froide (« *soft power* ») apparaît comme une source quasi-inépuisable pour l'histoire des relations culturelles internationales, puisque les enjeux culturels ont été des vecteurs très importants de l'affrontement bipolaire (ex : peinture réaliste/peinture abstraite)[38].

---

35. Kenneth Pomeranz, *The Great Divergence: Europe, China, and the Making of the Modern World Economy*, Princeton, Princeton University Press, 2000 ; cf. G. Riello, article cité, p. 31.
36. Loïc Vadelorge, « Où va l'histoire culturelle ? », *Ethnologie française*, PUF, 2006/2, p. 359.
37. Cet important colloque a donné lieu à la publication de : Anne Dulphy, Robert Frank, Marie-Anne Matard-Bonucci, Pascal Ory (dir.), *Les relations culturelles internationales au XXe siècle*, Bruxelles, Peter Lang, 2011.
38. Cf. Frances S. Saunders, *Qui mène la danse ? La CIA et la guerre froide culturelle*, Paris, Denoël, 2003.

L'étude des circulations culturelles

L'histoire globale implique l'idée que les échanges, les influences entre sociétés et cultures, ne se font pas seulement à sens unique mais souvent à double sens et qu'il y a des circulations culturelles, des circulations de savoirs, c'est-à-dire des déplacements d'acteurs, d'idées et de savoirs, pas seulement du centre vers la périphérie, mais aussi dans le sens inverse, au moyen notamment de réappropriations. Cette conception est très féconde pour l'histoire culturelle globale. Ainsi, Ludovic Tournès, dans ses travaux sur les fondations philanthropiques américaines (Ford et Rockefeller notamment), a montré que ces fondations sont certes un outil de diffusion du modèle américain vers l'Europe, mais que les échanges sont en réalité à double sens : par exemple, dans le domaine des sciences médicales, ces fondations ont beaucoup emprunté au modèle allemand avant de le transformer et de le diffuser à nouveau en Europe[39]. Sandrine Kott, dans ses travaux sur l'Organisation internationale du travail (OIT), a montré que pendant la guerre froide, malgré le rideau de fer, des circulations de savoirs en matière de management du travail se faisaient entre l'Est et l'Ouest : les représentants de l'Est ont emprunté des savoirs dans ce domaine aux Occidentaux avant de les diffuser auprès des pays du Sud auxquels ils fournissaient une importante assistance technique[40]. Une autre historienne, Marie Scot, étudiant les parcours des étudiants indiens de la *London School of Economics* (LSE) dans les années 1930-1940, étudie comment, revenus dans leur pays, ils ont réutilisé les savoirs acquis à la LSE tout en les détournant puisqu'ils n'ont pas hésité à critiquer le système colonial. Cette historienne met en évidence la complexité des processus de réception et de transmission des savoirs[41].

Utiliser l'interdisciplinarité et les différents outils et apports de l'histoire globale

L'histoire culturelle globale peut emprunter à ces différents courants plusieurs méthodes. Sur le modèle des *area studies*, des *cultural studies*, des *postcolonial studies*, et de la *global history* anglo-saxonne, une histoire culturelle mondiale pourrait se caractériser par l'interdisciplinarité, associant historiens, géographes, spécialistes de sciences sociales, civilisationnistes, littéraires, musicologues, etc. Comme le champ est très vaste, il s'agirait aussi d'organiser les recherches de manière collective, sur le modèle des chercheurs des sciences dites dures, comme le suggère Giorgio Riello, les chercheurs en histoire culturelle mondiale pourraient ainsi utiliser leurs apports réciproques, ce qui permettrait d'opérer des « fertilisations croisées » (*cross fertilizations*), pouvant déboucher sur des

---

39. Ludovic Tournès, *La philanthropie américaine et l'Europe : contribution à une histoire transnationale de l'américanisation*, mémoire d'habilitation à diriger des recherches, Université Paris-I Panthéon Sorbonne, 2008 ; Ludovic Tournès, *Sciences de l'homme et politique. Les fondations philanthropiques américaines en France au XXe siècle*, Paris, Éditions des Classiques Garnier, 2011.
40. Sandrine Kott, communication orale au séminaire « Histoire globale » à l'ENS, 24 janvier 2013.
41. Marie Scot, « Faire école : les Alumni universitaires indiens de la London School of Economics », *Histoire@Politique*, revue du Centre d'histoire de Sciences Po, n° 15, septembre 2011.

synthèses comparatives, « chacun venant ainsi combler les ignorances de l'autre, et s'enrichissant en même temps de regards extérieurs »[42].

L'ouvrage collectif, *Transnational Intellectual Networks* (2004), édité par des chercheurs allemands et par le chercheur français Christophe Charle, se centre de manière pionnière sur l'histoire culturelle transnationale : étudiant les interactions entre les formes nationales et transnationales des pratiques savantes en Europe entre la fin du XIXe siècle et 1939, il souligne l'antagonisme entre dynamiques intellectuelles nationales et transnationales[43].

Plusieurs chercheurs ont récemment revisité l'histoire de mouvements intellectuels nationaux en montrant les connexions que ces mouvements entretenaient avec d'autres mouvements intellectuels qui se sont développés parallèlement dans d'autres pays, dans d'autres cultures. Ainsi, Bob Johnson, étudiant le mouvement de la Harlem Renaissance, la « globalise » en mettant en évidence des renaissances irlandaise, mexicaine et noire à travers son étude de la revue *The Survey* de 1919 à 1929. Il montre que des contemporains comme Alain Locke concevaient cette renaissance comme faisant partie d'un phénomène plus large de renaissance raciale et nationale[44]. Andrew Arsan étudie quant à lui l'émergence d'un internationalisme dans l'entre-deux-guerres au Moyen-Orient par le biais de comités, télégrammes et pétitions, et du rôle de la diaspora présente à Paris, New York et au Caire[45].

L'emploi de méthodes quantitatives, une piste pour l'histoire culturelle globale

Une autre méthode utile qu'il s'agirait de généraliser pour faire une histoire culturelle mondiale serait l'emploi de méthodes quantitatives. Ces dernières années, l'histoire culturelle française s'est surtout caractérisée par le recours à une approche qualitative. Or récemment, certains chercheurs, s'efforçant de mesurer la circulation transnationale des livres et des traductions, comme Franco Moretti[46], Gisèle Sapiro[47] ou Christophe Charle[48], ont introduit des réflexions et des méthodes permettant de mettre à contribution l'approche quantitative en histoire culturelle, notamment par l'utilisation de statistiques, de graphiques, ou par l'exploitation de bases de données. La numérisation récente, dans plusieurs pays, de fonds d'archives gigantesques (de l'ordre de millions de pages), accessibles en ligne grâce à des bases de données, permet d'envisager une exploitation quantitative relativement aisée et

---

42. G. Riello, article cité, p. 28 et 30.
43. *Transnational Intellectual Networks. Forms of Academic Knowledge and the Search for Cultural Identities*, Christophe Charle, Jürgen Schriewer et Peter Wagner (dir.), Francfort, Campus Verlag, 2004.
44. Bob Johnson, « Globalizing the Harlem Renaissance: Irish, Mexican, and "Negro" renaissances in *The Survey*, 1919-1929 », *Journal of Global History* (2006) 1, p. 155-175.
45. Andrew Arsan, « This age is the age of associations: committees, petitions, and the roots of interwar Middle Eastern internationalism », *Journal of Global History*, volume 7, n° 02, juillet 2012, p. 166-188.
46. Franco Moretti, *Graphs, Maps, Trees: Abstract Models for a Literary History*, Londres, Verso, 2005.
47. Gisèle Sapiro, *Translatio. Le marché de la traduction en France à l'heure de la mondialisation*, Paris, CNRS éditions, 2008.
48. Christophe Charle (dir.), *Le Temps des capitales culturelles*, Paris, Champ Vallon, 2009.

rapide grâce à l'informatique. Une telle approche par les méthodes quantitatives apparaît essentielle car elle permettrait à l'histoire culturelle transnationale d'acquérir plus de rigueur et de fiabilité dans ses conclusions.

Rapprocher enjeux économiques et enjeux culturels ?

Enfin, il apparaît important d'effectuer un rapprochement entre enjeux économiques et enjeux culturels : il s'agirait de ne plus concevoir l'histoire culturelle comme déconnectée des enjeux économiques, mais de faire apparaître les liens étroits qui unissent phénomènes culturels et phénomènes économiques. À cet égard, la notion de « circulations », si elle présente l'avantage de favoriser la mise en évidence d'une multiplicité de flux orientés dans diverses directions, présente aussi le risque de déformer un peu la réalité concrète : en employant cette notion, l'historien peut être tenté de se représenter les idées et les savoirs de manière abstraite, comme se déplaçant librement, tels des vents ou des courants marins, sur l'ensemble de la planète, en négligeant la diversité des conditions matérielles dans lesquelles cela se fait en réalité. L'historien peut aussi être tenté de mettre les différents flux sur le même plan, quels que soient leur importance quantitative et le degré de leurs répercussions sur les populations. En cela, la notion de « circulations » peut contribuer à gommer la dimension de domination. Une attention accrue portée aux aspects économiques (budgets des institutions culturelles, chiffres de ventes, accords commerciaux, rôle des États, comparaison des niveaux socio-économiques de différents producteurs, médiateurs ou consommateurs culturels) permettrait de mieux faire apparaître des centres d'impulsion et des hiérarchies dans les flux culturels et donc de mieux faire apparaître au niveau mondial un phénomène de domination en matière culturelle. Il serait ensuite intéressant de déterminer si ce rapport de domination culturelle est le reflet exact de celui qui caractérise le système économique mondial ou non.

Il apparaît ainsi possible de mener des études d'histoire globale sur les firmes transnationales. De la *Standard Oil* à la fin du XIXe siècle à Wal-Mart ou Monsanto aujourd'hui, les FTN se sont affirmées depuis un peu plus d'un siècle comme des acteurs très importants, non seulement dans le domaine économique bien sûr (plusieurs FTN sont bien plus riches que des États), et politique (certaines sont en mesure de renverser des régimes politiques[49]), mais également culturel. Les FTN sont des acteurs majeurs à la fois de la mondialisation culturelle (en diffusant des produits identiques dans le monde entier, elles contribuent à l'uniformisation des modes de vie et des pratiques culturelles), et de la diversité culturelle mondiale (les sociétés réagissent différemment à l'action de ces firmes ; et les FTN adaptent elles-mêmes leurs pratiques et leurs produits aux différentes sociétés). Il peut donc être intéressant de mener des recherches sur les politiques et pratiques

---

49. Comme par exemple au Guatemala en 1954 (rôle de la *United Fruit Company*) ou au Chili en 1973 (rôle de la firme ITT, *International Telephone and Telegraphs*). Les FTN ont acquis de nos jours une place importante dans plusieurs institutions internationales (ex : ONU), où elles sont de plus en plus considérées comme des partenaires et acteurs de poids, aux côtés des États.

sociales et culturelles des FTN, ainsi que sur la manière dont les sociétés se représentent et reçoivent l'action des FTN. Un obstacle de taille à dépasser pour l'étude des FTN est le problème d'accès aux archives : en effet, ces structures, étant privées, régissent comme elles l'entendent la constitution, la conservation et la consultation de leurs archives, soucieuses surtout de leur image de marque, motivation généralement peu compatible avec la recherche historique objective.

Quelques pistes en histoire culturelle transnationale

Des structures politiques peuvent être étudiées pour le volet culturel de leur action. Ainsi, par exemple, la mise en service récente de la base de données « Incomka », qui recense des millions de pages d'archives du Komintern (1919-1943), permet notamment d'analyser les activités culturelles menés par le Komintern dans différents pays, par exemple dans le domaine de la littérature ou du théâtre[50].

Parmi de nombreuses autres pistes possibles, on peut en évoquer une qui attire l'attention croissante des chercheurs de diverses disciplines : dans la société mondialisée qui émerge depuis quelques décennies, on peut envisager d'analyser les évolutions du langage, c'est-à-dire les mutations opérées de pair dans le vocabulaire différentes langues. En effet, du fait de la mondialisation culturelle, de telles évolutions semblent se faire maintenant de manière parallèle dans plusieurs langues. C'est ce qu'ont commencé à étudier par exemple Eric Hazan et Alain Bihr, analysant l'apparition dans plusieurs pays depuis les années 1990 d'une « novlangue néolibérale », marquée par l'influence des conceptions économiques du « consensus de Washington »[51]. Il est intéressant d'essayer d'identifier les acteurs de ces mutations du vocabulaire (ex : hommes politiques, réseaux économiques, institutions internationales, journalistes, télévision) et leurs conséquences sur les sociétés et les opinions publiques. Dans une telle perspective d'étude transnationale des évolutions du langage, Christian Delporte a proposé récemment un intéressant panorama mondial de l'histoire de la « langue de bois »[52].

Ainsi des chantiers stimulants s'ouvrent à l'histoire culturelle dans le cadre mondial. Loin de risquer de se perdre dans un ensemble trop vaste et de se caractériser par la fragmentation et la perte de sens, il semble au contraire que les travaux menés en histoire culturelle mondiale pourraient acquérir une réelle cohérence et s'articuler entre eux de manière pertinente, en se rattachant à la problématique de la domination, donc en se connectant à l'étude des enjeux socio-économiques mondiaux.

---

50. Ex : les archives de la « Ligue anti-impérialiste », de l'« Union internationale des écrivains révolutionnaires », ou encore de l'« Association internationale du théâtre révolutionnaire », structures créées dans le cadre du Komintern, sont consultables sur cette base de données. La mise en service d'Incomka résulte du travail collectif de nombreux historiens, et notamment en France du groupe de chercheurs organisé autour de Serge Wolikow.
51. Éric Hazan, *LQR, la novlangue du néo-libéralisme*, Raisons d'agir 2006 ; Alain Bihr, *La novlangue néolibérale : La rhétorique du fétichisme capitaliste*, Cahiers libres, 2007, p. 2.
52. Christian Delporte, *Une Histoire de la langue de bois*, Paris, Flammarion, 2009.

Conclusion
de la première partie

Un courant riche en apports épistémologiques et méthodologiques

Dans la continuité des courants de l'histoire universelle, de l'histoire comparée, et des « *Area studies* », l'histoire globale constitue une ouverture sur le monde, et notamment sur les continents et régions jusque là négligés par une historiographie longtemps occidentalocentrée.

Témoignent de cet essor de l'histoire globale non seulement le nombre croissant de livres consacrés à ce courant depuis les années 1980, mais aussi l'institutionnalisation de cette histoire par la création de chaires d'histoire globale (essentiellement dans le monde anglo-saxon), de revues, d'associations, et l'organisation de congrès.

Que ressort-il de tous ces écrits ? L'histoire globale apparaît comme un ensemble large de méthodes et de concepts, incluant plusieurs sous-courants comme l'histoire comparée, l'histoire des transferts culturels, l'histoire connectée, l'histoire croisée, l'histoire transnationale... Toutes ces appellations ne doivent pas être conçues comme des conceptions rivales, mais bien plutôt comme différentes facettes d'un tout. Enfin, l'histoire globale implique l'idée que les échanges, les influences entre sociétés et cultures, ne se font pas seulement à sens unique mais souvent à double sens et qu'il y a des circulations culturelles, des circulations de savoirs, qui s'établissent entre espaces dominés et espaces dominants. Un dernier élément important de l'histoire globale est la dimension interdisciplinaire : ainsi l'histoire globale, dans la lignée de ses pères fondateurs tels Andre Gunder Frank qui était à la fois historien, économiste, sociologue, anthropologue et géographe, associe volontiers plusieurs disciplines.

Une influence à relativiser

Toutefois, il faut relativiser l'influence et l'impact de l'histoire mondiale/globale. Comme l'observe Pierre Grosser, ce courant n'a pas tant d'influence que cela aux États-Unis. Le cours d'histoire mondiale est loin d'être généralisé et d'avoir remplacé les cours de civilisation occidentale : il est souvent optionnel. En 2002, les élèves étaient dix fois plus nombreux à prendre un cours d'histoire américaine, et trois fois plus un cours d'histoire européenne. Semestriel, ce cours ne permet que des survols. Bien des enseignants se contentent d'amender un peu les cours de civilisation occidentale, et les enseignants sont souvent mal formés. En 2005, moins d'une vingtaine d'universités avaient ouvert des programmes doctoraux d'histoire mondiale ou globale. Les postes d'enseignant en histoire transnationale ou mondiale sont très peu nombreux (3 %) dans les universités américaines et connaissent un déclin comparable aux autres spécialités. L'histoire mondiale aux États-Unis manque de moyens, est peu soutenue par les fondations et les institutions et apparaît comme l'enfant pauvre des recherches sur la mondialisation[1]. La nouvelle vague de financement public de la recherche en sciences sociales, est concentrée sur le radicalisme islamique, le terrorisme, la modernisation militaire chinoise, le changement climatique ou sur le risque politique dans les États africains. C'est l'anthropologie et non l'histoire que le Pentagone s'efforce de mobiliser, au nom d'une approche très essentialiste et localiste de la culture[2].

L'histoire mondiale ne semble pas non plus très répandue dans l'enseignement secondaire en Allemagne, en raison du faible nombre d'heures de cours d'histoire (l'histoire n'est qu'une option à la fin du lycée en Allemagne) et du risque de marginalisation de l'histoire du nazisme et de l'Holocauste. Aux Pays-Bas, la place de l'histoire non européenne est en déclin. En Italie, la coalition menée par Silvio Berlusconi n'a pas voulu intégrer en 2001 l'histoire mondiale aux programmes scolaires. Au Royaume-Uni, la discipline historique est en perdition dans l'enseignement secondaire. En Australie, les lobbies conservateurs et chrétiens se sont activés contre le projet lancé en 2008 d'ouvrir les programmes d'histoire sur le monde[3].

Par ailleurs, on observe que l'histoire mondiale/globale est un « fourre-tout[4] ». Près d'un tiers des articles publiés par le *Journal of World History* traitent des questions théoriques, méthodologiques et conceptuelles. Pierre Grosser observe que l'histoire mondiale a parfois tendance à se complaire dans l'historiographie, « comme pour se donner un pedigree et donc une légitimité ». L'existence d'une rubrique « comparative/world » dans les recensions d'ouvrages de l'*American Historical Review* est en fait un fourre-tout. Et chez Oxford University Press, les « world history » de pays sont avant tout des histoires nationales sur le temps long[5].

Par ailleurs, on est en droit d'avoir un regard critique sur l'histoire globale.

---

1. Cf. Pierre Grosser, article cité.
2. John D. Kelly *et alii* (dir.), *Anthropology and Global Counterinsurgency*, Chicago, University of Chicago Press, 2010, parties 4 et 5.
3. Pierre Grosser, article cité.
4. Dominic Sachsenmaier, « Histoire globale, histoire internationale, histoire mondiale : le débat aux États-Unis, en Chine et en Allemagne », *Eurostudia*, 4 (2), décembre 2008, p. 11.
5. Pierre Grosser, article cité.

Un regard critique sur l'histoire globale

« Qui trop embrasse, mal étreint » : le risque d'un manque de rigueur

Par rapport aux méthodes, aux postulats et aux conclusions de l'histoire globale, il convient d'apporter un regard critique. Tout d'abord, on peut pointer le manque de rigueur de plusieurs des grands essais totalisants auxquels a donné lieu ce courant, et remettre en question la validité d'interprétations des grands phénomènes historiques, politiques, et sociaux reposant exclusivement sur des explications d'ordre biologiques et environnementales.

Des innovations pas si nouvelles que cela...

De plus, plusieurs des innovations méthodologiques que prétend apporter l'histoire mondiale/globale n'apparaissent en fait pas comme de réelles nouveautés. L'histoire mondiale/globale s'inscrit en réalité dans l'héritage de tentatives historiques passées, notamment des différentes tentatives d'« histoires universelles » entreprises depuis l'Antiquité (Hérodote) et au fil des siècles (Bossuet)[6], et plus précisément au XXe siècle les travaux d'Oswald Spengler[7], d'Arnold Toynbee[8], ou encore de René Grousset[9]. Les chercheurs de la « *global history* » et de la « *new global history* » ne rejettent d'ailleurs pas la filiation avec des historiens antérieurs, et se revendiquent au contraire de l'héritage d'Arnold Toynbee : Bruce Mazlish a été lauréat en 1986 du Prix Toynbee, qui vise à récompenser des contributions en matière de sciences sociales donnant une large vue de la société humaine et des problèmes sociaux et humains ; à partir de 1987 la Fondation du Prix Toynbee a entrepris de soutenir explicitement la démarche d'histoire mondiale/globale, et plus précisément le projet de la « *new global history* ». En 2008, le Prix Toynbee a été attribué à William McNeill.

L'approche comparative ainsi que l'interdisciplinarité ne peuvent pas être considérée comme des spécificités de l'histoire globale car elles avaient déjà été introduites par des historiens et des courants historiographiques antérieurs, comme Marc Bloch et l'école des Annales en France dès les années 1920-1930. Le seul élément qui peut paraître relativement nouveau à cet égard est le souci d'intégrer l'apport non seulement des différentes sciences sociales et humaines, mais aussi des sciences dures, comme la biologie. Toutefois, les recherches historiques concernant l'histoire du climat ne sont pas l'apanage exclusif des *global historians*, puisque des travaux sur ce thème ont également été réalisés en dehors de ce courant, par exemple en France avec l'*Histoire humaine et comparée*

---

6. Jacques-Bénigne Bossuet, *Discours sur l'Histoire Universelle*, 1681.
7. Oswald Spengler, *Le déclin de l'Occident* (1918-1922).
8. Arnold Toynbee, *Étude de l'histoire (A Study of History)*, 1934-1961, 12 volumes ; Arnold Toynbee, *Mankind and Mother Earth*, Oxford University Press, 1976.
9. René Grousset, *Histoire universelle*, Paris, Gallimard, 1956.

du climat d'Emmanuel Leroy Ladurie (2004)[10]. De plus, l'idée de dépasser les cloisonnements nationaux, et d'étudier les connexions et parallélismes à l'échelle « globale » a déjà été pensée par plusieurs historiens européens avec les courants déjà ébauchés depuis plusieurs années de l'histoire culturelle comparée, l'histoire des transferts culturels, l'histoire des circulations culturelles, l'histoire transnationale, l'histoire relationnelle, l'histoire connectée, l'histoire partagée, l'histoire croisée.

Ainsi, si l'histoire mondiale/globale apparaît effectivement stimulante par sa volonté de faire éclater les cloisonnements nationaux, historiographiques, disciplinaires, il faut relativiser le caractère réellement novateur de ce courant.

Une vision téléologique de l'histoire, célébrant la mondialisation libérale ?

En outre, par ses présupposés et ses centres d'intérêt, qui tournent beaucoup autour de l'idée de mondialisation économique vue comme un processus nécessaire, voire comme l'aboutissement de toute l'histoire du monde depuis le Néolithique, ce courant apparaît éminemment « états-unien » dans ses conceptions, ou tout au moins très « *west-oriented* », à l'inverse de l'approche anti-ethnocentrique qu'il revendique. Le biais téléologique de l'histoire globale a été relevé notamment par Frederick Cooper.

Dans le monde anglo-saxon, la génération la plus récente de l'histoire globale semble être animée par une conception dénuée de critique à l'égard de la « *globalization* »[11]. Ainsi, de nombreux *global historians* promeuvent à l'instar de Bruce Mazlish le terme de « gouvernance mondiale »[12]. Une floraison d'articles et d'ouvrages sont récemment apparus sur ce thème, ainsi qu'une revue : *The Review of Global Governance*. Le terme de « gouvernance mondiale »[13] implique comme

---

10. Emmanuel Leroy Ladurie, *Histoire humaine et comparée du climat - Canicules et glaciers XIIIe-XVIIIe siècles*, tome 1, Paris, Fayard, 2004.

11. Le développement qui suit est tiré de : Chloé Maurel, « La World/Global History : questions et débats », *Vingtième Siècle*, Presses de Sciences-Po, n°104, octobre-décembre 2009, p. 153-166.

12. Ex. : Soma Hewa and Darwin Stapleton (dir.), *Globalization, Philanthropy, and Civil Society*, New York, Boston, Dordrecht, London and Moscow, Springe, 2005 ; Michael Geyer, Charles Bright, « World history in a Global Age », *American Historical Review*, 100/4, 1995, p. 1047-1060.

13. Tombé en désuétude depuis son apparition en Angleterre au Moyen Âge, le terme de « gouvernance » est réapparu dans les années 1930 aux États-Unis dans le domaine de l'économie, et plus précisément de l'entreprise Le terme de « *corporate governance* » (« gouvernance d'entreprises ») s'est répandu dans les milieux d'affaires américains dans les années 1970 et surtout 1980. La notion de gouvernance a alors été importée dans le domaine des sciences politiques. Les universitaires américains Joseph Nye et Robert Kehoane ont ainsi développé la théorie « interdépendantiste », qui souligne la multiplication des liens internationaux de tous ordres, l'imbrication des questions économiques, politiques, culturelles. Plusieurs chercheurs, comme James Rosenau et David Held, ont considéré que l'interdépendance est devenue telle que l'on ne peut plus distinguer entre régulation nationale et régulation internationale. Dès lors s'est développé un courant dit « transnationaliste », soulignant la porosité des frontières et les difficultés de la régulation étatique à l'ère de la mondialisation. Dans ce contexte, à la fin des années 1980, le terme de « *good governance* » (« bonne gouvernance ») a commencé à être employé par les institutions financières internationales comme le FMI pour définir les critères d'une bonne administration publique dans les pays souffrant d'une forte dette extérieure et donc que ces institutions ont soumis à des programmes dit « d'ajustement structurel ».

sous-entendu l'idée d'une crise de la gouvernabilité au niveau supranational, l'idée que les États ne seraient plus capables de bien assurer leurs tâches de régulation, notamment économique et sociale, et de maîtriser les flux de la mondialisation, et que ce sont d'autres intervenants (institutions financières internationales ou même firmes transnationales) qui devraient leurs dicter ces tâches[14]. La notion de « gouvernance mondiale » met donc l'accent sur l'émergence de nouvelles formes de régulation, l'apparition de nouveaux protagonistes des affaires mondiales, nombreux et variés : ONG, experts, associations, réseaux locaux et régionaux, entreprises privées, notamment firmes transnationales. Les États (même organisés entre eux, sous la forme du système de l'ONU par exemple) ne détiendraient plus le monopole de l'action publique et devraient composer avec ces multiples autres acteurs, de plus en plus nombreux et puissants. L'idée de gouvernance mondiale se distingue donc nettement de l'idée classique du gouvernement, car elle dénonce le modèle de politique traditionnel qui confie aux seules autorités politiques la responsabilité de la gestion des affaires publiques[15]. Prônant un dessaisissement par les États de leurs attributions en matière notamment sociale et de droits de l'homme, c'est-à-dire une libéralisation ou dérégulation massive, cette conception s'inscrit dans le droit fil du néo-libéralisme économique. C'est la volonté de faire prévaloir le modèle de la gestion managériale privée sur celui du gouvernement public, la logique entrepreneuriale sur celle des droits humains, sociaux, culturels et environnementaux[16].

Ainsi, on peut reprocher à certains historiens de la *world/global history* de vouloir, à travers leurs grandes synthèses totalisantes et pas toujours rigoureuses, présenter une interprétation de l'histoire du monde allant dans le sens de la « mondialisation » économique, sociale et culturelle actuelle. En « démontrant » l'ancienneté et l'inéluctabilité de la mondialisation, la *world/global history* ne vise-t-elle pas à battre en brèche les critiques des altermondialistes au sujet de ce processus ? Ainsi, en expliquant par des causes biologiques et non socio-économiques les raisons des inégalités entre peuples et sociétés comme le fait Jared Diamond, ce courant n'a-t-il pas pour but de dédouaner les grandes puissances (et en premier lieu les États-Unis) de leur responsabilité dans l'accroissement inexorable du fossé économique Nord/Sud ? En soulignant, comme le fait Bruce Mazlish, dans *The New Global History* (2006) et dans *Leviathans. Multinational Corporations and the New Global History* (2005)[17], la diminution du rôle régulateur des États, présentés comme des structures obsolètes, et en valorisant l'influence croissante d'autres acteurs comme les firmes transnationales, ce courant ne fait-il pas l'apologie d'une mondialisation fondée sur l'extension du système ultra-libéral (libre-échange, dérégulations) à toute la planète ? Enfin,

---

14. Sur ce sujet, voir par exemple J. Laroche (dir.), *Mondialisation et gouvernance mondiale*, IRIS/PUF, 2003.
15. C'est ce que prône par exemple le sociologue allemand Ulrich Beck (Ulrich Beck, *Pouvoir et contre-pouvoir à l'ère de la mondialisation*, Aubier, 2003).
16. Comme l'observe Philippe Moreau Defarges dans *L'Ordre mondial*, Paris, 3ᵉ éd., Armand Colin, 2003.
17. Alfred Dupont Chandler et Bruce Mazlish, *Leviathans. Multinational Corporations and the New Global History*, Cambridge, 2005.

en nuançant la gravité du réchauffement climatique actuel et en relativisant l'impact de l'homme dans ce phénomène, ce courant ne tend-il pas à justifier la position des États-Unis, qui ont refusé de ratifier le Protocole de Kyoto (1997) sur la réduction des émissions de gaz à effet de serre, et qui à présent, plutôt que d'œuvrer avec les autres pays à tenter d'enrayer le réchauffement climatique, préconisent une « adaptation » des sociétés à ce réchauffement ?

Il est intéressant de noter que plusieurs travaux récents menés par des auteurs français développent (à l'inverse des chercheurs anglo-saxons) une vision plus critique du phénomène de la mondialisation ou « globalisation », comme par exemple *Le gouvernement du monde : une critique politique de la globalisation* de Jean-François Bayart[18], ou *Le nouveau gouvernement du monde* de Georges Corm[19].

Ainsi, le courant de l'histoire mondiale/globale, né il y a une trentaine d'années aux États-Unis, apparaît porteur d'innovations méthodologiques et épistémologiques intéressantes. La fécondité et le dynamisme de ce courant sont indéniables. Loin de n'être qu'un effet de mode passager, ce courant s'est imposé au terme d'un essor ininterrompu de trois décennies, essor qui ne se dément pas et qui se traduit par une floraison exponentielle de publications et par la multiplication de structures de recherches outre-atlantique. La réception peu enthousiaste dont il a fait l'objet initialement en France semble aujourd'hui céder la place à un intérêt croissant. L'approche « globale » est de plus en plus mise à contribution dans des travaux de recherche menés en Europe et en France, sans que les chercheurs qui l'utilisent ne se réclament forcément de ce courant. Cependant il est important de noter que plusieurs des innovations qu'entend apporter l'histoire mondiale/globale ne sont en réalité pas de réelles nouveautés, mais empruntent leurs principes et leurs méthodes à d'autres courants préexistants, comme l'histoire comparée, l'histoire postcoloniale, l'histoire transnationale. Enfin, il convient d'être vigilant à l'égard des possibles motivations idéologiques présentes dans les travaux de certains *global historians* américains qui, par des raccourcis et des généralisations hâtives, pourraient, consciemment ou non, être tentés de présenter une histoire du monde téléologique.

Après ce panorama historique de l'émergence et des différentes composantes de l'histoire globale, il s'agit de présenter la multiplicité des travaux réalisés dans ce domaine, aussi bien en Occident que dans un grand pays du Sud, la Chine.

---

18. Jean-François Bayart, *Le gouvernement du monde : une critique politique de la globalisation*, Paris, Fayard, 2004.
19. Georges Corm, *Le nouveau gouvernement du monde. Idéologies, structures, contre-pouvoirs*, Paris, La Découverte, 2010.

DEUXIÈME PARTIE

Tendances actuelles de la recherche en histoire mondiale/globale

Un courant pas seulement américain mais représenté aussi par les chercheurs de plusieurs pays

Même si une très grande partie des recherches en histoire mondiale/globale provient du monde anglo-saxon, il est à noter d'importants développements dans différents pays.

Les Allemands sont en pointe dans les réflexions sur l'histoire mondiale, héritage de la tradition de *Weltgeschichte*. L'Allemagne représente aujourd'hui l'un des foyers de la discussion sur l'histoire globale[1]. Matthias Middell a entamé un programme de recherche sur l'histoire globale qui comprend la double dimension chronologique et géographique : il invite à l'étude des « crises globales » et des « conjonctures critiques » de la mondialisation, ainsi qu'à celle des « portails » « géographiques » de la mondialisation et des régimes de

---
1. Matthias Middell, Katja Naumann, « *Weltgeschichte* et histoire globale en Allemagne », *Revue de l'institut français d'histoire en Allemagne*, n°2, 2010, p. 247-284.

territorialité[2]. De nombreux travaux ont été faits par des Allemands ces dernières années sur l'histoire mondiale[3].

À la différence de la Grande-Bretagne, ce sont plutôt en Allemagne des historiens jeunes qui se sont tournés vers l'histoire mondiale. Le centre de recherche et d'enseignement le plus actif se situe à Leipzig, il entretient une tradition ancienne d'histoire universelle et d'études sur le tiers-monde au temps de la RDA [4]. Après avoir rencontré Bruce Mazlish en 1990, le spécialiste de l'Amérique latine Manfred Kossok a orienté l'université de Leipzig vers l'histoire globale, bientôt suivi par Matthias Middell. L'université de Leipzig abrite la revue *Comparativ* et le site Internet « geschichte.transnational ». Elle a aussi créé un master européen en études globales. Aux débuts des années 2000, a été fondé à Leipzig l'*European Network in Universal and Global History* (ENIUGH), qui a organisé à ce jour trois « congrès européens d'histoire globale ».

---

2. Matthias Middell et Katja Naumann, « Global History and the Spatial Turn: from the Impact of Area Studies to the Study of Critical Junctures of Globalization », *Journal of Global History*, 5 (1), 2010, p. 149-170.
3. Conrad Sebastian, Eckert Andreas, Freitag Ulrike (dir.), *Globalgeschichte. Theorien, Ansätze und Themen*, Frankfurt am Main, 2007. Conrad Sebastian, Sachsenmaier Dominic (dir.), *Competing Visions of World Order. Global Moments and Movements, 1880s-1930s*, New York, 2008. Dan Diner, *Das Jahrhundert verstehen. Eine universalhistorische Deutung*, München, 1999. Arif Dirlik, « Confounding Metaphors. Inventions of World. What is World History for? », *in* B. Stuchtey, E. Fuchs (dir.), *Writing World History 1800-2000*, Oxford, 2003, p. 91-133. Jörg Döring, Tristan Thielmann (dir.), *Spatial Turn. Das Raumparadigma in den Kultur- und Sozialwissenschaften*, Bielefeld, 2008. Ulf Engel, Matthias Middell (dir.), *Theoretiker der Globalisierung*, Leipzig, 2010. Ulf Engel, Matthias Middell, « Bruchzonen der Globalisierung, globale Krisen und Territorialitätsregimes – Kategorien einer Globalgeschichtsschreibung », *in Comparativ* 15 (2005), H. 5-6, p. 5-38. Margarete Grandner, Dietmar Rothermund, Wolfgang Schwentker (dir.), *Globalisierung und Globalgeschichte* (= *Globalgeschichte und Entwicklungspolitik 1*), Wien, 2005. Heinz-Gerhard Haupt, Jürgen Kocka (dir.), *Comparative and Transnational History. Central European Approaches and New Perspectives*, New York, 2009. Hartmut Kaelble, Jürgen Schriewer (dir.), *Transfer und Vergleich. Komparatistik in den Sozial- und Geschichts- und Kulturwissenschaften*, Frankfurt am Main, 2003. Matthias Middell, « Kulturtransfer und Historische Komparatistik – Thesen zu ihrem Verhältnis », in *Comparativ* 10 (2000) 1, S. p. 7-41. Matthias Middell, « Universalgeschichte, Weltgeschichte, Globalgeschichte, Geschichte der Globalisierung – ein Streit um Worte? », *in* Margarate Grandner, Dietmar Rothermund und Wolfgang Schwentker (dir.), *Globalisierung und Globalgeschichte*, Wien, 2005, p. 60-82. Matthias Middell, Katja Naumann, « Global History and the Spatial Turn. From the Impact of Area Studies to the Study of Critical Junctures of Globalisation », in *Journal of Global History* 5, 2010, 1, p. 149-170. Jürgen Osterhammel, *Geschichtswissenschaft jenseits des Nationalstaates. Studien zur Beziehungsgeschichte und Zivilisationsvergleich*, Göttingen, 2001. Jürgen Osterhammel, « Weltgeschichte. Ein Propädeutikum », in *Geschichte in Wissenschaft und Unterricht*, 56, 2005, p. 452-479. Patel, « Transnationale Geschichte – ein neues Paradigma? », in *Geschichte transnational*, 02.02.2005, http://geschichte-transnational.clio-online.net/forum/id=573&type=artikel. Margrit Pernau, « Transkulturelle Geschichte und das Problem der universalen Begriffe: Muslimische Bürger im Delhi des 19. Jahrhunderts », *in* Birgit Schäbler (dir.), *Area Studies und die Welt: Weltregionen und neue Globalgeschichte*, Wien, p. 117-150. Dominic Sachsenmaier, « European History and Questions of Historical Space », *in* Eberhard Winfried, Lübke Christian (dir.), *The Plurality of Europe. Identities and Spaces*, Leipzig, 2010, S. p. 521-535.
4. Mathias Middell et Katja Naumann, « World History and Global Studies at the University of Leipzig », *in* Patrick Manning (dir.), *Global Practice in World History: Advances Worldwide*, Princeton, Markus Wiener Publishers, 2008, p. 81-97.

Aux Pays-Bas, il existe aujourd'hui des réflexions sur une histoire mondiale du travail[5], et un projet sur dix ans portant sur une histoire mondiale des migrations[6].

Au Royaume-Uni, plusieurs historiens de l'Empire britannique se sont tournés vers l'histoire globale, comme Antony Hopkins, Patrick O'Brien, John Darwin. Patrick O'Brien a reçu des fonds du Conseil européen de la recherche pour un projet sur la constitution et la diffusion des savoirs et des croyances relatifs à l'« avance » de l'Occident. La *London School of Economics* (LSE) publie le *Journal of Global History*, pilote le *Global Economic History Network* (GEHN), et propose depuis 2000 un master en histoire globale[7]. Des historiens liés au GEHN participent aux débats des économistes sur les rôles respectifs du déterminisme environnemental et des institutions pour expliquer l'origine des écarts de développement dans le monde, par leurs études sur l'impact de l'Empire britannique[8]. Avec le *Center for the Studies of Globalisation and Regionalisation*, qui attire des chercheurs prestigieux du monde entier, le *Warwick Global History and Culture Center* fait de Warwick un pôle important de la recherche sur la mondialisation.

Au Japon, les différentes traditions d'histoire mondiale depuis le début de l'ère Meiji s'efforçaient surtout de réfléchir à la place et à l'identité du pays dans le monde. Dans les années 1930-1945, le Japon était même placé au cœur de cette histoire. L'école de Kyoto a ainsi été considérée comme un sous-produit de l'affirmation impérialiste du pays. Des enseignements et des ouvrages d'histoire mondiale, marqués par le paradigme de la modernisation, sont apparus aux lendemains de la guerre. Au Japon, L'histoire mondiale a été ancrée dans les programmes scolaires au cours des années 1990. Des universités d'été d'histoire mondiale sont organisées pour les enseignants, avec le soutien du ministère japonais de l'Éducation, et un Institut de recherche pour l'histoire mondiale a été créé en 2004 à Tokyo. Il organise des « caravanes de l'histoire mondiale » au Japon[9].

Il est beaucoup question en Chine aujourd'hui d'histoire mondiale ou globale, et de « vue globale de l'histoire »[10] Il y a aujourd'hui la volonté de fusionner l'histoire de la Chine et l'histoire mondiale, et de développer une école historique chinoise qui affirmerait son caractère chinois et apporterait sa contribution spécifique à la discipline de l'histoire mondiale, mais avec l'idée d'être ouvert sur le monde et d'appliquer les standards internationaux. Jerry Bentley, qui dirige le *Journal of World History*, se déplace fréquemment en Chine, tandis que les historiens chinois ont été passionnés par les travaux récents d'histoire écono-

---

5. Jan Lucassen (dir.), *Global Labour History*, Berne, Peter Lang, 2006.
6. Numéro de l'*International Review of Social History* consacré à : « Migration and World History », avril 2007.
7. Pierre Grosser, article cité.
8. Christophe A. Bayly, « Indigenous and Colonial Origins of Comparative Economic Development: The Case of Colonial India and Africa », *World Bank Policy Research Working Paper*, janvier 2008.
9. Pierre Grosser, article cité.
10. Luo Xu, « Reconstructing World History in the PRC since the 1980s », *Journal of World History*, 18 (3), septembre 2007, p. 325-350 ; *id.*, « The Rise of World History Studies in Twentieth Century China », *History Compass*, 8 (8), août 2010, p. 780-789.

mique mettant en avant l'« avance » économique chinoise jusqu'au XVIIIe siècle, notamment ceux de l'école californienne (Kenneth Pomeranz, Roy Bin Wong, Jack Goldstone, John Hobson, Jack Goody)[11].

Ainsi, comme l'observe Pierre Grosser, « l'histoire mondiale n'est pas seulement une invention américaine » mais au contraire « dans de nombreux pays des traditions ont été ravivées »[12].

L'histoire globale, signe d'une nouvelle identité de la profession d'historien

Comme l'observe Pierre Grosser, « si, il y a un siècle, l'histoire nationale était liée à la professionnalisation de l'histoire dans le cadre des États et aux prétentions de l'État « nationalisateur »[13], la mondialisation de la profession aujourd'hui dynamise l'histoire globale. Les logiques professionnelles favorisent désormais le plurilinguisme, l'activité de conférencier globe-trotter, l'organisation de colloques internationaux et le pilotage de coopérations interuniversitaires à l'échelle mondiale. Les financements vont aux travaux d'équipe et aux réseaux d'historiens, et l'histoire mondiale est si vaste qu'elle ne peut reposer que sur ces entreprises collectives. Elle est rendue possible par la multiplication des traductions, par la création de revues, par la circulation accélérée du savoir grâce à Internet, par la croissance exponentielle du nombre d'universités, de bibliothèques et de centres de recherche, par l'internationalisation des centres de production du savoir et le succès de l'anglais comme langue d'accès aux historiographies lointaines et de standardisation de l'historiographie »[14].

Avec le soutien de l'université de Pittsburgh (et de Patrick Manning) un Réseau africain d'histoire mondiale, le *African Network of Global History* a été créé lors d'une conférence au Nigeria en décembre 2009. Son siège est à l'université américaine du Caire. L'échelle mondiale a été atteinte en 2008 avec le *Network of Global and World History Organization* (NOGWHISTO), qui regroupe l'ENIUGH, la World History Association et l'Asian Association of World Historians. Cela a permis au NOGWHISTO d'intégrer en 2010 le Comité international des sciences historiques. Cette entrée, qui avait été refusée dix ans auparavant parce que l'histoire mondiale semblait un produit américain, marque l'institutionnalisation, la légitimation de l'histoire globale[15].

Dans le panorama qui va suivre, qui présente la multiplicité des travaux de recherche effectués récemment en histoire globale, on présentera successivement les travaux menés en Occident, et, pour décentrer le regard, les travaux effectués en Chine par des chercheurs chinois.

---

11. Pierre Grosser, article cité.
12. Pierre Grosser, article cité.
13. Stefan Berger et Chris Lorenz (dir.), *Nationalizing the Past: Historians as Nation Builders in Modern Europe*, Basingstoke, Palgrave, 2010.
14. Pierre Grosser, article cité.
15. Pierre Grosser, article cité.

Chapitre 6

Les recherches menées en Occident

Des réflexions épistémologiques

Plusieurs essais et articles épistémologiques sur l'histoire globale sont parus récemment, aux États-Unis comme en Europe[1]. Ils se livrent notamment à une réflexion sur le problème de l'ethnocentrisme en histoire[2]. Il y a eu aussi toute une réflexion sur les interactions entre le global et le local dans l'histoire globale, développée notamment par A.G. Hopkins[3]. Dans *What Is Global History?* (2008), Pamela Kyle Crossley va contre l'idée que l'histoire globale ne serait qu'une histoire générale et souligne au contraire les spécificités de ses caractéristiques et de ses apports[4].

Dominic Sachsenmaier a écrit en 2007 un article épistémologique où il s'interroge sur le caractère œcuménique de l'histoire mondiale[5]. Réfutant l'idée que l'histoire mondiale serait eurocentrique par nature, il observe qu'il est impossible de discuter des conceptions interculturelles de l'histoire mondiale sans toucher aux structures internationales, aux flux et aux hiérarchies qui caractérisent ce champ. Il appelle à ce que l'histoire mondiale devienne plus oecuménique.

Des manuels

Plusieurs manuels d'histoire globale ont été publiés aux États-Unis à partir des années 2000, comme par exemple *The Global History Reader*, publié en 2005

---

1. Pamela Kyle Crossley, *What is global history?*, Cambridge, Polity Press, 2007 ; Matthias Middell, Katja Naumann, « Global history and the spatial turn: from the impact of area studies to the study of critical junctures of globalization », *Journal of Global History*, volume 5, n°01, mars 2010, p. 149-170.
2. Finn Fuglestad, *The ambiguities of history: the problem of ethnocentrism in historical writing*, Oslo, Oslo Academic Press, 2005.
3. A. G. Hopkins (dir.), *Global history: interactions between the universal and the local*, Palgrave MacMillan, 2006.
4. Pamela Kyle Crossley, *What is...*, op. cit.
5. Dominic Sachsenmaier, « World History as Ecumenical History », *Journal of World History* volume 18, n°4, décembre 2007.

par B Mazlish et A Iriye[6]. Les deux auteurs ont enseigné ensemble au MIT et à Harvard l'histoire de la mondialisation. Le livre est divisé en 28 essais, qui traitent de thèmes divers liés à la mondialisation, allant de la révolution de l'information au terrorisme, en incluant les firmes transnationales, les migrations, les droits de l'homme, la consommation, les ONG, la culture mondialisée et les maladies. En 2009, Edmund Burke III, David Christian, and Ross E. Dunn ont publié un manuel d'histoire mondiale à l'intention des enseignants et des étudiants[7].

C'est aussi en Allemagne qu'ont été publiés des manuels d'histoire globale, comme *Globalisierung und Globalgeschichte* (mondialisation et histoire globale) paru en 2005[8] Dans ce livre, Dietmar Rothermund et Matthias Middell se focalisent sur de larges panoramas de l'organisation des connexions entre cultures et sociétés ; Andreas Komlosy se concentre sur les dynamiques des interactions transcontinentales, et Wolfgang Schwenkter s'attache à étudier l'expérience des distances décroissantes causées par les liens transfrontaliers. Suzanne Schweiglin-Schwiedrzik décrit le développement de l'histoire mondiale en Chine. Elle remonte au début du XXe siècle, relatant que l'historiographie chinoise « moderne » a émergé avec les écrits de Liang Qichao (1873-1929) et, bien qu'il l'ait conçue comme une histoire nationale, cela a positionné la Chine dans le monde. Il s'est intéressé aux relations entre l'histoire nationale, particulière, et l'histoire universelle, mondiale.

Des recherches sur les institutions internationales

Les institutions internationales apparaissent comme de bons terrains d'étude pour faire de l'histoire globale, et notamment celles du système des Nations unies. Au-delà de l'approche de ces institutions par l'histoire diplomatique (qui prend comme acteurs majeurs les États et étudie la manière dont ils se comportent dans ces enceintes), on peut aussi utiliser les archives de ces institutions pour mener une histoire transnationale, qui s'attache à l'étude des réseaux et circulations culturelles.

La recherche sur les institutions internationales connaît aujourd'hui un essor. L'histoire des Nations unies a été l'objet d'un vaste projet coordonné par l'historien américain Thomas George Weiss qui a abouti à la publication de plusieurs livres sur les différents aspects de l'action de l'ONU[9].

---

6. Bruce Mazlish et Akira Iriye (dir.), *The Global History Reader*, London and New York, Routledge, 2005.
7. Edmund Burke III, David Christian, and Ross E. Dunn, *World history, the big eras: a compact history of humankind for teachers and students*, Los Angeles, CA, National Center for History in the Schools, UCLA, 2009.
8. Margarete Grandner, Dietmar Rothermund and Wolfgang Schwentker (dir.), *Globalisierung und Globalgeschichte*, Series Globalgeschichte und Entwicklungspolitik, volume 1, Vienne, Mandelbaum Verlag, 2005.
9. Par exemple : Richard Jolly, Louis Emmerij, Thomas G. Weiss (dir.), *UN Ideas that changed the world*, Bloomington, Indiana University Press, 2009. Cf. aussi Glenda Sluga, « The transnational history of international Institutions », *Journal of Global History*, volume 6, n°2, juillet 2011, p. 219-222.

Une remise en question des conceptions fondatrices de l'ONU

Dans son ouvrage *No Enchanted Palace* (2009), l'historien britannique Mark Mazower mène ainsi une histoire culturelle transnationale des sources d'inspiration des Nations unies. Il y remet en question certaines idées reçues sur les conceptions fondatrices de l'ONU[10]. Étudiant le parcours de certains acteurs individuels ayant été associés à la mise en place de l'ONU, il montre que cette dernière a été façonnée, comme la SDN, par des conceptions « impériales », c'est-à-dire colonialistes voire racistes. La trajectoire et les conceptions de Jan Smuts et Alfred Zimmern le prouvent : ces deux protagonistes de la création de l'ONU, fervents partisans de l'Empire colonial britannique, conçoivent cette nouvelle organisation comme chargée de veiller au maintien de la domination des « Blancs » sur le monde et de servir les intérêts du *British Commonwealth*[11].

L'Unesco et son projet d'*Histoire de l'Humanité*

L'Unesco est également un très bon terrain pour mener une histoire culturelle mondiale, c'est-à-dire à la fois une histoire des relations culturelles internationales et une histoire culturelle transnationale. Par exemple, l'étude de l'*Histoire de l'humanité* de l'Unesco, vaste projet historiographique mené sous l'égide de cette institution à partir de 1947, permet d'identifier et d'étudier des réseaux intellectuels transnationaux qui y sont à l'œuvre, et de faire apparaître les influences et dominations qui s'exercent. Ce projet s'inscrit d'ailleurs lui-même au carrefour de différents concepts historiographiques comme les « histoires universelles », l'histoire des sciences (Joseph Needham), les *Area studies* (John K. Fairbank), les *Peace studies* (Alva Myrdal), l'histoire culturelle américaine (Ralph Turner) et même l'histoire mondiale[12].

L'histoire de l'OIT

En Europe, l'histoire de l'OIT connaît actuellement un engouement. Dans le cadre du 90ᵉ anniversaire de l'institution, deux colloques ont été organisés (l'un par Sandrine Kott à Genève en 2009, l'autre par Robert Frank à Paris en 2010).

Thomas Cayet, dans son livre *Rationaliser le travail, organiser la production. Le Bureau International du Travail et la modernisation économique durant l'entre-deux-guerres*, (2010), a étudié l'histoire transnationale des réseaux réformateurs qui ont cherché à construire une organisation internationale

---

10. Mark Mazower, *No Enchanted Palace. The End of Empire and the Ideological Origins of the United Nations*, Princeton University Press, 2009,
11. Cf. Chloé Maurel, « Les origines impériales des Nations unies » (compte rendu de ce livre), site Internet La Vie des Idées, janvier 2010.
12. Cf. notamment Patrick Petitjean et Heloisa Maria Bertol Domingues, « Le projet d'une Histoire scientifique et culturelle de l'humanité : 1947-1950 : quand l'Unesco a cherché à se démarquer des histoires européocentristes », 2007 (article publié sur le site Internet http://halshs.archives-ouvertes.fr) ; cf. aussi Chloé Maurel, « L'Histoire de l'Humanité... », article cité.

du travail au cours de l'entre-deux-guerres[13]. À travers l'histoire du Bureau international du travail et ses interactions avec les relations transatlantiques, il saisit le processus d'internationalisation du *Scientific Management*. Il décrit l'émergence des réseaux réformateurs en Europe et aux États-Unis, qui se constituent dans le sillage des travaux de Frederick W. Taylor et dans des actions qui s'associent à la critique de l'économie libérale. Dès sa création, en 1919, le BIT représente au sein de la SDN la volonté de jeter les bases d'une « justice sociale grâce à l'élaboration d'une législation internationale du travail ». Un discours modernisateur influencé par le mouvement progressiste américain et les hommes de la Taylor Society ; un discours de coopération qui révèle le rôle joué par le BIT et par son premier directeur, le Français et haut fonctionnaire Albert Thomas. Les années 1930 marquent un reflux de l'internationalisme modernisateur, un recul du « taylorisme social ». L'effacement du taylorisme social est à l'origine des discours sur le management moderne.

Par ailleurs, j'ai étudié comment dans les années 1970 a émergé une volonté de régulation de la politique sociale des sociétés transnationales (STN), d'abord dans les milieux syndicaux internationaux, puis à l'OIT et dans différentes instances : ONU, OCDE, instituts de recherche, ONG. Cette volonté s'expliquait par la perception de la forte croissance numérique de ces sociétés et de leur pouvoir croissant. Elle s'inscrivait dans le contexte d'une affirmation des pays en voie de développement (Groupe des 77) et de leurs revendications d'un « nouvel ordre économique international ». L'OIT a ainsi entamé des études sur la question et a mis au point en 1977 une « Déclaration de principes tripartite sur les entreprises multinationales et la politique sociale », visant à encadrer les activités de ces sociétés et à les inciter à mieux respecter les droits de l'homme, les droits économiques et sociaux et les droits syndicaux. Parallèlement, l'OCDE a adopté des « Principes directeurs à l'intention des entreprises multinationales », tandis que l'ONU a créé une « Commission des Nations unies sur les sociétés transnationales » visant à élaborer un code de conduite à l'intention de ces sociétés. Cependant, du fait de leur caractère non contraignant, ces instruments n'ont pas vraiment eu d'effet sur la politique sociale des STN. La multiplication de l'adoption par les STN de « codes de conduite » volontaires depuis le début des années 1990 n'a généralement pas entraîné une réelle amélioration de leurs pratiques sociales. Des années 1970 à nos jours, les Nations unies ont connu un véritable retournement : la position critique à l'égard des pratiques sociales des STN, dominante dans les années 1970, a laissé la place, sous l'influence des États-Unis, de l'OCDE, de la Banque mondiale, des milieux patronaux et des réseaux d'affaires, à une position favorable aux STN, présentées désormais comme des moteurs du développement, des droits de l'homme et du progrès[14].

---

13. Thomas Cayet, *Rationaliser le travail, organiser la production. Le Bureau International du Travail et la modernisation économique durant l'entre-deux-guerres*, Rennes, Presses Universitaires de Rennes, 2010.
14. Chloé Maurel, « OIT et responsabilité sociale des entreprises transnationales depuis les années 1970 », *L'Organisation internationale du travail. Origine. Développement. Avenir*, sous la direction d'Isabelle Lespinet-Moret et de Vincent Viet, Rennes, Presses universitaires de Rennes, 2011, p. 179-192.

Marieke Louis a étudié le concept de « travail décent », lancé en 1999, par Juan Somavia, Directeur Général de l'OIT. Elle montre comment ce nouvel objectif s'insère dans la politique générale de l'OIT et notamment dans le mouvement de réforme de l'Organisation dans l'après guerre froide. Il s'agit de réaffirmer la primauté de l'emploi et de la protection sociale dans le mandat de l'OIT.

Marieke Louis relate comment l'OIT a connu une fragilisation et une marginalisation depuis les années 1990 : la fin de la guerre froide et la libéralisation intensifiée des échanges, symbolisée par la création en 1995 de l'OMC, ont déstabilisé l'OIT. Devant le constat d'une faible ratification des conventions internationales de l'OIT par les pays en développement, a émergé un débat sur la « clause sociale ». Ce débat a paralysé l'organisation pendant une dizaine d'années. Pour les partisans de la « clause sociale », on devrait envisager un « *linkage* » (lien) entre l'OIT et l'OMC, cette dernière pouvant user de sa capacité de sanction vis-à-vis des États qui ne respecteraient pas les conventions internationales du travail dans les secteurs liés au commerce, capacité de sanction dont l'OIT est dépourvue ; les pays en développement n'étaient pas d'accord, dénonçant une manœuvre de protectionnisme déguisé de la part des pays développés. La déclaration de Singapour de 1996 a clos ce débat en affirmant la stricte séparation entre les questions de commerce et des conditions de travail.

L'autre élément de déstabilisation de l'OIT réside dans la diminution du taux de syndicalisation aussi bien dans les pays développés, où se généralise la précarité de l'emploi, que dans les pays en développement, où prolifère l'économie informelle. Cette diminution de la syndicalisation remet en cause la légitimité du tripartisme, principe sur lequel est bâtie l'OIT (où siègent les représentants des travailleurs, des employeurs, et des États).

Une réponse apportée par l'OIT à ces difficultés est l'adoption en 1998 de la *Déclaration relative aux principes et droits fondamentaux au travail* qui distingue, parmi les conventions internationales du travail, huit conventions jugées « fondamentales », considérées comme devant s'imposer à tous les États, même à ceux qui ne les ont pas ratifiées. Cette déclaration a suscité de nombreux débats et des critiques de divers bords, certains considérant que c'est trop, d'autres que ce n'est pas assez (ainsi certains, dénonçant un recul des ambitions, ont accusé l'OIT de brader le droit international du travail.). Cette déclaration clarifie les objectifs de l'OIT autour de quatre objectifs dits « stratégiques » : les normes, l'emploi, la protection sociale et le dialogue social « avec l'idée sous-jacente que les normes doivent irriguer l'ensemble des services et non être conçues comme un objectif à part ».

L'expression « travail décent » vise à réconcilier l'objectif de l'emploi d'une part (objectif de la création de travail), et des conditions de travail de l'autre. Le choix du terme « travail » et non emploi permet d'inclure le secteur informel. Quant au mot « décent », il serait intéressant de creuser d'où il vient : ce mot qui semble relever du registre religieux ne serait-il pas influencé par les cercles chrétiens, influents à l'OIT ?

La protection sociale est l'autre élément sur lequel insiste l'agenda du travail décent. En 2011 Michelle Bachelet a présenté à l'ONU un rapport intitulé *Un socle de protection sociale pour une mondialisation équitable et inclusive*, élaboré en étroite collaboration avec l'OIT ; mais cette idée de « socle » ne sous-tend-elle pas un recul, une limitation à un simple squelette de protection sociale, à une protection sociale *a minima* ? C'est ce que certains reprochent à l'OIT, évoquant comme Thierry Brugvin un « retrait néolibéral » de l'OIT. Une comparaison paraît éclairante : dans l'Éducation nationale française, l'idée de « socle commun de connaissances et compétences » a été diffusée ces dernières années sous le mandat de Nicolas Sarkozy par le ministère de l'Éducation nationale, sous l'impulsion de l'Union européenne et de l'OCDE ; derrière cette idée de « socle commun » qui à première vue paraît positive et égalitaire, il y a en fait une réduction des objectifs éducatifs. De même, derrière l'idée de « socle de protection sociale », y aurait-il une renonciation à une politique de protection sociale ambitieuse ?

L'analyse de Marieke Louis se poursuit par le constat d'une marginalisation de l'OIT au sein du système onusien. Ainsi, lors de la présentation des objectifs du Millénaire pour le développement (OMD) par Kofi Annan en 2000, ni l'agenda du travail décent, ni l'emploi, ni les conventions internationales du travail n'ont été évoqués comme objectifs. Les agents de l'OIT ont alors engagé une « véritable croisade » pour faire reconnaitre et intégrer l'agenda du travail décent dans les OMD, ce que l'OIT a réussi en 2005.

Finalement, l'OIT semble en passe de sortir de sa marginalisation, grâce à un renforcement de sa coopération avec l'ONU, à son admission au G20 en 2009, et à son rapprochement avec l'OMC et avec les institutions de Bretton Woods. Mais ce dernier élément est-il vraiment une bonne chose dans l'optique de la réalisation des missions de l'OIT ? Est-ce que cela ne conduit pas l'OIT à baisser ses exigences en matière sociale et à adopter une coloration (néo)libérale à l'image de l'OMC ? Le processus d'individualisation à l'œuvre à l'OIT (les travailleurs y sont désormais considérés comme des individus et non plus en termes de classe sociale) ainsi que le penchant pour la « *soft law* » (mécanismes incitatifs, codes de conduite) au détriment de la « *hard law* » (instruments normatifs contraignants) pourraient le laisser penser[15].

Les institutions économiques internationales

Ce n'est pas seulement les institutions du système de l'ONU, mais ce sont aussi peu à peu les institutions économiques internationales qui deviennent objet d'étude. Ainsi, dans un article sur la Banque mondiale[16], paru en 2011 dans le *Journal of Global History*, Michele Alacevich, contrairement à l'idée reçue selon laquelle la pauvreté et les questions sociales n'auraient pas été à l'ordre du jour des politiques de développement avant la fin des années 1960, montre que les praticiens et les institutions qui se sont occupés de développement s'intéressaient déjà à la pauvreté et aux questions sociales dès la fin des années 1940 et le début des années 1950. Toutefois, les organisations économiques multilatérales,

---

15. Marieke Louis, *L'organisation internationale du travail et le travail décent. Un agenda social pour le multilatéralisme*, Paris, L'Harmattan, 2011.
16. Michele Alacevich, « The World Bank and the politics of productivity: the debate on economic growth, poverty, and living standards in the 1950s », *Journal of Global History*, volume 6, n°1, mars 2011, p. 53-74.

comme la Banque mondiale, ont rapidement marginalisé cette approche et se sont focalisées exclusivement sur la croissance économique. L'auteur se demande pourquoi la question sociale a été ainsi marginalisée. Elle pense que cela s'explique par des raisons idéologiques, à cause des conceptions américaines de l'après-guerre, opposées à l'esprit du New Deal, et à cause de l'adhésion des pays occidentaux et des organisations multilatérales aux politiques de la productivité. Ainsi, il y a eu un essor puis un déclin des idées keynésiennes dans les organisations internationales.

Parmi les institutions internationales, il est ainsi intéressant pour l'historien d'étudier des institutions économiques comme la Banque mondiale, le GATT et l'OMC. En effet, elles ont tendu depuis leur création à jouer un rôle de plus en plus important au détriment des institutions du système de l'ONU. L'idée s'étant peu à peu imposée que la culture doit être considérée comme un commerce, de nombreux domaines culturels ont tendu à être régis davantage par des règlements de l'OMC que par des conventions de l'Unesco. C'est pourquoi il est intéressant d'étudier ces institutions économiques pour cerner d'importantes évolutions de l'histoire culturelle mondiale. La numérisation de fonds d'archives de certaines de ces institutions, comme le GATT, peut faciliter ces recherches[17].

Ludovic Tournès et les fondations philanthropiques américaines

Les fondations philanthrophiques américaines ont été étudiées par Ludovic Tournès[18]. Ces structures (dont les plus connues sont la Carnegie, Rockefeller, Ford) sont créées au cours des deux premières décennies du XXe siècle dans une Amérique en pleine explosion économique. Elles agissent non seulement aux États-Unis mais aussi dans les autres continents, notamment en Europe. Elles ont tissé de multiples réseaux dans les milieux intellectuels, scientifiques et politiques. Fondées par de grands industriels symboles du capitalisme américain, ces fondations sont ambivalentes : elles sont à la fois porteuses d'un projet de société libérale et partisanes d'une régulation des excès du capitalisme. Elles sont d'un côté les produits du capitalisme sauvage car fondées par les grands industriels qui en sont les acteurs (Carnegie, Rockefeller, Rosenwald, Filene...),

---

17. http://gatt-archive.stanford.edu/
18. Ludovic Tournès, *L'Argent de l'influence. Les fondations américaines et leurs réseaux européens*, Paris, Autrement, collection « Mémoires/Culture », 2010 ; « La fondation Rockefeller et la construction d'une politique des sciences sociales en France (1918-1940), *Annales. Histoire, Sciences Sociales*, 2008/6 (63e année), p. 1371-1402 ; « La diplomatie culturelle de la fondation Ford. Les éditions Intercultural Publications (1952-1959) », *Vingtième Siècle. Revue d'histoire*, 2002/4, n° 76, p. 65-77 ; « La fondation Rockefeller et la naissance de l'universalisme philanthropique américain », *Critique internationale*, 2007/2, n°35, p. 173-197 ; « La philanthropie américaine et l'Europe : contribution à une histoire transnationale de l'américanisation », *Bulletin de l'Institut Pierre Renouvin*, 2010/1, n°31, p. 173-187. Ces travaux s'inscrivent dans la continuité de travaux produits aux États-Unis, comme Edward H. Berman, *The ideology of philanthropy: the influence of the Carnegie, Ford, and Rockefeller Foundations on American foreign policy*, Albany, NY State University of New York Press, 1983. Cf. aussi Corinna R. Unger, « Towards global equilibrium: American foundations and Indian modernization, 1950s to 1970s », *Journal of Global History*, volume 6, n°1, mars 2011, p. 121-142.

mais elles se veulent également des organismes de régulation des problèmes sociaux engendrés par l'industrialisation effrénée des années 1860-1890.

Du fait de ces objectifs contradictoires, la nature de leurs actions en Europe a dépendu du contexte géopolitique : avant 1914 et pendant l'entre-deux-guerres, elles jouent le rôle de ciment entre les milieux pacifistes européens et américains ; avec la guerre froide, elles deviennent des outils dans la lutte contre le communisme. Elles occupent une place à part dans la diplomatie américaine : elles sont à la fois des instruments de la politique américaine, mais en même temps elles conservent une indépendance vis-à-vis du gouvernement américain.

Ludovic Tournès montre que les grandes fondations américaines ont été très impliquées tout au long du XXe siècle dans la restructuration des champs scientifiques européens, en ce qui concerne à la fois la circulation des savoirs, mais aussi la construction d'institutions. Leurs champs d'action sont aussi variés que la médecine, l'hygiène sociale, les sciences de l'homme et de la société. Dès l'entre-deux-guerres, ces fondations américaines ont établi des partenariats avec l'enseignement supérieur européen, par le financement d'institutions et de programmes de recherche collectifs, mais aussi l'octroi de bourses. La philanthropie américaine joue également un rôle significatif dans la construction d'un espace scientifique européen, en particulier avec la création en 1954 du Cern (Organisation européenne pour la recherche nucléaire), soutenu financièrement par les Fondations Rockefeller et Ford, et la création de la London School of Economics ainsi que de l'EHESS.

Toutefois, le rôle des fondations ne doit pas être surestimé : elles ne créent pas de toutes pièces des savoirs ou des institutions, mais se contentent d'y contribuer, souvent en donnant une impulsion à des projets déjà engagés.

Un des aspects particulièrement intéressants de la recherche de Ludovic Tournès est de montrer que cette implication dans le champ scientifique européen a aussi des « effets retours » aux États-Unis, du fait de la « logique circulatoire » des réseaux. En effet, « lorsque les envoyés de la Fondation Rockefeller viennent en Europe dans l'entre-deux-guerres pour financer des projets, ils n'arrivent pas en tant qu'importateurs d'un système universitaire américain déjà constitué en « modèle » prêt-à-exporter, mais comme des agents de renseignements tirant profit des multiples expériences qu'ils observent en Europe et qui vont en retour nourrir les projets qu'ils financent aux États-Unis. Le transfert de capital intellectuel se fait dans les deux sens », comme l'illustre la reprise en 1938 par le New York City Department of Health des méthodes lyonnaises dans son programme de santé publique[19]. Il est également favorisé par les *fellows* (chercheurs invités européens) qui viennent travailler dans les laboratoires des universités américaines.

Ludovic Tournès montre que cette action des fondations américaines a abouti à consolider l'hégémonie américaine dans la production scientifique au plan mondial, notamment parce que ces fondations contribuent à réorienter les flux mondiaux de chercheurs vers les États-Unis en y faisant venir nombre

---

19. Ludovic Tournès, *L'argent de l'influence*, op. cit., conclusion.

d'universitaires européens (en particulier dans les années 1930 dans le cadre de la montée du fascisme et du nazisme en Europe).

Ludovic Tournès montre aussi que l'action des fondations a stimulé les circulations scientifiques intraeuropéennes, comme le montre l'histoire du Congrès pour la liberté de la culture, association anticommuniste créée dans les années 1950 sous l'impulsion notamment des Fondations Rockefeller et Ford. Cette dernière fondation a, avec la CIA, financé cette association jusqu'en 1966. Comme l'illustre ce dernier exemple, les fondations américaines ont participé activement à la « guerre froide culturelle ». Elles se font les agents du *soft power* états-unien. Pour Ludovic Tournès, cette action s'est révélée efficace, « il semble bien que cette stratégie du contact ait contribué à miner les régimes communistes de l'intérieur, les *fellows* des différents programmes d'échanges publics ou privés constituant à terme des « chevaux de Troie » du libéralisme à l'occidentale introduits au coeur des régimes communistes »[20].

Mais Ludovic Tournès estime qu'il ne faut pas interpréter l'action des fondations américaines uniquement en termes de *soft power*, il souligne la réelle autonomie des fondations par rapport à la politique officielle américaine.

Il souligne aussi le rôle des fondations dans la construction d'un espace européen. La Fondation Rockefeller a mis ainsi en place dès 1947 un programme de « reconstruction européenne » dont le principal bénéficiaire est l'Allemagne, et ce programme a favorisé la progressive mise en place d'une Europe unie.

Ludovic Tournès conclut que les fondations philanthropiques américaines ont promu à la fois paix, marché et démocratie. Les fondations jouent un rôle de *go-between* entre le monde des gouvernants et ce qu'on va plus tard appeler la « société civile ».

L'un des éléments importants que Ludovic Tournès a mis en évidence est la progressive mutation des fondations philanthropiques, qui passent d'un cadre d'intervention local (cadre classique de la philanthropie traditionnelle) à un cadre plus large leur permettant de promouvoir des actions d'intérêt général. Cette mutation est bien illustrée par le parcours de John D. Rockefeller (1839-1937), qui dès les années 1860 consacre une partie de ses gains à l'activité caritative, essentiellement sous forme de dons à des églises baptistes ; puis au cours de la decennie 1890 se produit un changement radical, notamment dû à sa rencontre avec le pasteur Frederick T. Gates. Gates devient cette année le conseiller personnel de Rockefeller et va jouer un rôle majeur dans la création par son patron d'une galaxie d'organisations philanthropiques dont la fondation Rockefeller en 1913. Gates, « homme d'affaires en soutane », encourage Rockefeller à s'engager dans la *public policy*. « La forme 'fondation' est en effet la réponse donnée par les industriels américains à la contradiction entre la nécessité, devenue évidente à la fin du xixe siècle, de réguler les inégalites sociales nées de l'industrialisation, et leur réticence à faire endosser cette régulation par une puissance publique supposée liberticide. Ils créent donc des organismes privés dont l'objectif est de prendre en charge le bien public pour éviter que l'État fédéral ne le fasse ».

---

20. *Ibid.*

Un autre moteur essentiel de l'investissement philanthropique dans la sphère publique est la croyance au progrès. C'est autour de ces notions de progrès, d'évolutionnisme, de positivisme (notions en vogue aux États-Unis dans la seconde moitié du XIXe siècle) de darwinisme social et de loi naturelle que se structure le débat relatif à la « question sociale » dans les années 1880.

Une des grandes qualités du travail de Ludovic Tournès est d'avoir mis en lumière les réseaux transnationaux et les circulations d'idées activés par les fondations philanthropiques américaines.

Jean-Yves Mollier et l'histoire mondiale du livre et de l'édition

Jean-Yves Mollier[21] est spécialiste de l'histoire du livre et de l'édition. À ce titre, il a été un participant actif aux Congrès d'histoire mondiale du livre, de l'édition et de la lecture (2000, 2005 et 2010). En particulier, le Congrès de 2010, tenu à Amsterdam, a adopté l'approche transnationale, ayant pour thème : « Pour une histoire transnationale du livre ».

L'histoire du livre, lancée sous l'impulsion de Lucien Febvre dès 1952, est une discipline jeune, et elle est consubstantielle à l'histoire globale. Dans une note de lecture dans la revue *Les Annales*, en 1952, Lucien Febvre a incité les historiens à s'emparer de ce sujet. Puis, avec Henri-Jean Martin, professeur à l'École des Chartes, il a publié en 1958 *L'Apparition du livre*[22], ouvrage qui adopte le temps long (depuis l'apparition du livre en Occident vers 1455) et qui considère le livre à la fois comme une « marchandise » (chapitre 4) et comme un « ferment » (chapitre 5). Lucien Febvre d'ailleurs préconisait une approche globale, sur le temps long, qu'il appelait « histoire totale », terme qui ne doit pas être rapproché de celui de « totalitaire », même si certains ont fait ce rapprochement en vue de discréditer les idées de Lucien Febvre.

Dans l'histoire du livre, beaucoup d'éléments apparaissent intéressants à analyser sous l'angle de l'histoire mondiale/globale : l'amorce de bibliographies nationales, l'étude des migrations des techniques, les lieux d'échanges, de foires (Leipzig dans le passé, Francfort aujourd'hui), la circulation transnationale de livres, l'impact mondial qu'ont pu avoir certains livres.

Différentes histoires nationales de l'édition ont été réalisées : le livre d'Henri-Jean-Martin et de Lucien Febvre, *L'apparition du livre*, ayant été traduit dans de nombreuses langues, cela a permis à l'école française d'être pionnière dans le domaine de l'histoire du livre et de l'édition. Roger Chartier a rejoint Henri-Jean Martin et ils ont publié l'*Histoire de l'édition française*, en quatre volumes (1983-1986)[23]. Dans la réédition de 1991, Jean-Yves Mollier y a ajouté une importante

---

21. Claude Hauser, Thomas Loué, Jean-Yves Mollier, François Vallotton (dir.), *La Diplomatie par le livre. Réseaux et circulation internationale de l'imprimé de 1880 à nos jours*, Paris, Nouveau Monde éditions, 2011.
22. Lucien Febvre, Henri-Jean Martin, *L'Apparition du livre*, Paris, Albin Michel, 1958.
23. Roger Chartier, Henri-Jean Martin (dir.), *Histoire de l'édition française*, 4 volumes, Paris, Fayard, 1983-1986.

postface. D'autres pays ont voulu suivre ce modèle, notamment le Royaume-Uni, qui a produit une « Histoire du livre dans les îles britanniques », en 7 volumes[24]. L'Irlande, l'Écosse, le Pays de Galles, ont publié leurs propres « histoires du livre ». Quant à l'« Histoire du livre aux États-Unis » parue entre 2007 et 2012, fresque dirigée par David Hall qui débute avec la période coloniale et s'achève au début du XXIe siècle[25], elle compte également 5 volumes, On observe ainsi une imitation de l'exemple français et une inflation, notamment dans le nombre de volumes, liée à des questions de prestige national ou identitaire. D'autres pays comme l'Australie, l'Espagne, ont suivi.

Mais ces publications, malgré leur immense apport, ont des limites, du fait de la fixation d'un cadre strictement national alors que le livre est par essence un objet transnational. Par exemple, le livre allemand concerne aussi la Suisse alémanique et l'Autriche ; le marché naturel du livre français au XIXe et au XXe siècle transcende les frontières nationales (il s'est répandu largement en Amérique du Sud, notamment au Brésil du fait de l'influence d'Auguste Comte, ainsi que dans d'autres pays comme la Roumanie et la Turquie) ; quant au livre britannique, il s'est répandu dans tout l'Empire colonial britannique ; il y a aussi les phénomènes de contrefaçon (au Pérou aujourd'hui, la contrefaçon représente plus de 80 % du marché du livre) et les livres contrefaits se diffusent à travers les frontières. Il faut aussi prendre en compte les pays où le livre est publié dans différentes langues, comme l'Inde où le livre est imprimé dans 34 langues nationales. Ainsi, on peut appeler les historiens du livre à maintenant entreprendre une véritable histoire mondiale du livre, qui inclue l'approche transnationale[26].

Il est aussi intéressant de mesurer l'impact mondial de certains livres, comme *Le Comte de Monte Cristo* d'Alexandre Dumas, *The Pilgrim's Progress* de Bunyan[27], traduit dans quelques 80 langues, ou encore *La Case de l'Oncle Tom*[28]. Ces grands romans peuvent ainsi être abordés du point de vue de l'histoire mondiale/globale.

Jean-Yves Mollier souligne toutefois les extraordinaires difficultés auxquelles se heurte le chercheur qui décide d'adopter une perspective réellement transnationale et, par conséquent, transculturelle. Malgré ces difficultés, on ne peut que constater que les travaux pionniers publiés dans ce domaine sont extrêmement convaincants, et invitent à poursuivre dans cette voie.

---

24. Donald F. McKenzie, David D. MacKitterick, Ian Willison and John Barnard (dir.), *The Cambridge History of the Book in Britain*, Cambridge, Cambridge University Press, 7 vol., 1999-2013.
25. David D. Hall (dir.), *History of the Book in America*, Chapel Hill, The University of North Carolina Press, 5 vol, 2007-2012.
26. Intervention de Jean-Yves Mollier au séminaire « Histoire mondiale » organisé par Chloé Maurel à l'ENS, 5 janvier 2012.
27. Isabel Hofmeyr, *The Portable Bunyan. A Transnational History of* The Pilgrim's Progress, Princeton, Princeton University Press, 2004.
28. Claire Parfait, *The Publishing History of* Uncle Tom's Cabin, *1852-2002*, Aldershot, Ashgate, 2007.

De multiples objets d'étude transnationaux

L'approche transnationale et globale a donné lieu à de multiples études sur des objets transcendant les frontières étatiques : techniques, commerce, religions, climat, alimentation, maladies, océans, guerres et violences, migrations, colonisation, esclavage, Tiers Monde... Il est intéressant de brosser un tour d'horizon de ces recherches menées selon des méthodes et des approches novatrices.

Histoire des techniques : un décentrage du focus vers les zones non occidentales

Parmi les différentes techniques, la poudre à fusil ou à canon et le papier apparaissent comme particulièrement intéressants à étudier.

La poudre semble avoir été découverte en Chine dès le IXe siècle, et ce seraient initialement des alchimistes qui l'auraient découverte. Ce n'est qu'au XIIe siècle qu'on la produit en quantité suffisante pour catapulter des bombes explosives. Celles-ci sont transmises aux Mongols au milieu du XIIIe siècle, puis aux Arabes, qui les utiliseront à cette même époque contre les croisés. À la fin du XIIIe siècle, les Mongols mettent au point le lance-flammes. Ce serait ainsi cette maîtrise de la poudre à arme à feu qui aurait permis aux Mongols de s'imposer, et non pas l'habileté de leurs cavaliers. C'est ensuite à l'Europe que se transmet la poudre : en 1326 est fabriqué un canon à Florence. C'est surtout dans la Turquie ottomane que le développement des armes à feu sera spectaculaire. Se fondant sur des expérimentations précoces dans le monde musulman, les Turcs deviennent producteurs et exportateurs d'armement à poudre dès les années 1360. Et cette maîtrise de cette technique aurait été décisive dans leur victoire de 1453, la fameuse prise de Constantinople[29].

Au XVIe siècle, la diffusion de ces armes dans l'Empire moghol en Inde, dans l'Empire ottoman et dans la Perse safavide, crée une homogénéité de puissance entre ces trois pouvoirs, qui deviennent supérieurs aux Européens ; Marshall G. Hodgson parle à leur sujet des « empires de la poudre à canon » et estime qu'ils auraient été amener à centraliser le pouvoir afin de trouver les ressources en cuivre et en étain, contrôler leurs arsenaux, financer leurs unités d'artillerie. Ainsi la technologie militaire exercerait une influence sur la strucuration du pouvoir et sur la modernisation de l'État[30]. Ce n'est que vers la fin du XVIIIe siècle que les Européens rattraperont leur retard dans ce domaine.

Le papier est également une invention fondamentale pour la civilisation mondiale. Il est avéré qu'il a été inventé en Chine au IIe siècle avant notre ère, avant de se diffuser en Europe par l'intermédiaire du monde musulman[31]. Le

---

29. Philippe Norel, « Poudre et armes à feu. Une histoire d'innovation collective », *in* Philippe Norel et Laurent Testot (dir.), *Une histoire du monde global, op. cit.*, p. 40-42. Cf. aussi Arnold Pacey, *Technology in World Civilization*, MIT Press, 1991.
30. Marshall G. Hodgson, *The Venture of Islam, op. cit.*, vol III.
31. Cf. Robert Temple, *The Genius of China: 3000 Years of Science, Discovery and Invention*, Simon and Schuster, 1986.

papier chinois, très épais, aurait d'abord servi d'accessoire d'hygiène et de vêtement ; il n'aurait commencé à recevoir des écrits qu'au début du IIe siècle de notre ère. Il a servi jusqu'au IXe siècle de matériau destiné à la fabrication des armures. Il se diffuse en Inde dès le VIIe siècle, puis atteint le monde musulman au VIIIe siècle. De là, le papier se diffuse dans l'Espagne musulmane au XIIe siècle, s'étendant alors à l'Europe. La première véritable fabrique de papier européenne serait en Italie dans la seconde moitié du XIIIe siècle. Il est possible que l'habitude prise en Europe d'écrire sur papyrus puis sur parchemin ait freiné l'introduction du papier[32].

Le commerce

Philippe Norel avance une hypothèse intéressante concernant le commerce : « l'hypothèse musulmane ». [33] Il observe que les routes de la Soie et de l'Océan Indien ont historiquement constitué un véritable creuset pour les techniques commerciales et financières. Les musulmans auraient influencé les Européens. Ainsi, la « commenda », contrat d'association destiné à financer les expéditions commerciales maritimes », qui devient la norme à Venise au XIIIe siècle, trouverait son origine en Égypte au Xe siècle, où un contrat analogue existait. Pour Abraham L. Udovitch, la commenda serait une reprise de la technique arabe ; tandis que pour John L. Pryor, ce serait un hybride des techniques arabe, juive et byzantine[34].

Quant à la lettre de change, mise en place à Gênes au XIIIe siècle, elle aurait pour origine l'*hawâla* arabe et la *suftaja* persane. Ces techniques orientales auraient été transmises à l'Europe par l'intermédiaire des Génois et des Vénitiens, au moment où ces derniers ont obtenu des comptoirs commerciaux en Syrie, au tout début du XIIe siècle.

D'autres techniques musulmanes peuvent être identifiées comme les sources de techniques commerciales développées par les Européens. Ainsi le *funduq*, lieu d'entrepôt des marchandises dans le commerce du monde musulman, devient à Venise le *fondaco*. Et le mathématicien italien Léonard Fibonacci se serait inspiré de travaux arabes pour écrire son traité de 1202 (le premier traité d'ailleurs utilisant en Europe les chiffres arabes) portant sur les questions d'intérêt de prêts. Ainsi, Philippe Norel montre bien à quel point, pour ce qui est des techniques commerciales et financières, le legs arabe et persan est important, parfois hybridé avec des pratiques européennes plus anciennes). Ainsi, « l'innovation est donc bien globale et collective »[35].

Il est également intéressant d'étudier le rôle de l'Inde comme grande puissance économique et notamment manufacturière à partir du XVIe siècle. Son intégration dans les circuits de la première mondialisation, intensifiée par l'action

---

32. Philippe Norel, « Le papier ou l'invention chinoise devenue universelle », *in* Philippe Norel, Laurent Testot (dir.), *Une histoire du monde global, op. cit.*, p. 47-49.
33. Philippe Norel, « Commerce et finance. L'hypothèse musulmane », *in* Philippe Norel, Laurent Testot (dir.), *Une histoire du monde global, op. cit.*, p. 43-46.
34. Abraham L. Udovitch, *Partnership and Profit in Medieval Islam*, Princeton University Press, 1970. John H. Pryor, « The Origins of the Commenda Contract », *Speculum*, vol. 52, n°1, 1977.
35. Philippe Norel, « Commerce et finance. L'hypothèse musulmane », article cité.

des compagnies marchandes européennes à partir du XVIIe siècle, contribue à son expansion. Très peuplée, disposant d'une monnaie unique, la roupie créée en 1542, l'Inde attire les marchands européens par la qualité de ses productions de luxe et par l'adaptabilité de son artisanat à la demande. Parallèlement, au XVIe et XVIIe siècle, l'Inde connaît une phase d'expansion agricole. Ce qui est intéressant est de voir comment l'économie indienne est très connectée au reste du monde, par des échanges importants. Ainsi dès le XVIe siècle, les paysans indiens adoptent les nouvelles plantes venues d'Amérique, comme le piment, le tabac et le maïs. Par ailleurs, concernant la filature, le rouet, apparu en Perse, est diffusé en Inde au XIVe siècle. L'autre moteur de la croissance indienne est le commerce maritime interasiatique. Les marchands indiens sont très dynamiques dans ce commerce. Les tisserands indiens fournissent en vêtements de coton une grande partie de la population de l'Asie du Sud-Est et du Moyen Orient. La création des compagnies des Indes orientales, par les Anglais (1600), les Hollandais (1602), les Danois (1616) puis les Français (1664) stimule le commerce entre l'Inde et l'Europe. Bientôt, les Britanniques vont avoir la mainmise sur la production indienne[36].

La longue histoire de la mondialisation

Plusieurs ouvrages intéressants sont parus récemment sur l'histoire de la mondialisation[37]. Il est intéressant, comme le font plusieurs chercheurs, de remonter aux origines de la mondialisation. Ainsi, dans son ouvrage *Le Grand désenclavement du monde*, Jean-Michel Sallmann, observant que l'histoire s'accélère à partir du début du XIIIe siècle, montre que des zones de civilisation restées jusque là isolées entrent en contact, produisant une ébullition militaire, économique et sociale, et que ce phénomène est aux racines du monde globalisé que nous connaissons. L'auteur s'intéresse à la rencontre entre « les quatre parties du monde » (chinoise, européenne, musulmane et hindoue).

L'auteur conteste l'idée que l'Europe aurait développé des institutions ou des valeurs morales suceptibles de la hisser au-dessus des autres civilisations. Il observe que l'Europe n'a finalement pas inventé grand-chose en matière de technologie, elle a beaucoup emprunté aux autres civilisations. Il estime cependant qu'on peut parler d'un miracle européen, lié à une révolution mentale, fruit d'un essor intellectuel et universitaire particulier, d'une grande ouverture au monde[38].

En 2010, Peter Stearns a publié *Globalization in world history*[39]. Pour Stearns, « globalization », ou « mondialisation », est un terme nouveau pour un processus ancien. Le mot a commencé à être largement utilisé ds les années 1990 pour

---

36. Éric-Paul Meyer, « Quand l'Inde était l'atelier du monde », in Philippe Norel, Laurent Testot (dir.), *Une histoire du monde global, op. cit.*, p. 136-142.
37. Ex : Philippe Norel, *L'invention du marché. Une histoire économique de la mondialisation*, Paris, Seuil, 2004.
38. Jean-Michel Sallmann, *Le Grand Désenclavement du monde, 1200-1600*, Paris, Payot, 2011. Recension de ce livre par Laurent Testot, in Philippe Norel, Laurent Testot (dir.), *Une histoire du monde global, op. cit.*, p. 115-117.
39. Peter N. Stearns, *Globalization in world history*, London and New York, Routledge, 2010.

qualifier les réseaux de connexions s'intensifiant rapidement entre différentes régions à la fois. Stearns opte pour l'an 1000 pour dater les débuts de la mondialisation, empruntant une idée à David Northrup : l'idée que l'histoire mondiale peut etre divisée en 2 périodes : une longue période de diversification et une courte période de convergence. Avant 1000, Stearns pense que les processus se passaient à l'intérieur des régions.

Amiya Kumar Bagchi, dans *Perilous Passage : Mankind and the Global Ascendancy of Capital* (2005), étudie le rôle croissant du capital dans le monde et son rôle dans la mondialisation[40].

La sociologue Saskia Sassen a beaucoup réfléchi au concept de mondialisation[41] et de « ville globale », concept qu'elle a introduit en 1984[42]. Elle observe que, tandis que le nouvel âge de la mondialisation entraîne une dispersion planétaire des activités de production, les fonctions de pilotage de l'économie globale restent localisés dans les grandes villes. Elle identifie trois villes « globales » : New York, Londres et Tokyo, centres financiers fonctionnant en réseau, où se concentrent les services spécialisés aux entreprises. Pour Saskia Sassen, Londres est une « ville en apesanteur », du fait de ses connexions globales avec d'autres métropoles de la planète[43].

Selon Christian Grataloup, les villes européennes auraient pris l'ascendant sur les villes chinoises car elles auraient exploité le fait d'être situées sur un continent fragmenté politiquement. Cela leur aurait permis d'échapper au pouvoir des empires et des royaumes. Cet avantage expliquerait pourquoi ce seront les caravelles européennes qui partiront à l'assaut des océans, alors que les jonques chinoises semblaient jusqu'alors être en avance[44].

Enfin, plusieurs travaux ont réévalué le rôle de la Chine et des Mongols dans la mondialisation. Robert Temple, poursuivant les travaux de Joseph Needham sur la Chine, montre que la Chine a été en avance sur l'Europe dès l'Antiquité avec l'invention d'objets et de techniques comme la charrue et la machine à vanner[45].

Jack Goody, dans *The Eurasian Miracle* (2009), va à l'encontre de la tendance à attribuer l'émergence du capitalisme, en Occident, à des qualités intrinsèques à l'Europe. Au contraire, observant une similitude dans les traits de civilisation entre l'Europe et l'Asie, il considère que cette émergence du capitalisme s'est faite en même temps dans les deux continents, à partir de l'époque du Bronze. En particulier, Jack Goody réfute l'idée que l'Asie aurait été empêchée de développer une production tendant vers le modèle industriel parce qu'elle avait développé des relations de production non-salariales. Il montre aussi que le système des castes n'empêchait pas l'expansion d'entreprises pouvant déboucher sur de véritables

---

40. Amiya Kumar Bagchi, *Perilous Passage: Mankind and the Global Ascendancy of Capital*, Lanham, Md., Rowman & Littlefield Publishers, Inc., 2005.
41. S. Sassen, *A Sociology of Globalization*, Norton and Co, 2007.
42. Saskia Sassen, « Introduire le concept de ville globale », *Raisons politiques*, n°15, août 2004, p. 9-23.
43. Xavier de la Vega, « Les villes à la conquête du monde », *in* Laurent Testot, Philippe Norel, *Une histoire du monde global, op. cit.*, p. 317-323.
44. Christian Grataloup, *Géohistoire de la mondialisation*, Paris, Armand Colin, 2007.
45. Robert Temple, *The Genius of China, op. cit.*

manufactures. Il considère que l'âge du Bronze a créé une grande similitude entre Europe et Asie, notamment en matière d'urbanisation[46].

Jack Weatherford quant à lui réévalue l'influence de Genghis Khan et des Mongols. Genghis Khan a unifié sa tribu, intégré les confédérations voisines, et posé les bases de l'État le plus expansionniste de l'Histoire. Les Mongols auraient réussi grâce à la propagande et à la terreur à gagner presque toutes les batailles qu'ils ont livrées au XIIIe siècle. C'est aussi grâce à leur capacité à intégrer les innovations militaires des peuples conquis qu'ils auraient triomphé. Mais leur impact a été terrible en termes environnementaux, car ils ont dévasté les territoires conquis. Jack Weatherford estime aussi que Gengis Khan a porté des valeurs très modernes, bâtissant un empire sécularisé avant la lettre, défendant la liberté religieuse, instaurant un nouveau calendrier et un nouvel alphabet. Jack Weatherford s'attache dans ce livre à revaloriser (peut-être à l'excès) le rôle des Mongols dans l'histoire mondiale[47].

La mondialisation est ainsi un des objets privilégiés d'étude par l'approche transnationale, toutefois les chercheurs ont du mal à s'accorder sur ce qu'ils entendent par ce terme et sur la datation de ce phénomène.

Les religions

Jerry Bentley, dans son livre *Old World Encounters: Cross-Cultural Contacts and Exchanges in Pre-Modern Times* (1993) analyse les syncrétismes religieux qui se sont produits entre les grandes religions du monde apparues pendant le « moment axial » (- 800 à - 200). Il montre que les marchands jouent un rôle moteur dans la diffusion de ces religions. Il distingue trois modes de conversion : la conversion par coercition, la conversion par assimilation, et la conversion par association volontaire, cette dernière étant selon lui la plus répandue dans l'histoire. Les syncrétismes sont particulièrement représentés dans le monde asiatique, où le soufisme (branche de l'islam) s'approprie certains postulats brahmaniques ; les élites du Sud-Est asiatiques se sont converties à l'islam par intérêt, tout en conservant certains points des anciennes religions[48]. Ajoutons que les syncrétismes se retrouvent dans de nombreuses parties du monde, par exemple en Haïti où le christianisme se teinte de rites d'origines africaines (le vaudou haïtien est le fruit d'un syncrétisme), et en Amérique du sud.

Une approche d'histoire globale permet aussi de se rendre compte de la proximité entre les grandes religions monothéistes. Comme l'a observé le philosophe existentialiste chrétien Karl Jaspers, plusieurs de ces grandes religions sont apparues pendant ce qu'il appelle le « moment axial », entre - 800 et - 200 avant notre ère. Ainsi le judaïsme, dont sera issu le christianisme (tous les deux débouchant ensuite sur l'islam) aurait été élaboré pendant la captivité

---

46. Philippe Norel, « À propos de : The Eurasian Miracle », *in* Philippe Norel et Laurent Testot (dir.), *Une histoire du monde global, op. cit.*, p. 184-186.
47. Jack Weatherford, *Genghis Khan and the Making of the Modern World*, Broadway Books, 2005.
48. Jerry Bentley, *Old World Encounters: Cross-Cultural Contacts and Exchanges in Pre-Modern Times*, Oxford University Press, 1993. Pour ce passage, cf. Laurent Testot, « Du bon usage du syncrétisme », *in* Philippe Norel, Laurent Testot (dir.), *Une histoire du monde global, op. cit.*, p. 67-70.

des élites juives à Babylone au vie siècle avant notre ère ; le mazdéisme (qui a pu influencer le judaïsme) prend son essor vers la même époque ; le prince Gautama, fondateur du bouddhisme, aurait vécu entre le viie et le vie siècle avant notre ère ; Mahâvîra, fondateur du jaïnisme indien, aurait vécu au vie siècle avant notre ère ; et Confucius entre le vie et le ve siècle avant notre ère[49].

Yves Lambert, dans sa synthèse posthume *La naissance des religions*, réfléchit à cette coïncidence et rappelle les contacts directs (culturels, commerciaux, militaires) qui ont mis en relation ces différentes civilisations, notamment avec les conquêtes d'Alexandre[50]. L'historienne des religions Karen Armstrong voit dans cette coïncidence l'essor d'une nouvelle attitude au monde, plus généreuse et spiritualiste[51]. Yves Lambert observe une analogie entre les différentes religions anciennes en fonction des époques : les sociétés agricoles néolithiques peu différenciées ont développé des religions centrées sur les cultes agraires domestiques, avec une prédominance des représentations féminines et une forte présence des ancêtres ; puis, quand apparaissent des sociétés inégalitaires et hiérarchisées, les représentations féminines s'estompent et apparaissent des hommes en armes, le soleil, la roue, le cheval, le char de guerre, etc., comme l'illustre par exemple l'impressionnant disque d'or et de bronze trouvé récemment à Nebra dans le Nord de l'Allemagne. Contrairement aux chefferies et cités-États archaïques, caractérisées par le polythéisme et ne cherchant pas à imposer leur religion à leurs adversaires vaincus, en Eurasie à partir du Ier millénaire avant notre ère apparaît l'idée d'empire universel, liée à la notion de conquête indéfinie. Plusieurs grands empires se forment et prétendent annexer leurs voisins ; cet essor des empires coïncide avec celui des monothéismes et des philosophies universalistes. Ainsi le christianisme est adopté par l'empereur Constantin dès 313. Ainsi il semble que l'idée d'un empire universel soutenue par le monothéisme soit une idée nouvelle apparue au cours du Ier millénaire avant notre ère. Avec ces empires universels, les structures sociales et mentales des communautés villageoises traditionnelles s'estompent, avec leurs systèmes de solidarité. Ce serait selon Jean-Paul Demoule une première avancée sur la voie de la globalisation. On verrait les prémices de cette évolution avec la réforme avortée d'Akhénaton en Égypte au xive siècle avant notre ère, à un des moments de plus grande extension de l'Empire égyptien ; certains comme Freud y ont vu un premier monothéisme qui aurait pu influencer le judaïsme[52].

Si l'on prend l'exemple d'une religion en particulier, l'histoire du bouddhisme est particulièrement révélatrice. Elle illustre l'usage extensif de la conversion religieuse par « association volontaire », le deuxième type de conversion distingué par Jerry Bentley. Sa propagation a été fortement liée à la mise en place d'ententes commerciales entre des étrangers (marchands notamment) et

---

49. Cf. Karl Jaspers, *Origine et sens de l'histoire*, Paris, Plon, 1954.
50. Yves Lambert, *La Naissance des religions. De la préhistoire aux religions universalistes*, Paris, Armand Colin, 2007.
51. Karen Armstrong, *La naissance de la sagesse (900-200 avant Jésus-Christ). Bouddha, Confucius, Socrate et les prophètes juifs*, Paris, Seuil, 2009.
52. Jean-Paul Demoule, « La mondialisation impériale des monothéismes », in Philippe Norel, Laurent Testot (dir.), *Une histoire du monde global, op. cit.*, p. 51-56.

les élites locales. Cette religion était aisément adoptée car elle était propice à la cohabitation et à l'hybridation avec d'autres idéologies. Dès la fin du Ve siècle de notre ère, le bouddhisme se diffuse par des petites communautés monastiques à partir de Bénarès vers l'est, le long de la route commerciale qui longe le Gange. Le bouddhisme se développe vraiment sous le règne de l'empereur Ashoka qui contrôle presque tout le sous-continent indien et se convertit au bouddhisme vers - 261, par réaction aux massacres auxquels il assiste et dont il est choqué. Ashoka convoque un concile pour définir une orthodoxie, initie le culte des reliques et promeut des missions d'évangélisation vers les régions voisines : le Sri Lanka, le Myanmar et la Bactriane. C'est à partir de ce moment que les bouddhistes fixent leurs croyances par écrit. Le bouddhisme continue à se diffuser dans les régions alentour, comme Sumatra, Java, la malaisie, le Laos, et la Chine (atteinte au début de l'ère chrétienne). À son arrivée en Chine, le bouddhisme se retrouve face à un défi : adapter un dogme conçu dans le contexte idéologique indien au contexte idéologique chinois. Plusieurs siècles seront nécessaires et bien des adaptations et des syncrétismes s'effectueront ; ainsi le bouddhisme va en Chine adopter des concepts du taoïsme. Le bouddhisme se diffuse au Japon au VIe siècle, occasionnant une guerre civile. En Chine et au Japon, le développement du bouddhisme suscitera la mise en place d'armées de moines-soldats préparés à la « guerre sainte ». Ce qui est intéressant surtout dans ce panorama est de voir le caractère transnational du bouddhisme, sa diffusion au-delà des frontières, et le caractère polymorphe qu'il revêt au gré des traductions, des adaptations, des fusions avec d'autres religions et mentalités. Entre les IIIe et IVe siècles, le bouddhisme a atteint son apogée en Inde sous la dynastie hindoue Gupta. À partir des Ve et VIe siècles, se met en place un important mouvement de va-et-vient intellectuel : les moines chinois voyagent en Inde pour y revivifier leur doctrine. Le bouddhisme va ensuite connaître un reflux suite à des persécutions en Chine entre 842 et 844, et surtout suite à la diffusion en Inde, entre les VIIIe et XIIe siècle, de l'hindouïsme et de l'islam. Le bouddhisme disparaîtra alors d'Inde, pour y revenir en 1956 avec la conversion de l'homme politique « intouchable » Bhimrao Ambedkar, entraînant une conversion de masse. Depuis la seconde moitié du XXe siècle, le bouddhisme se diffuse dans le monde entier, devenant une véritable religion « globale ». Comme l'observe Laurent Testot, « la recette syncrétique qui a assuré la pérennité du bouddhisme depuis vingt-cinq siècles reste toujours efficace »[53].

Le climat

La question du climat, question éminemment globale, est l'objet de l'intérêt des *global historians*[54]. L'historien Pascal Acot estime que le climat ne fait que révéler l'état social, économique et culturel d'une société, dès lors qu'il change

---

53. Laurent Testot, « Le bouddhisme, une machine à convertir », *in* Philippe Norel, Laurent Testot (dir.), *Une histoire du monde global, op. cit.*, p. 71-75.
54. Frédéric Denhez, « Climat : du mythe eschatologique à la – chaude – réalité », *in* Philippe Norel, Laurent Testot (dir.), *Une histoire du monde global, op. cit.*, p. 350-356 ; Frédéric Denhez, « Les enjeux d'une histoire du climat », *in* Laurent Testot (dir.), *Histoire globale..., op. cit.*, p. 151-158.

brusquement[55]. Jared Diamond évoque des civilisations dont la lenteur de l'adaptation à un changement de temps a provoqué la disparition[56]. Emmanuel Leroy Ladurie a fondé en France l'histoire du climat. Il a montré que le climat varie selon de grands cycles naturels pluriséculaires[57]. Après le petit optimum médiéval (entre les IXe et XIIIe siècles, période d'adoucissement climatique) est arrivé le petit âge glaciaire à partir du XIVe siècle et jusqu'au milieu du XIXe siècle. Et Emmanuel Leroy Ladurie d'observer que les périodes de révolutions (1789, 1830, 1848...) sont corrélées à des événements climatiques extrêmes. Il observe aussi que l'évolution actuelle du climat, comparée à celle des siècles passés, est inquiétante par son ampleur et sa rapidité.

L'écologie

L'ouvrage d'Alfred Crosby, *The Columbian Exchange*, a eu du mal à trouver un éditeur et n'a toujours pas été traduit en français. Pourtant, c'est un des ouvrages fondateurs de l'histoire environnementale[58]. Crosby y montre le rôle important joué par les plantes, animaux et micro-organismes ayant traversé l'Atlantique dans les deux sens à la suite de la conquête de l'Amérique par Colomb. La conquête du Mexique et du Pérou par Cortés et Pizarro s'expliquerait par l'affaiblissement de ces territoires du fait d'épidémies de variole, grippe, rougeole causées par cet « échange colombien ». En effet, les Indiens, isolés des autres continents pendant plusieurs millénaires, n'avaient développé aucune défense immunitaire contre ces maladies. Avec cette explication, Crosby démonte l'idée reçue selon laquelle ce serait par leur supériorité culturelle et technologique que les Européens se seraient imposés dans le Nouveau Monde. Par ailleurs, l'adoption, suite à l'échange colombien, par les Indiens d'animaux tels que chevaux, vaches et cochons, a eu des conséquences écologiques importantes en Amérique ; et l'adoption par les Européens de plantes américaines comme le maïs, la pomme de terre aurait en partie permis la forte croissance démographique de l'Eurasie à partir du XVIIe siècle[59].

Dans *Mosquito Empires* (2010), John McNeill démontre le rôle joué par les moustiques dans la géopolitique américaine. En amenant en Amérique des esclaves noirs d'Afrique, les Européens ont amené ainsi dans le Nouveau Monde les moustiques vecteurs de la fièvre jaune et du paludisme. L'installation de ces maladies en Amérique et dans les Caraïbes a eu pour conséquence le besoin

---

55. Pascal Acot, *Histoire du climat*, Paris, Perrin, 2004.
56. Jared Diamond, *Effondrement, op. cit.*
57. Emmanuel Leroy Ladurie, *Abrégé d'histoire du climat. Du Moyen Âge à nos jours*, Fayard, 2007. Emmanuel Leroy Ladurie, *Histoire humaine et comparée du climat, t. 1 : canicules et glaciers, XIIIe-XVIIIe siècles*, Fayard, 2004.
58. Alfred Crosby, *The Columbian Exchange: Biological and Cultural Consequences of 1492*, Westport, Conn., Greenwood Press, 1972.
59. Jean-François Mouhot, « Nouveaux regards sur l'impérialisme écologique », in Philippe Norel, Laurent Testot (dir.), *Une histoire du monde global, op. cit.*, p. 357-362.

d'importer toujours plus d'esclaves (en effet les Africains avaient une immunité contre ces maladies)[60].

Dans *1493 : Uncovering the New World Columbus Created*, Charles C. Mann apporte de nouveaux éclairages. Il étudie « l'homéogénocène », c'est-à-dire l'entrée du monde dans une ère de globalisation économique et écologique suite à la découverte de l'Amérique. Il montre l'ambiguité de cette mondialisation des échanges : elle a permis des bénéfices matériels considérables pour beaucoup de gens, mais elle a aussi causé des dégâts environnementaux colossaux. L'auteur étudie notamment l'impact sur la Chine de l'importation d'argent du Potosi et de plantes apportées d'Amérique. En Chine, cet argent a permis de résoudre le problème récurrent de manque de numéraire. Quant à l'arrivée en Chine de plantes comme le tabac, le maïs et la patate douce, cela a eu des conséquences écologiques désastreuses, entraînant une érosion et une déforestation, mais a aussi paradoxalement permis une forte augmentation de la population. Le commerce transpacifique ainsi mis en place a instauré des échanges intenses entre la Chine et le Mexique. La ville de Mexico devient la première métropole vraiment multiraciale et multiethnique[61].

Le Moyen Âge

Ce sont aussi certaines époques particulières qui donnent lieu à des travaux d'histoire globale. Ainsi, alors que le concept de Moyen Âge est généralement européocentré, l'historien Pierre-François Souyri, dans son livre *Le Monde à l'envers. La dynamique de la société médiévale*, décentre le regard vers le Japon[62]. Entre les VIIIe et XIIe siècles, le Japon est dirigé par une société aristocratique centrée autour de l'empereur. À partir de la fin du XIIe siècle, cette société est déstabilisée par la montée en puissance d'une couche de guerriers, les samurai. Le clan des Minamoto prend le pouvoir et inaugure le « shogunat », régime politique centré sur le régent (shogun) qui exerce le pouvoir au nom de l'empereur. Les contemporains, conscients d'un changement politique important, ont appelé cette nouvelle période l'âge des guerriers. Au début du XXe siècle, l'historien japonais Hara Katsurô a utilisé l'expression de « Moyen Âge » pour désigner cette période s'étendant de l'émergence des clans guerriers à la fin du XIIe siècle à l'établissement d'une nouvelle dynastie shogunale, celle des Tokugawa, au début du XVIIe siècle. Pour cet historien, durant cette période le Japon change de civilisation pour entrer dans l'ère de la féodalité. En fait, à l'époque où Hara Katsurô écrit, au début du XXe siècle, il s'agit d'expliquer la réussite de la révolution industrielle japonaise et le succès du Japon dans sa guerre contre la Russie en 1905 ; Hara Katsurô l'explique en rapprochant le Japon de l'Occident ; pour lui, l'évolution du Japon n'a rien à voir avec celle des autres pays d'Asie mais se rapproche de celle de l'Occident. C'est ce que l'historien Karl August

---

60. John McNeill, *Mosquito Empires: Ecology and War in the Greater Caribbean, 1640-1914*, Cambridge, Cambridge University Press, 2010.
61. Charles C. Mann, *1493: Uncovering the New World Columbus Created*, Knopf, 2011.
62. Pierre-François Souyri, *Le Monde à l'envers. La dynamique de la société médiévale*, Paris, Maisonneuve et Larose, 1998.

Wittvogel a résumé par la formule : « le Japon, c'est la féodalité occidentale dans la rizière ». Le concept de féodalité, appliqué au japon, sert à montrer que le Japon a suivi la même évolution que l'Europe : privatisation de la terre, constitution de domaines gérés par les notables locaux, phénomène de vassalisation des couches dirigeantes, forte mobilité sociale. Pour Pierre-François Souyri cependant, « il faut se garder de faire des parallèles trop poussés sous prétexte de comparer les histoires nationales » ; il observe ainsi que certaines caractéristiques du Moyen Âge occidental, comme la forte urbanisation, ne se retrouvent pas au Japon[63]. Il est ainsi intéressant d'observer que ce parallèle fait par l'historien japonais Hara Katsurô au début du XXe siècle entre le Moyen-Âge européen et le Moyen-Âge japonais a des objectifs idéologiques.

Une des facettes de l'histoire globale est la démarche simultanéiste, proposée par le médiéviste Georges Jehel. Il s'agit d'observer les événements qui se déroulent dans le monde entier à une date donnée, afin d'analyser les dynamiques à l'œuvre.

Dans son livre *1492 : « l'année admirable »*, Bernard Vincent étudie tous les événements survenus durant cette année cruciale, en les mettant en relation les uns avec les autres. Avec la capitulation de Grenade en janvier, les rois d'Espagne mettent fin au dernier État musulman d'Europe occidentale. Cela va marquer le passage d'une Espagne multiconfessionnelle à une Espagne dite de la « pureté du sang ». Beaucoup de musulmans et de juifs vont quitter le territoire. Mais à l'inverse, en Europe orientale, l'islam progresse au détriment de la chrétienté. Bernard Vincent met en relation la prise de Grenade avec le départ de Christophe Colomb pour l'Amérique. Il étudie aussi la circulation accélérée, à partir de cette date, des plantes, notamment le maïs et la canne à sucre. La culture de la canne à sucre, nécessitant beaucoup de main-d'œuvre, va entraîner la mise en place d'un gigantesque trafic d'esclaves depuis l'Afrique. Bernard Vincent insiste aussi sur l'émigration intense d'Espagnols vers l'Amérique : un demi-million sur deux siècles. Étudiant tous les processus transnationaux issus des événements de l'année 1492, il préfère parler d'unification du monde que de mondialisation[64].

David Cosandey, dans *Le Secret de l'Occident* (1997), mobilise plusieurs sciences humaines pour expliquer l'essor de l'Occident à la fin du Moyen Âge. Il estime notamment que c'est d'abord la configuration géographique de l'Europe (bonne interpénétration des mers et des terres, configuration littorale très articulée, donnant naissance à une multiplicité d'États) qui lui aurait permis de connaître un essor, lui fournissant une plate-forme naturelle favorable au développement économique. Il appelle cela « thalassographie articulée ». Ces avantages auraient aussi expliqué le « miracle grec » de l'Antiquité. De plus,

---

63. Rencontre avec Pierre-François Souyri : « Le monde à l'envers : un Moyen Âge japonais ? », propos recueillis par Laurent Testot, *in* Laurent Testot (dir), *Histoire globale, op. cit.*, p. 39-45.
64. Bernard Vincent, *1492 : « l'année admirable »*, Paris, Aubier, 1991 ; Laurent Testot, « Rencontre avec Bernard Vincent : 1492 : année cruciale », *in* Laurent Testot (dir.), *Histoire globale, op. cit.*, p. 47-57.

le morcellement étatique qui caractérisait l'Occident aurait été favorable aux progrès scientifiques et techniques, ainsi que militaires[65].

L'alimentation

Il est intéressant d'étudier le développement de la culture de produits tels que le sucre, le café, le thé, car l'histoire de ces cultures et de la circulation de ces produits entre la production et la consommation est éminemment mondiale. L'économiste Pierre Dockès, dans *Le Sucre et les larmes* (2009), considère que l'économie de plantation, qu'il qualifie de « paradigme productif », n'était pas inévitable mais a représenté une forme historique particulièrement efficace d'exploitation, permettant de concentrer des richesses en Europe[66]. Ainsi la plantation sucrière a contribué à la Révolution industrielle, et ce doublement : d'une part par l'enrichissement qu'elle a permis dans certaines régions d'Europe de l'Ouest ; et d'autre part en établissant un modèle d'organisation qui préfigure celui de l'usine du XIXe siècle, selon l'idée développée par l'anthropologue Sidney Mintz[67].

Comme le sucre, le thé est particulièrement intéressant à étudier. Originaire des forêts orientales de l'Himalaya, il est d'abord mâché et utilisé en application sur les blessures. Il sert aussi de nourriture en Birmanie, Thaïlande et dans le sud-ouest de la Chine. Au IVe siècle avant notre ère, le thé apparaît dans les monastères taoïstes puis bouddhistes. Il est désormais infusé. Il devient un produit de consommation courante à partir du Ve siècle de notre ère, et contribue à l'essor de la vallée du Yangzi et des autres régions chinoises. Il a dès lors des effets économiques et sociaux importants : sa consommation provoque un essor de la fabrication de tasses et théières en grès puis porcelaine. Il aurait aussi contribué à la diffusion du bouddhisme zen dans la société japonaise[68]. Il est ensuite consommé en Angleterre à partir du milieu du XVIIe siècle, et cela aura des conséquences importantes sur le mode de vie britannique, inaugurant une sociabilité de l'après-midi. Mais les autorités britanniques s'inquiètent du pouvoir économique que leur consommation de thé procure à la Chine ; la Grande-Bretagne va finalement trouver un centre de culture alternatif : l'Assam, dans le nord du Bengale, région qui fait partie des colonies britaniques. Finalement, comme l'observe Philippe Norel, « le thé apparaît d'abod comme un véritable homogénéisateur des cultures entre Chine, Japon et Europe occidentale » ; « si sa production reste entachée de sang et d'oppression meurtrière, il constitue

---

65. David Cosandey, *Le Secret de l'Occident. Vers une théorie générale du progrès scientifique*, Paris, Arléa, 1997, Flammarion, 2007 ; Laurent Testot, « Rencontre avec David Cosandey. Les raisons du "miracle européen" », in Laurent Testot (dir.), *Histoire globale, op. cit.*, p. 121-129.
66. Pierre Dockès, *Le Sucre et les larmes. Bref essai d'histoire et de mondialisation*, Paris, Descartes et Cie, 2009.
67. Sidney Mintz, *Sweetness and Power. The Place of Sugar in Modern History*, Penguin Books, 1986, 1995. Cité dans : Christian Grataloup, « L'amertume du gout sucré de la mondialisation », in Philippe Norel, Laurent Testot, *Une histoire du monde global, op. cit.*, p. 19-22.
68. Kakuzô Okakura, *Le livre du thé*, Paris, Philippe Picquier, 2006 ; Alan et Iris Macfarlane, *The Empire of Tea*, Overlook Press, 2009. Cité dans : Philippe Norel, « Le thé, une plante globale », in Philippe Norel, Laurent Testot, *Une histoire du monde global, op. cit.*, p. 23-25.

vraisemblablement un facteur de diminution des maladies liées à la pollution de l'eau, un facteur incitatif pour la navigation lointaine et la compagnie des Indes britanniques, un stimulant de la Révolution industrielle en fournissant une boisson énergisante et saine à la main-d'œuvre, enfin un facteur clé de la construction de l'empire »[69].

Le café aussi est un produit dont l'étude permet de faire de l'histoire globale. Il aurait été découvert par un berger en éthiopie au VIe siècle[70]. D'abord consommé mastiqué ou cuit, ce serait seulement à partir du XVe siècle que les grains auraient été torréfiés et moulus pour donner la boisson que nous connaissons[71]. Le café, initialement consommé par les religieux musulmans soufis, a été ensuite développé par les Ottomans, après leur conquête du Yémen au milieu du XVIe siècle. En Occident, ce sont les Italiens qui vont en devenir les premiers gros acheteurs. Les Français s'y mettent à partir de la seconde moitié du XVIIe siècle et, au XVIIIe siècle, l'introduisent en Martinique puis en Guyane. De là, sa culture s'étend au Brésil et c'est le début d'une intense production brésilienne de café[72].

La faim et la famine

Parmi ces objets d'étude transnationaux qui ont été choisis récemment par des historiens, l'alimentation a donné lieu récemment à des études sur son pendant : la faim et la famine, comme l'illustre l'article « Coping with hunger? Visions of a global food system, 1930-1960 » de Ruth Jachertz et Alexander Nützenadel[73]. Les auteurs montrent que les années 1930 et 1940 ont vu l'essor d'une politique alimentaire globale. Ce modèle a été fortement modelé par les expériences de la Grande Dépression et des deux guerres mondiales, expériences qui ont ramené la faim et la malnutrition en Europe. Dans l'après-guerre, John Boyd Orr, directeur de la FAO, a proposé l'établissement d'un Bureau alimentaire mondial ; mais cette approche a été supplantée par une autre approche centrée sur l'assistance technique et la distribution de surplus alimentaires. L'alimentation devient le centre des débats économiques internationaux ; des innovations importantes ont lieu dans le domaine de la nutrition. L'essor du keynésianisme favorise la régulation des marchés alimentaires internationaux. Finalement la FAO va rester une institution faible ; elle va perdre ses attributions dans le domaine de l'organisation du commerce et du marché ; l'aide internationale alimentaire et au développement va être organisée par d'autres institutions gouvernementales ou privées, comme Oxfam ou Care. Les années d'après-guerre voient la dissolution de l'approche intégrative qui avait caractérisé le débat sur la nutrition dans les années 1930 et 1940. Le thème de l'alimentation est remplacé par celui du

---

69. Philippe Norel, « Le thé, une plante globale », *in* Philippe Norel, Laurent Testot, *Une histoire du monde global, op. cit.*, p. 23-25 (p. 25).
70. Heinrich E. Jacob, *Coffee: The Epic of a Commodity*, 1935, rééd. The Lyons Press, 1999.
71. Mark Pendergrast, *El Café: Historia de la Semilla que Cambio el Mundo*, Javier Vergara, 2002, 2005.
72. Philippe Norel, « Le café, du soufisme yéménite à l'esclavage américain », *in* Philippe Norel, Laurent Testot, *Une histoire du monde global, op. cit.*, p. 26-28.
73. Ruth Jachertz, Alexander Nützenadel, « Coping with hunger? Visions of a global food system, 1930–1960 », *Journal of Global History*, volume 6, n°1, mars 2011, p. 99-119.

développement et celui du contrôle de la population dans les grands débats internationaux.

Dans la continuité de ces réflexions, on ne peut qu'inciter les historiens à se pencher sur l'histoire de la FAO ; cette organisation, basée à Rome, a jusqu'alors fait l'objet de très peu de recherches.

Famine: a short history de l'historien irlandais Cormac Ó Gráda, spécialiste de la Grande Famine en Irlande (1846-1851) et de l'histoire économique de l'Irlande, livre paru en 2009, est une étude pluridisciplinaire de la famine. C'est un ouvrage exemplaire qui nous amène à repenser nos idées reçues. Il se demande pourquoi les famines se produisaient dans le passé et ne se produisent plus aujourd'hui. Le livre de Cormac Ó Gráda couvre un champ impressionnant : il inclut les civilisations anciennes et le monde contemporain. Il couvre le Nord comme le Sud, l'Orient et l'Occident. Il regorge d'exemples précis. La plupart des chapitres couvrent plusieurs milliers d'années et tous les continents. Par exemple, étudiant le rôle des élites dans les famines, il cite des exemples aussi variés que ceux de la Grèce, de Rome, de l'Inde des Mughal, de l'Angleterre de la pré-Réforme, et la Chine des Qing[74]. L'ouvrage étudie, à travers les lieux et les époques, le rôle des marchés, des gouvernements et de l'action privée (celle des ONG). Le chapitre sur la famine du Bengale autour de 1943 est un des plus intéressants du livre. Il montre la responsabilité majeure du gouvernement colonial britannique dans cette catastrophe, qui a causé plus de deux millions de morts. L'auteur compare cette famine à d'autres famines organisées délibérément par le gouvernement, comme en URSS, en Chine en 1959-1960, en Éthiopie et en Corée du Nord.

Le livre d'Ó Gráda s'inscrit dans la continuité de l'ouvrage qu'a consacré Amartya Sen à la grande famine de 1943 au Bengale, *Poverty and Famines* (1981)[75]. Cet ouvrage a été la contribution la plus importante dans la réflexion sur la famine depuis Malthus. Sen y a expliqué que la famine n'est pas due à l'absence de nourriture, mais à la différence entre ceux qui ont un droit à la nourriture et ceux qui n'en ont pas. Il a développé sa théorie expliquant la famine par les droits d'accès (*entitlements*) dans les années 1970, à une époque où les défenseurs de l'ordre néolibéral avaient le vent en poupe et défendaient l'idée selon laquelle les marchés corrigent tous les défauts de l'économie à condition qu'on les laisse fonctionner librement. En étudiant le cas de la famine au Bengale, Sen a montré que c'est faux, qu'en réalité les marchés favorisent les intérêts de classes et le profit.

O Grada décrit les stratégies, individuelles ou collectives, mises en œuvre par les victimes pour prévenir, puis faire face à la catastrophe, comme la consommation de nourriture de substitution (feuilles, écorces, sciure) ou le déplacement vers des régions moins affectées. Les conséquences démographiques et sociales font l'objet d'un chapitre spécifique où l'historien bouscule certaines idées reçues. Il revoit notamment à la baisse l'impact démographique des famines à long terme, en montrant que la majorité d'entre elles a peu contribué, contrairement aux

---

[74]. Cormac Ó Gráda, *Famine: a short history*, Princeton, NJ, Princeton University Press, 2009. Compte rendu de ce livre par Éric Vanhaute, *Journal of Global History*, n°5, 2010, p. 182-183.
[75]. Amartya Sen, *Poverty and Famines. An Essay on Entitlement and Deprivation*, Oxford, Clarendon Press, 1981.

prévisions malthusiennes, à une chute durable de la population dans les régions concernées.

Plusieurs chapitres sont consacrés aux vifs débats relatifs à la hiérarchie des causes et à l'attribution des responsabilités. Ó Gráda démontre à quel point facteurs naturels (succession de mauvaises récoltes dues à des accidents climatiques ou à des catastrophes écologiques) et facteurs humains (guerres, choix politiques et économiques, spéculations, surexploitation des sols ou des forêts) s'entremêlent ; il souligne toutefois que le poids des seconds n'a cessé de croître depuis la fin du Moyen Âge. Dans ses grandes lignes, il valide le modèle distributionniste d'Amartya Sen suivant lequel les famines contemporaines sont moins dues au manque absolu de nourriture qu'à l'incapacité des populations à se procurer les denrées produites ou acheminées, soit parce qu'elles sont devenues trop chères ou ont été exportées, soit parce que leur approvisionnement a été entravé. Ó Gráda insiste sur le rôle déterminant des autorités, pour expliquer l'atténuation ou l'aggravation des conséquences des famines contemporaines. Concernant le XXe siècle, il estime hasardeux de conclure trop systématiquement à l'intentionnalité génocidaire des régimes autoritaires, mais montre bien qu'on ne peut expliquer la gravité des famines dans l'URSS de Staline ou la Chine de Mao sans prendre en compte la responsabilité de ces États, et notamment, dans le cas soviétique, le choix de sacrifier la production agricole sur l'autel du développement industriel à tout prix. En contrepoint, il observe que la paix et la démocratie réduisent les risques et l'ampleur des famines[76].

Cormac Ó Gráda, dont les recherches antérieures portaient sur la famine en Irlande, se livre à une étude démographique précise des conséquences de la famine, et étudie aussi les liens entre famine et crime, entre famine et esclavage, entre famine et prostitution. Il explique aussi pourquoi la famine est (à son avis) en train de disparaître de l'histoire humaine. Il adopte une approche optimiste de l'histoire de la famine, soulignant que l'impact démographique de la famine est toujours de courte durée, et que même si les famines font beaucoup de morts, elles laissent aussi beaucoup de survivants qui se reproduisent rapidement pour combler le déficit démographique[77]. Évoquant le cas de la famine de 2005 au Niger, où une réaction internationale rapide a permis d'éviter une catastrophe, il souligne que le mérite de la disparition de la famine revient en partie au réseau d'organisations privées (ONG) et publiques et que cette amélioration est aussi due en grande partie à la « transition démographique ». Il conclut que l'histoire mondiale de la famine touche actuellement à sa fin, à condition que les États n'emploient pas la famine comme arme politique.

---

76. Recension du livre de C. O Grada par Laurent Colantonio, in *Revue d'histoire moderne et contemporaine*, 2011/3 (n°58-3), p. 207-209.
77. Timothy Brook, « Quand la famine disparut de la surface du globe », magazine en ligne *La Vie des Idées*, 13-06-2011.

Les maladies et les questions sanitaires

L'université Johns Hopkins de Baltimore, spécialisée dans les études médicales, a lancé une série des « biographies de la maladie ». Parmi les ouvrages parus dans ce cadre figure une « petite histoire de la malaria » publiée en 2007 par Randall M. Packard[78]. Cette étude montre que la malaria et la pauvreté sont étroitement liées et se renforcent mutuellement. Ce livre, dans lequel l'auteur manifeste une empathie pour les victimes de la malaria, fait une histoire sociale de cette maladie. Celle-ci, qui a culminé juste apres la Première Guerre mondiale, est par excellence un objet d'étude global puisqu'elle a été présente sur plusieurs continents à travers différentes temporalités.

Dans « Disease, diplomacy and international commerce: the origins of international sanitary regulation in the nineteenth century », Mark Harrison dresse l'historique des origines de la régulation sanitaire internationale au XIXe siècle [79]. Il relate qu'au début du XIXe siècle, les nations européennes ont commencé à considérer une possible coopération en matière sanitaire, et ont amorcé un processus diplomatique qui a culminé avec les conférences sanitaires internationales et les premières lois sur le contrôle des maladies infectieuses. Cet article examine les origines de ces conférences et met en lumière certains traits ; il affirme que, tandis que des pressions commerciales constituaient les principales impulsions pour réformer le principe de la quarantaine, elles sont insuffisantes à expliquer pourquoi les nations européennes voulaient davantage de coopération internationale en matière sanitaire. Il montre que la paix de 1815 a produit un climat dans lequel de nombreuses nations européennes ont envisagé un régime sanitaire plus systématique et libéral.

Il est également intéressant d'étudier les vagues de peste, la première pandémie mondiale. Du VIe au VIIIe siècle, du XIVe au XVIIIe siècle, puis du XIXe au XXe siècle, l'humanité a subi trois grandes vagues de cette terrible maladie, évoquée déjà dans la Bible et le Coran, qui a eu des effets démographiques dévastateurs. Mais on peut aussi repérer d'autres conséquences : économiques, militaires, sociales, religieuses[80].

Les océans

Plusieurs travaux récents d'histoire globale se penchent sur l'histoire des océans[81]. Dans *Oceans in world history*, Rainer F. Buschmann montre que les liens suprarégionaux dans le Pacifique n'étaient pas encore forgés avant le XVIe siècle. Le dernier chapitre, qui traite de la période 1800-2000, montre que le développement

---

78. Randall M. Packard, *The making of a tropical disease: a short history of malaria*, The Johns Hopkins biographies of disease. Baltimore, MD, The Johns Hopkins University Press, 2007.
79. Mark Harrison, « Disease, diplomacy and international commerce: the origins of international sanitary regulation in the nineteenth century », *Journal of Global History*, vol. 1, n°2, 2006, p. 197-217.
80. Laurent Testot, « La peste, première pandémie : un air de déjà-lu ? », *in* Philippe Norel, Laurent Testot (dir.), *Une histoire du monde global, op. cit.*, p. 93-97.
81. Rainer F. Buschmann, *Oceans in world history*, Explorations in world history, New York, McGraw Hill, 2006.

des technologies de navigation a permis plus de voyages et plus vite à travers les océans, et a facilité la conquête impériale, surtout pour la Grande-Bretagne et les États-Unis. La fin de l'esclavage a mené à l'usage élargi de la main-d'œuvre sud-asiatique et chinoise. Il décrit aussi la migration des Européens par l'Atlantique, et l'introduction des pétroliers et des porte-conteneurs, dans la seconde moitié du XXe siècle. Il explore l'émergence d'une « conscience transocéanique » à partir de la fin du XIXe siècle, notamment avec les mouvements suffragistes, les internationales de travailleurs, et le panafricanisme. Ces mouvements démontrent que les océans n'ont pas servi seulement comme voies d'eau pour un contrôle international au profit des grands empires transocéaniques, mais pouvaient aussi être utilisés par des acteurs critiques de la pensée impériale, pour leur permettre de s'organiser sur un plan international. L'ouvrage se termine par une discussion sur les réclamations des États sur les ressourcs marines, leur exploitation, et les dégâts environnementaux. Ce livre a le mérite de proposer une approche transocéanique de l'histoire mondiale. Toutefois, pour Pedro Machado, on n'y voit pas très bien quel rôle les océans eux-mêmes joue des mouvements d'idées, à part d'être le lieu de circulation de ces idées et informations : on a l'impression que le livre se contente de « repackager » des informations, au lieu de donner des éclairages nouveaux[82].

Jorge Canizares-Esguerra et Erik R. Seeman ont publié en 2007 une vaste étude sur l'océan Atlantique dans l'histoire globale de 1500 à nos jours[83]. L'année précédente, Luke Clossey a présenté, dans le *Journal of Global History*, une étude sur « les marchands, les migrants, les missionnaires et la mondialisation dans les débuts du Pacifique moderne »[84]. Il observe que la fondation de Manille en 1571 a rendu possible un commerce transpacifique et a créé le chaînon manquant dans le réseau commercial mondial. Dans les deux siècles suivants les échanges entre l'Amérique et l'Asie se sont intensifiés, la première diaspora asiatique en Amérique a vu le jour, et de nombreux missionnaires occidentaux se sont rendus en Asie pour faire de l'évangélisation. Ces échanges, qui ont élargi l'horizon mental des contemporains, peuvent selon les auteurs, être considérés comme partie intégrante d'une véritable mondialisation.

Enfin, dans *A Hundred Horizons: The Indian Ocean in the Age of Global Empire* (2006)[85], dont le titre est un clin d'œil au titre de Fernand Braudel sur la Méditerranée, Sugata Bose présente une histoire globale de l'Océan indien. Ce travail est d'autant plus bienvenu que l'Océan indien avait été négligé par l'historiographie en comparaison avec l'Atlantique, la Méditerranée et le Pacifique. Cette lacune était apparue clairement au forum de juin 2006 de la *American Historical Review* sur le thème « Oceans of History ».

---

82. Compte rendu de ce livre par Pedro Machado, *Journal of Global History*, n°3, 2008, p. 277-279.
83. Jorge Canizares-Esguerra and Erik R. Seeman (dir.), *The Atlantic in global history, 1500-2000*, Upper Saddle River, Pearson Prentice Hall, 2007.
84. Luke Clossey, « Merchants, migrants, missionaries, and globalization in the early-modern Pacific », *Journal of Global History*, vol. 1, n°1, 2006, p. 41-58.
85. Sugata Bose, *A Hundred Horizons: The Indian Ocean in the Age of Global Empire*, Cambridge, Mass., Harvard University Press, 2006.

Philippe Beaujard montre que l'océan Indien a été depuis très longtemps une zone économiquement intégrée, des débuts de l'ère chrétienne jusqu'au XVIe siècle. Les réseaux qui innervaient cet espace constituaient une économie-monde : les liens de l'échange rendaient chaque élément interdépendant des autres[86].

François Gipouloux propose un rapprochement entre la Méditerranée de Fernand Braudel et le corridor maritime de l'Asie de l'Est au XVIe siècle. L'Asie maritime constituait à cette époque un espace économique intégré, parcouru par des flux de marchandises et d'argent. Ses pôles étaient des comptoirs commerciaux maritimes comme Malacca puis plus tard Macao et Manille. Pour lui, les relations entre l'Europe et l'Asie doivent être analysées sous l'angle d'une forte interaction. Il rappelle que le commerce de l'argent a été la matrice de la première mondialisation, au XVIe siècle ; la Chine était le premier acquéreur de ce métal. François Gipouloux relativise l'importance de la puissance coloniale européenne en Asie ; la force de cette puissance résidait surtout dans les institutions économiques, les pratiques commerciales et les techniques comptables des Européens. Il observe que la mondialisation du XVIe siècle se produisait dans le cadre d'une prolifération d'institutions politiques et économiques concurrentes, dans un contexte où l'État-nation n'est pas encore le référent politique obligé, tandis que la mondialisation du XXIe siècle se produit dans le cadre d'un recul de l'autorité étatique[87].

Les contacts entre aires de civilisations

Plusieurs études récentes se sont attachées à analyser les contacts entre aires de civilisations. Ainsi Xinru Liu et Lynda Norene Shaffer se sont livrés en 2007 à une étude des échanges entre l'Europe et l'Asie par la route de la soie[88].

En 2008, dans *Uncovering the history of Africans in Asia*, Shihan de Silva Jayasuriya et Jean-Pierre Angenot ont écrit une histoire des Africains en Asie[89]. Ils partent du constat que, contrairement à la diaspora transatlantique, les migrants africains vers l'Orient ont reçu jusqu'à présent peu d'attention de la part des historiens. Ce livre contient plusieurs études, comme celle de Robert Collins qui présente un panorama du commerce des esclaves de l'Afrique vers l'Asie.

En 2011, Matthew P. Fitzpatrick a étudié l'histoire du réseau commercial de l'Océan indien en parallèle avec celle de l'impérialisme romain, ce qui lui permet de « provincialiser Rome »[90]. En conquérant l'Égypte, l'Empire romain s'est assuré

---

86. Philippe Beaujard, « Un espace mondialisé : l'océan Indien », *in* Laurent Testot (dir.), *Histoire globale, op. cit.*, p. 91-104. Philippe Beaujard, « The Indian Ocean in Eurasian and African world-systems before the sixteenth century », in *Journal of World History*, vol. 16, n°4, 2005.
87. Entretien avec François Gipouloux : « L'Asie maritime, une autre Méditerranée », par Xavier de la Vega, *in* Laurent Testot, Philippe Norel, *Une histoire du monde global, op. cit.*, p. 132-135.
88. Xinru Liu and Lynda Norene Shaffer, *Connections across Eurasia: transportation, communication, and cultural exchange on the Silk Roads*, Explorations in world history, New York, McGraw-Hill, 2007.
89. Shihan de Silva Jayasuriya and Jean-Pierre Angenot, *Uncovering the history of Africans in Asia*, Leiden and Boston, Brill, 2008.
90. Matthew P. Fitzpatrick, « Provincializing Rome: The Indian Ocean Trade Network and Roman Imperialism », *Journal of World History*, vol. 22, n°1, mars 2011, p. 27-54.

un accès direct au réseau commercial séculaire de l'Océan indien, qui mène à la Chine, à l'Inde, à l'Asie du sud, à l'Arabie et à l'Afrique. Cette conquête de l'Égypte par Rome s'est inscrite dans une logique stratégique plus large, cherchant à étendre le contrôle de Rome sur les entrepôts d'Orient. L'auteur montre que l'Inde a constitué le « hub » de cette économie globale avant l'heure.

Ces travaux sur des contacts entre aires de civilisations peuvent aussi passer par des études au niveau micro sur des rencontres entre personnes et groupes appartennant à des communautés distinctes. Ainsi Kris K. Manjapra, de manière originale, étudie la rencontre entre des intellectuels musulmans et des révolutionnaires hindous dans l'Allemagne de la Première Guerre mondiale[91]. Les orientalistes allemands pensaient, pendant la Première Guerre mondiale, que de nouvelles méthodes ethnographiques pourraient inciter les populations musulmanes du Moyen-Orient et de l'Asie du Sud à la révolte contre les colonisateurs britanniques. Mais les Allemands ont échoué dans leur tentative de nouer des liens étroits avec ces peuples musulmans comme avec les révolutionnaires indiens émigrés. De même, Ulrike Strasser étudie la rencontre entre des jésuites allemands et un mystique asiatique dans l'Amérique espagnole[92].

Quant au livre de Stewart Gordon *When Asia was the world: traveling merchants, scholars, warriors, and monks who created "The riches of the East"* (2007)[93], il contient neuf histoires d'une vingtaine de pages chacune, sur de célèbres voyageurs à travers l'Asie entre 500 et 1500, comme Avicenne, Ibn Battuuta, Ma Huan, Tome Pires. L'Asie avant 1500 y est décrite comme un vaste domaine de mobilité[94].

L'énergie

Jean-François Mouhot, dans *Des esclaves énergétiques* (2011), souligne que l'esclavage a existé depuis l'époque sumérienne ; il estime qu'aujourd'hui ce serait l'énergie (charbon, pétrole... qui nous permettent de nous éclairer, de nous chauffer, de nous déplacer en voiture, etc.) qui aurait remplacé les esclaves[95]. Il plaide pour un autre rapport au monde, où le souci éthique tempèrerait la logique économique.

Dans son livre *Petrocratia* (2011), le géopoliticien Timothy Michell avance l'idée que les évolutions politiques des sociétés sont corrélées à leur mode de consommation énergétique[96]. La révolution industrielle du XIXe siècle a vu l'essor de la colonisation et de l'impérialisme, tandis que notre mode de consommation

---

91. Kris K. Manjapra, « The illusions of encounter: Muslim "minds" and Hindu revolutionaries in First World War Germany and after », *Journal of Global History*, vol. 1, n°3, nov. 2006, p. 363-382.
92. Ulrike Strasser, « A case of empire envy? German Jesuits meet an Asian mystic in Spanish America », *Journal of Global History*, vol. 2, n°1, mars 2007, p. 23-40.
93. Stewart Gordon, *When Asia was the world: traveling merchants, scholars, warriors, and monks who created « The riches of the East »*, Cambridge MA, Da Capo Press, 2007.
94. Compte rendu de ce livre par David Ludden, *Journal of Global History* (2008), n°3, p. 279-280.
95. Jean-François Mouhot, *Des esclaves énergétiques. Réflexions sur le changement climatique*, Paris, Champ Vallon, 2011.
96. Timothy Mitchell, *Petrocratia. La démocratie à l'âge du carbone*, Paris, Ère, 2011.

énergétique actuel serait représentatif de la démocratie : c'est, pour cet auteur, la « pétrocratie », mode de vie énergivore. Quant à Frédéric Denhez, il estime que ce mode de vie actuel fondé sur le carbone serait générateur d'une forme de dictature : c'est ce qu'il exprime avec son ouvrage *La Dictature du carbone* (2011)[97].

Les guerres et les violences

Xu Guoqi, dans *Strangers on the Western Front. Chinese Workers in the Great War*, (2011)[98], se penche sur les travailleurs chinois dans la Première Guerre mondiale. Il évoque leur recrutement, leur transport en Europe. Ils étaient 140 000. Ils ont contribué à la victoire de la France, de la Grande-Bretagne et des États-Unis. Ces ouvriers chinois ont aussi contribué à la création d'une nouvelle identité nationale chinoise.

Laurent Testot montre, à partir de l'exemple d'un mot, « kamikaze », comment ce concept, né dans le Japon du XIIIe siècle, s'est mondialisé[99]. Popularisé avec les kamikaze japonais de la Seconde Guerre mondiale, le terme a aussi désigné les combattants du Viet-Minh pendant la guerre d'indochine et bien d'autres combattants jusqu'à ceux, fondamentalistes musulmans, des attaques du 11 septembre 2001.

Le géopoliticien Gérard Chaliand s'intéresse aux traditions militaires des peuples extra-occidentaux ; il a étudié comment pendant deux millénaires, les peuples nomades de la steppe ont joué un rôle géopolitique crucial, provoquant la chute et la naissance de grands empires[100].

Dans *Le Monde en Feu*, la juriste américaine Amy Chua explore les liens entre la diffusion après 1989 de l'économie de marché et de la démocratie parlementaire et une diffusion de la violence dans de multiples points du globe. Elle démonte le processus qui amène l'exportation du modèle libéral-démocrate à attiser les braises de la haine ethnique[101].

En 2006, Arjun Appadurai prolonge cette réflexion avec Géographie de la colère ; le titre original, *Fear of Small Numbers*, « la peur des petits nombres », c'est-à-dire des minorités, souligne les violences et les inégalités que subissent les minorités[102]. Il observe l'essor des violences intra-étatiques. Les États sont

---

97. Frédéric Denhez, *La Dictature du Carbone*, Paris, Fayard, 2011. Tout ce passage est inspiré de : Laurent Testot, « Esclaves de l'énergie », *in* Philippe Norel, Laurent Testot (dir.), *Une histoire du monde global, op. cit.*, p. 343-346.
98. Guoqi, Xu, *Strangers on the Western Front. Chinese Workers in the Great War*, Cambridge, Harvard Univ Press, 2011.
99. Laurent Testot, « Kamikaze... Histoire d'un mot », *in* Philippe Norel, Laurent Testot (dir.), *Une histoire du monde global, op. cit.*, p. 296-301.
100. Benoît Richard, « Rencontre avec Gérard Chaliand : comment les peoples guerriers ont façonné le monde », *in* Laurent Testot (dir.), *Histoire globale, op. cit.*, p. 105-111. Gérard Chaliand, *Stratégies de la guérilla. Guerres révolutionnaires et contre-insurrections. Anthologie historique de la Longue marche à nos jours*, Paris, Gallimard, 1984. Gérard Chaliand, *Anthologie mondiale de la stratégie. Des origines au nucléaire*, Paris, Laffont, 1996. Gérard Chaliand, *Les Empires nomades. De la Mongolie au Danube*, Paris, Perrin, 1995.
101. Amy Chua, *Le Monde en Feu. Violences sociales et mondialisation*, Paris, Seuil, 2007.
102. Arjun Appadurai, *Géographie de la Colère. La violence à l'âge de la globalisation*, Paris, Payot, 2007.

souvent confrontés à des ennemis transfrontaliers, et sont amenés à privatiser leur monopole de la violence en recrutant des mercenaires[103].

Un ouvrage collectif paru en 2010 dans la collection « Studies in Global History », *The world in world wars: experiences, perceptions and perspectives from Africa and Asia*, étudie les échos et les manifestations des deux guerres mondiales en Afrique et en Asie. Pendant la Première Guerre mondiale, rien qu'en Inde, les autorités coloniales britanniques ont enrôlé pas moins d'un million d'hommes. Claude Markovits étudie comment des soldats indiens ont été utilisés sur le front ouest, et Ravi Ahuja étudie l'histoire des prisonniers de guerre indiens. Pendant la Seconde Guerre mondiale, également, des centaines de milliers de non-Européens ont été recrutés dans les armées européennes. Le monde arabe a fourni une contribution militaire exceptionnelle (étudiée par Emad Ahmed Helal). Les Nazis ont eux aussi essayé d'utiliser les Arabes mais y ont échoué. La seconde partie du livre étudie l'impact de la guerre sur les débats publics en Asie et en Afrique. L'expérience de la Première Guerre mondiale a influencé la poésie et les mémoires des élites et des classes moyennes en Inde, comme le montre Santanu Das, et dans le monde arabe, comme le montre Dina Rizk Khoury. Pendant la Première Guerre mondiale, le ministère des affaires étrangères allemand a diffusé des rumeurs parmi les Oraons au Chota Nagpur, l'image de Guillaume II y est devenue un symbole de la lutte contre les potentats locaux et les autorités coloniales, comme le montre Heike Liebau. Ce livre est novateur en ce qu'il présente un panorama de la manière dont les deux guerres mondiales ont été vécues en Afrique et en Asie. Thomas De Georges et Francesca Bruschi étudient l'impact de ces guerres sur le mouvement indépendantiste au Maghreb et en Afrique française. Ce livre appelle à revoir la périodisation des deux guerres mondiales : en effet, en Irak, la Première Guerre mondiale s'est achevée seulement en 1920. En Asie orientale, la Seconde Guerre mondiale a commencé avec l'invasion de la Chine par le Japon en 1937. Et en Asie du Sud-Est les combats ont continué après 1945 par de féroces luttes anti-coloniales, appelées « les guerres oubliées » par Christopher Bayly et Tim Harper. Ce livre innove aussi par les types d'archives étudiés, beaucoup d'archives émanant justement d'Afrique, d'Asie et du Moyen-Orient, et des « égo-documents » (écrits autobiographiques)[104].

Les migrations

Dans ses travaux sur les migrations, Wang Gungwu, loin de se borner à l'étude d'un lieu délimité d'avance et de se contenter d'étudier les migrants qui en partent ou qui y arrivent, analyse les déplacements des migrants, et les liens entretenus à distance entre membres de mêmes communautés d'origine, et liens intensifiés

---

103. Laurent Testot, « Un monde sans guerre ni paix », *in* Philippe Norel, Laurent Testot (dir.), *Une histoire du monde global, op. cit.*, p. 329-333.
104. Liebau Heike, Bromber Katrin, Lange Katharina, Hamzah Dyala, and Ahuja Ravi (dir.), *The world in world wars: experiences, perceptions and perspectives from Africa and Asia*, Studies in Global History 5, Leiden and Boston, MA, Brill, 2010.

de nos jours grâce aux perfectionnements des télécommunications[105]. D'autres travaux récents portent sur les migrations[106], comme par exemple ceux d'Eliott Robert Barkan sur l'histoire des migrants arrivés aux États-Unis[107].

L'ouvrage collectif *From Arrival to Incorporation* (2007) examine de nombreux processus d'installation aux États-Unis de migrants. Il utilise à la fois une approche théorique et des approches quantitatives et ethnographiques. Le livre met l'accent sur la diversité des migrants. L'ouvrage comporte notamment une étude par David Haines sur les réfugiés et la définition des groupes qui peuvent être admis aux États-Unis sous ce statut depuis la Seconde Guerre mondiale[108]. Sur ce même thème des migrants arrivés aux États-Unis, *Letters across Borders: The Epistolary Practices of International Migrants*, paru en 2006, étudie les conditions de vie et d'installation des migrants à partir des lettres échangées[109].

D'autres chercheurs ont travaillé sur la diaspora allemande. Le volume *German Diasporic Experiences: Identity, Migration, and Loss*, paru en 2008, est issu d'une conférence organisée par le Canadian Waterloo Centre for German Studies en 2006. Les trente-neuf essais qu'il contient, et qui, au-delà du cas souvent traité des Canadiens d'origine allemande, réfléchissent à l'expérience humaine universelle de l'exil, sont classés par thèmes. Les auteurs se sont posé la question de déterminer ce qu'est une diaspora. Étant donné que des germanophones ont migré vers des lieux très divers et à des époques variées, il apparaît difficile aux auteurs de donner un nom générique pour qualifier une telle dispersion. Alexander Freund tente pourtant une définition de la diaspora, estimant que ce terme regroupe les « membres d'un groupe ethnique résidant dans au moins deux pays en dehors de leur patrie et liés à travers des liens politiques ou géographiques par un mythe de l'origine, une histoire collective, ou une religion ou idéologie communes »[110].

Dans un article paru en 2010 dans le *Journal of Global History*, Adam McKeown se penche sur l'émigration chinoise de 1850 à 1940[111]. Il retrace comment l'émigration chinoise a fait partie de la grande vague des migrations de masse du XIXe siècle. L'article analyse les tendances dans les retours et la migration féminine, deux phénomènes quantifiables qui sont souvent présentés comme distinctifs de l'émigration chinoise. Ces tendances sont comparées avec les migrations non chinoises.

---

105. Wang Gungwu, *Global History and Migrations*, Boulder, Westview Press, 1996.
106. Emma Christopher, Cassandra Oybus, and Marcus Rediker (dir.), *Many Middle Passages: forced migration and the making of the modern world*, Berkeley, CA, University of California Press, 2007.
107. Eliott Robert Barkan, Hasia Diner, Alan Kraut (dir.), *From Arrival to Incorporation: Migrants to the U.S. in a Global Era*, New York, NYU Press, 2007.
108. Elliott Barkan, Hasia Diner, Alan Kraut, *From Arrival...*, *op. cit.*
109. Bruce S. Eliott, David A. Gerber, Suzanne M. Sinke (dir.), *Letters across Borders: The Epistolary Practices of International Migrants*, Palgrave Macmillan, 2006.
110. Mathias Schulze, James M. Skidmore, David G. John, Sebastian Siebel-Achenbach, Grit Liebscher (dir.), *German Diasporic Experiences: Identity, Migration, and Loss*, Wilfrid Laurier University Press, 2008. Citation : p. 468.
111. Adam McKeown, « Chinese emigration in global context, 1850-1940 », *Journal of Global History*, vol. 5, n°1, mars 2010, p. 95-124.

Dans l'ouvrage *Haunting the Korean Diaspora: Shame, Secrecy, and the Forgotten War*, paru en 2008 aux États-Unis, Grace M. Cho se livre à une histoire de la diaspora coréenne[112] : la société sud-coréenne a émergé du désastre de la guerre de Corée, et avec l'aide économique et militaire des États-Unis s'est mobilisée pour établir une économie industrialisée. Pendant ce temps, les Coréens-Américains, dont la plupart sont arrivés après le mouvement américain des droits (qui a entraîné le démantèlement de la législation raciste restrictive sur l'immigration) se sont bien intégrés dans la société américaine comme en témoigne leur réussite éducative, leur exogamie et leur naturalisation. Les Coréens-Américains font figure de « minorité modèle » aux États-Unis. Mais Grace M. Cho démonte ce mythe et montre les effets persistants de la violence et du traumatisme de la guerre de Corée sur les communautés de la diaspora coréenne.

Avec *A Discontented Diaspora: Japanese Brazilians and the Meanings of Ethnic Militancy, 1960-1980*[113], paru en 2007, Jeffrey Lesser explore la relation entre la ville de São Paulo, le Japon et le groupe ethnique des Brésiliens d'origine japonaise (Nikkei) pendant la période de la dictature militaire du Brésil de 1964 à 1985.

L'article « The global system of international migrations, 1900 and 2000: a comparative approach »[114], de Giovanni Gozzini, paru dans le *Journal of Global History* en 2006, est une étude globale sur les migrations au XXe siècle. L'auteur compare les migrations internationales à deux périodes différentes de l'histoire : de 1870 à 1914, et de 1965 à 2000. Il étudie les répercussions que les migrations internationales ont eues sur la structure démographique et sur les systèmes économiques des pays émetteurs et récepteurs, et il étudie les analogies qui se produisent au niveau micro, les mécanismes gouvernant la décision de migrer, l'identité des migrants. La dernière partie montre que les migrants, dans les deux périodes, maintiennent des liens avec leur ancien et leur nouveau pays (comme le montrent l'envoi d'argent et des migrations de retour), malgré les obstacles actuels à la libre circulation des migrants internationaux. Cela suggère qu'une analyse des systèmes de migration mettant l'accent sur les interactions entre aire de départ et d'arrivée, est supérieure au modèle fondé sur le présupposé que l'assimilation va se produire ou à celui qui suppose un irréductible « multiculturalisme ».

Dans *Diaspora entrepreneurial networks: four centuries of history*, paru à Oxford en 2005, les auteurs explorent les réseaux entrepreneuriaux de la diaspora sur quatre siècles[115]. Ils étudient les migrations commerciales, par exemple celles des Juifs sépharades dans les empires maritimes portugais, des Arméniens dans l'Empire ottoman, en Inde et en Iran ; des Japonais dans l'Asie du Sud-Est ;

---

112. Grace M. Cho, *Haunting the Korean Diaspora: Shame, Secrecy, and the Forgotten War*, Minneapolis, University of Minnesota Press, 2008.
113. Jeffrey Lesser, *A Discontented Diaspora: Japanese Brazilians and the Meanings of Ethnic Militancy, 1960-1980*, Durham, N.C., Duke University Press, 2007.
114. Giovanni Gozzini, « The global system of international migrations, 1900 and 2000: a comparative approach », *Journal of Global History*, vol. 1, n°3, nov. 2006, p. 321-341.
115. Ina Baghdiantz McCabe, Gelina Harlaftis and Ioanna Pepelasis Minoglou (dir.), *Diaspora entrepreneurial networks: four centuries of history*, Oxford and New York, Berg, 2005.

des Maltais comme intermédiaires entre les Habsbourg et les Ottomans ; des marchands chinois en Indonésie. Les Maltais auraient pu relier les Habsbourg aux Ottomans car ils sont occidentaux par la religion et orientaux par le langage. Mais les auteurs montrent qu'aussi étendues que soient ces migrations de commerce, aucune n'a pu couvrir l'ensemble des zones couvertes par les religions de l'Europe et du Proche-Orient (protestante, catholique, orthodoxe et musulmane).

Patrick Manning, spécialiste de l'histoire de l'Afrique, un des pionniers de l'histoire mondiale et de l'histoire globale, auteur du manuel d'histoire mondiale *Navigating World History* (2003), aborde quant à lui, dans *The African Diaspora*[116], ce que depuis les années 1950 on a appelé les *Black Studies*. Mais l'innovation est qu'il entend aborder l'histoire des peuples africains de manière globale : il s'agit d'étudier plusieurs régions et nations parallèlement, et sur le temps long : de 1400 à nos jours. D'où l'expression, novatrice, de « diaspora africaine », pour illustrer l'idée que des peuples africains ou d'origine africaine ont, à différentes périodes, de gré ou de force, migré vers d'autres continents (Europe, Amériques, Asie) et s'y sont établis. Manning s'attache à voir les liens, les « connexions globales ». Pour cela, il prête davantage attention aux échanges, réseaux, mélanges, métissages, qu'aux royaumes et aux nations. Son approche globale lui permet de mettre en évidence des liens entre des phénomènes auparavant étudiés de manière séparée. Par exemple, il montre comment au milieu du XIXe siècle, l'esclavage est dénoncé de manière concomitante en Amérique du Nord, du Sud, en Afrique de l'Ouest, dans l'Empire ottoman, et en Inde. Manning a aussi montré les connexions entre le mouvement des droits civiques aux États-Unis dans les années 1950-1960 et le mouvement d'indépendance des colonies africaines au même moment, ou entre le courant de la *Harlem Renaissance* aux États-Unis dans les années 1930 et le courant de la négritude développé au même moment par Aimé Césaire et Léopold Sedar Senghor. L'approche de l'histoire globale permet aussi à Manning de souligner la profonde influence exercée par la diaspora africaine sur l'histoire mondiale : il montre le lien inextricable entre migration noire et essor de la modernité. Manning présente l'évolution de l'histoire des Africains et des peuples de descendance africaine, vaste ensemble qui représente aujourd'hui 1/6 de l'humanité. En six chapitres denses, il brosse un tableau de l'évolution de ces peuples sur le temps long, de 1400 à nos jours, en dégageant de grandes étapes, comme « la survie » (1600-1800), la conquête de « l'émancipation » (1800-1900), de la « citoyenneté » (1900-1960), et enfin de « l'égalité » (1960-2000). L'aire géographique traitée est elle aussi très vaste : elle s'étend non seulement au continent africain, mais aussi aux Amériques, à l'Europe et à l'Asie[117].

---

116. Patrick Manning, *The African Diaspora. A History through Culture*, New York, Columbia University Press, 2010.
117. Cf. Chloé Maurel, « Une histoire mondiale de la diaspora africaine » (compte rendu de ce livre), sur le site Internet La Vie des Idées, novembre 2010.

Le fait colonial

Dans le domaine de l'histoire coloniale, l'approche globale est particulièrement enrichissante. Le travail de Benoît Daviron sur le rôle de l'Institut colonial international dans l'élaboration d'un standard d'administration coloniale en est un exemple éclairant[118]. Il montre que l'usage de la force (le recours au travail forcé) a été un sujet de débat au sein de cet institut, entre les années 1895 et 1930.

Plusieurs études récentes portent sur l'empire britannique[119]. Parmi ces dernières, on peut évoquer une intéressante étude des dimensions transnationales et diasporiques du mouvement d'indépendance de l'Inde au début du xxe siècle[120]. Cet article de Harald Fischer-Tiné adopte une perspective globale sur les réseaux diasporiques des révolutionnaires indiens qui ont émergé à la veille de la Première Guerre mondiale. Il se focalise particulièrement sur trois centres : Londres, New York et Tokyo. Le récit est centré sur les « India Houses » qui ont été ouvertes dans ces trois villes et ont servi d'institutions berceaux pour les révolutionnaires. Cette étude montre qu'il est important d'étendre l'analyse historique au-delà des frontières de l'Inde pour saisir pleinement le développement du nationalisme indien. L'existence de réseaux de propagande anti-impériale sophistiqués fait émettre des doutes sur le caractère prétendument décisif de la Première Guerre mondiale comme « moment global » qui aurait secoué de manière décisive l'ordre impérial. L'article présente ainsi l'année 1905 comme au moins aussi importante que l'époque de la Grande Guerre.

L'histoire coloniale se décline aussi par l'approche de l'histoire culturelle. Ainsi, dans *L'empire des sports. Une histoire de la mondialisation culturelle*[121], Pierre Singaravélou et Julien Sorez étudient l'histoire des pratiques sportives dans les colonies : ces pratiques, importées par les puissances impériales, sont en fait loin d'être l'imposition univoque d'une culture. Au contraire, elles attestent de pratiques de réappropriation de la part des peuples coloniaux[122]. C'est ce

---

118. Benoît Daviron, « Mobilizing labour in African agriculture: the role of the International Colonial Institute in the elaboration of a standard of colonial administration, 1895-1930 », *Journal of Global History*, vol. 5, n°3, p. 479-501.
119. John Darwin, *The empire project: the rise and fall of the British world system, 1830–1970*, Cambridge, Cambridge University Press, 2009 ; Roberto Davini, « Bengali raw silk, the East India Company and the European global market, 1770-1833 », *Journal of Global History*, vol. 4, n°1, 2009, p. 57-79; Jeffrey A. Auerbach and Peter H. Hoffenberg (dir.), *Britain, the empire, and the world at the Great Exhibition of 1851*, Aldershot, Ashgate, 2008 ; Maria Misra, « Colonial officers and gentlemen: the British Empire and the globalization of "tradition" », *Journal of Global History*, vol. 3, n°2, juillet 2008, p. 135-161.
120. Harald Fischer-Tiné, « Indian Nationalism and the "world forces": transnational and diasporic dimensions of the Indian freedom movement on the eve of the First World War", *Journal of Global History*, vol. 2, n°3, novembre 2007, p. 325-344.
121. P. Singaravélou et J. Sorez (dir.), *L'empire des sports. Une histoire de la mondialisation culturelle*, Paris, Belin, 2010.
122. Yohan Blondel, « Sport en colonies », à propos de : P. Singaravélou et J. Sorez (dir.), *L'empire des sports. Une histoire de la mondialisation culturelle*, La Vie des Idées, 10-02-2011.

qu'avait d'ailleurs montré Arjun Appadurai avec l'exemple de l'« indigénisation » du cricket en Inde[123].

En 2010, Jane Burbank et Frederick Cooper ont publié une vaste synthèse sur « les empires dans l'histoire globale »[124]. Cet intérêt des historiens pour l'histoire des grands empires du passé pourrait être inspiré par le constat actuel, du fait de la mondialisation, de l'érosion des cadres politiques traditionnels (et notamment le cadre étatique). L'originalité de ce livre est sa focalisation sur le problème de la différence : pour les auteurs, l'une des principales caractéristiques des formations impériales est de parvenir à gouverner de manière différenciée des peuples divers. Comme l'observe, à la lecture du livre, Clément Thibault, les empires, comme figures de l'hétérogène, se sont montrés capables de rassembler les peuples et les nations, les régimes juridiques et les identités, les systèmes économiques en de cohérentes mosaïques. Les auteurs abordent ces objets impériaux en ignorant les limites chronologiques et géographiques habituelles. Pour comparer des empires aussi différents que Rome et la Chine, Jane Burbank et Frederick Cooper créent des outils conceptuels comme ceux de « répertoires de pouvoir », d'« intersections impériales », d'« imaginaires impériaux », ce qui leur permet de décrire l'ensemble des fonctions et des stratégies souveraines visant à gouverner les différences – sociales, économiques, culturelles, juridiques, territoriales – pour les unir en un tout composite. Pour les auteurs, le grand succès des empires aurait été de réussir à articuler l'un et le multiple, et cela se serait fait par l'invention d'une « souveraineté feuilletée » (*layered, overlapping sovereignty*). Ce terme décrit un ensemble de pratiques institutionnelles, politiques ou sociales permettant à la pluralité des sociétés impériales d'être rassemblées tout en préservant leur spécificité Ainsi, l'homogénéité apparente de l'Empire du Milieu sous les Han cache en réalité une profonde hétérogénéité ; et le fédéralisme américain, qui procède par agrégation progressive des territoires de l'Ouest au cours du XIXe siècle, constitue une version moderne de l'empire dans sa dynamique expansive, comme en témoigne l'inclusion (mais en maintenant leur différence) des populations amérindiennes et des Mexicains. Les auteurs soulignent les lois tolérantes et pragmatiques des Mongols et des Ottomans, qui assurent la protection religieuse en échange de la loyauté des sujets. Comme l'analyse Clément Thibault, « cette souveraineté à la fois une et plurielle s'appuie sur un ensemble complexe d'agencements institutionnels et des modes de gouvernement adaptés à la nature expansive des empires. Plutôt que d'homogénéiser les institutions et de réduire la population au statut commun de la citoyenneté, comme le firent les États-nations occidentaux après le XIXe siècle dans leur territoire métropolitain, ces empires anciens et modernes distinguent et hiérarchisent pour articuler les différences sans les abolir »[125].

---

123. Arjun Appadurai, *Après le colonialisme: les conséquences culturelles de la globalisation*, Paris, Payot, 2001 ; id., *Modernity at Large: Cultural Dimensions of Globalization*, Minneapolis, University of Minnesota Press, 1996.
124. J. Burbank & F. Cooper, *Empires in Global History*, Princeton University Press, 2010.
125. Clément Thibault, « Empire et dépendances », magazine en ligne *La Vie des Idées*, 2010.

L'esclavage, objet d'étude global

Olivier Pétré-Grenouilleau, dans ses travaux sur l'esclavage[126], a bien distingué l'esclavage des autres formes de privation de liberté (servage, travail forcé...), et réfléchi à l'apparition de l'esclavage ; pour certains, il serait apparu avec les premières cités-États et constituerait ainsi une invention orientale ; pour d'autres, comme l'anthropologue Alain Testard, il serait en partie antérieur à l'État et aurait contribué à son avènement. Il observe que toutes les sociétés esclavagistes ont été confrontées au problème de permettre la reproduction du système esclavagiste tout en limitant les tensions et les risques d'explosion dûs à la contestation de l'esclavage. Ainsi se sont développées des formes de régulation de l'esclavage, caractérisées par tout un éventail de mesures. Olivier Pétré-Grenouilleau fait aussi une synthèse des différentes formes de résistance des esclaves. Pour lui, la distinction entre résistance active et passive n'est pas vraiment pertinente. Il s'est aussi, plus récemment, penché sur l'abolitionnisme, phénomène qu'il qualifie de « révolutionnaire ». D'autant plus que, tourné d'abord en direction de l'esclavage américain, il se développe au moment où celui-ci atteint son apogée et où les idées racistes, communes dans les colonies, commencent aussi à se répandre dans certaines élites des métropoles. Olivier Pétré-Grenouilleau s'inspire de la démarche « compréhensive » promue par Max Weber, s'attachant non pas à trouver la cause première des phénomènes, mais bien plutôt à comprendre comment les hommes du passé percevaient le monde et quel sens ils voulaient donner à leurs actions. Pour les abolitionnistes du XIXe siècle, la mise en œuvre de l'abolition de l'esclavage devait se faire progressivement, par des méthodes réformistes.

Olivier Pétré-Grenouilleau rappelle que plusieurs hypothèses ont été successivement émises pour expliquer l'essor du mouvement anti-esclavagiste : on a insisté sur l'importance de motivations philanthropiques et morales, avant de mettre en avant les motifs économiques à l'origine du militantisme des Britanniques contre la traite. Des facteurs culturels ont aussi été avancés, comme le rôle de la religion ou encore des modes de mobilisation politique, mais récemment c'est la résistance manifestée par les esclaves eux-mêmes qui a été mise au premier plan.

Olivier Pétré-Grenouilleau fait le constat d'une relative absence de travaux synthétiques comparatifs sur l'histoire de l'abolitionnisme. Ses travaux montrent que cette histoire a beaucoup à gagner à s'écrire en adoptant la dimension globale ; pour lui, « l'abolitionnisme renvoie à un projet forcément global, du fait même de sa nature ainsi que des modalités par lesquelles il a dû passer afin de devenir clairement opérationnel, qu'il s'agisse de la question de la répression du trafic illégal des esclaves sur les mers ou bien des débats relatifs à l'intervention

---

126. Olivier Pétré-Grenouilleau, *Les traites négrières. Essai d'histoire globale*, Paris, Gallimard, NRF, 2004 ; O. Pétré-Grenouilleau (dir.), *Abolir l'esclavage. Un réformisme à l'épreuve*, Rennes, Presses universitaires de Rennes, 2008. Olivier Pétré-Grenouilleau, « Jalons pour une histoire globale de l'esclavage », in Laurent Testot (dir.), *Histoire globale, op. cit.*, p. 131-138.

directe des puissances occidentales sur le continent africain, afin d'y mettre un terme aux pratiques esclavagistes »[127].

Insistant sur le fait que l'idée même d'abolition est, à la fin du XVIIIe siècle, d'une nouveauté et d'une radicalité révolutionnaires à l'échelle de l'histoire humaine (l'institution esclavagiste étant alors souvent perçue comme plus ou moins « naturelle » et nécessaire), Olivier Pétré-Grenouilleau montre que c'est la Grande-Bretagne qui a été en pointe dans ce combat. C'est en particulier entre les années 1780 et 1840 que le mouvement abolitionniste anglais a été le plus puissant, au moment où la Grande-Bretagne avait perdu ses treize colonies, et avait à combattre contre l'Europe napoléonienne.

Son analyse se fonde sur une étude des acteurs et des réseaux transnationaux : il met en valeur le rôle de certains individus dans ce combat abolitionniste, individus qui avaient pour point commun de se considérer comme des citoyens du monde. Il montre l'influence des quakers américains, qui ont influencé des Britanniques, et le rôle-clé joué par des Suisses.

Un des aspects les plus intéressants de son analyse est le récit des tentatives d'internationalisation du projet abolitionniste, avec le projet d'une ligue internationale contre « la traite des nègres » formulé en 1815, en annexe à l'acte final du Congrès de Vienne, ligue que la Grande-Bretagne a tenté en vain de mettre sur pied l'année suivante, à la Conférence de Londres. Devant l'échec à établir une ligue internationale contre la traite, la Grande-Bretagne s'est repliée sur des accords bilatéraux visant à réprimer la traite illégale.

Cette internationalisation du combat abolitionniste a, observe Olivier Pétré-Grenouilleau, posé « rapidement une question cruciale, celle du droit d'ingérence », avec deux grands cas de figure : la répression de la traite illégale, et la lutte contre la traite et l'esclavage à l'intérieur du continent africain. On retrouve dans les questionnements suscités à l'époque par ces projets d'internationalisation du combat abolitionniste tous les éléments de la rhétorique actuelle en matière de droit d'ingérence. C'est justement un des mérites de l'histoire globale de dégager des filiations, des continuités, ou des schémas qui se répètent (des *patterns*), comme le fait Olivier Pétré-Grenouilleau.

Faisant le bilan de ces efforts, Olivier Pétré-Grenouilleau observe que d'un côté, « les avancées sont considérables », car les nombreux textes produits ont bien amené à la constitution d'un corpus juridique condamnant la traite, et à une accentuation de la répression la traite illégale, conduisant à l'extinction du trafic sur l'Atlantique dans les années 1860. Mais d'un autre côté, les colonialistes ont trouvé une parade, avec la création du « travail forcé », concrètement souvent très proche de l'esclavage[128]. Les travaux d'Olivier Pétré-Grenouilleau s'inscrivent dans le cadre d'un courant d'intérêt pour le phénomène de l'esclavage au niveau mondial[129].

---

127. Olivier Pétré-Grenouilleau, « Une histoire globale : le combat pour l'abolition de l'esclavage, fin XVIIIe- XIXe siècles », *in* Chloé Maurel (dir.), *Essais d'histoire globale*, Paris, L'Harmattan, 2013, p. 77-92.
128. *Ibid.*
129. *La Pensée*, Octobre-décembre 2011, dossier : Esclavages et sujétions ; et revue *Comparativ*, dossier « Erinnerungen and Sklaverei », Leipziger Universitätsverlag, 2012/2.

Le Tiers Monde

Vijay Prashad, historien américain marxiste, d'origine indienne, professeur d'études internationales à *Trinity College* dans le Connecticut et journaliste, présente, dans *Les Nations Obscures*, paru aux États-Unis en 2008, une « histoire populaire » du Tiers Monde[130]. C'est une des premières fois que le Tiers Monde en lui-même est pris comme objet d'étude en histoire. Pour mener à bien son étude, qui est une vaste synthèse de nombreux travaux existants, et souvent récents, l'auteur adopte la démarche de l'« histoire populaire », dans la lignée de l'historien américain Howard Zinn, qui a publié en 1980 une *Histoire populaire des États-Unis*, devenue un best-seller. L'« histoire populaire » est une histoire qui se centre sur les peuples opprimés, les petites gens, les classes laborieuses. C'est aussi l'idée d'écrire de manière simple, accessible au plus grand nombre, et non pas de s'adresser seulement aux connaisseurs et aux spécialistes en s'exprimant de manière allusive ou jargonnante. Il s'agit de s'adresser à la fois aux spécialistes et aux non spécialistes. L'ouvrage de Vijay Prashad y réussit.

L'auteur a choisi un sujet fondamental, mais qui est rarement abordé aujourd'hui : le Tiers Monde. En effet cette expression, apparue en 1952 sous la plume du démographe français Alfred Sauvy, est depuis plusieurs années devenue obsolète, le Tiers Monde ayant perdu son unité et l'existence de deux grands blocs (Est/Ouest) ayant cessé. Depuis la disparition de l'URSS, on parle aujourd'hui plutôt du « Sud » ou des « Suds » que du Tiers Monde.

Outre l'approche de l'histoire populaire, c'est aussi l'approche de l'histoire mondiale qu'adopte l'auteur : il dépasse les cloisonnements nationaux pour faire des rapprochements, des comparaisons entre des faits et situations éloignées dans l'espace et parfois dans le temps, ce qui lui permet de mettre à jour des analogies et des parallélismes qui seraient restés occultés avec une approche plus strictement nationale ou linéaire.

Le terme de « nations obscures » utilisé par l'auteur dans le titre et tout au long de l'ouvrage est une métaphore qui peut renvoyer à la fois au fait que ces pays ont longtemps restés dans l'ombre des grandes puissances, et au fait que leurs habitants ont la peau plus sombre (« *darker* ») que les Occidentaux.

L'auteur adopte une démarche plus ou moins chronologique, pour dépeindre l'émergence du Tiers Monde entre les années 1920 et les années 1950, puis ses réussites mais aussi ses difficultés à s'affirmer sur la scène internationale vers les années 1960-1970, et enfin son échec dans les années 1980-1990. Dans ce panorama, Vijay Prashad met le projecteur successivement sur plusieurs villes où se sont déroulé des événements marquants de l'histoire du Tiers Monde, comme Bandoung, Le Caire, Téhéran, La Havane, Alger, New Delhi, etc.

Les origines : la Ligue contre l'impérialisme

Partant des origines du projet du Tiers Monde, Vijay Prashad évoque les luttes de décolonisation. En effet, les « nations obscures » étaient à l'origine pour

---

[130]. Vijay Prashad, *Les Nations obscures. Une histoire populaire du Tiers Monde*, Montréal, Ecosociété, 2009 (édition en anglais 2007).

l'essentiel des territoires colonisés. Il souligne notamment le rôle moteur du révolutionnaire Hô Chi Minh, dès les années 1920. Mettant en évidence les efforts des représentants des peuples colonisés pour s'unir et lutter contre la domination coloniale, il met en valeur l'importance de la première conférence de la Ligue contre l'impérialisme, tenue en 1927 à Bruxelles. Cette conférence, secrètement financée par le Komintern, a rassemblé 200 délégués de 37 États ou régions colonisés. Cette rencontre a constitué un moment fondateur. Dès cette époque, l'URSS soutenait les mouvements de libération nationale d'Asie et d'Afrique. Quelques années plus tôt, en 1920 déjà, l'URSS avait organisé un « Congrès des peuples d'Orient » à Bakou, qui avait accueilli 2 000 délégués issus notamment de territoires colonisés ou semi-colonisés d'Asie ; à la suite de ce congrès, plusieurs délégués de ces peuples ont créé des partis communistes dans leurs États ou territoires respectifs. Quant à la création de la Ligue contre l'impérialisme, elle se veut, par son titre même, une réaction contre l'inaction de la SDN (« ligue » des nations en anglais). Des personnalités de renom participent à cette Ligue contre l'impérialisme à ses débuts, comme Einstein, avant qu'elle ne devienne elle aussi paralysée par des désaccords internes.

Le Tiers Monde et les Nations unies

La création des Nations unies est une autre étape très importante de l'émergence du Tiers Monde. L'auteur souligne le rôle des 29 États d'Amérique latine (indépendants depuis le XIXe siècle) dans la création de l'ONU en 1945 et dans la mise en place de son programme de droits de l'homme. La Commission économique pour l'Amérique latine (CEPAL), créée en 1948, en témoigne aussi. Vijay Prashad souligne également le rôle important qu'ont rapidement joué plusieurs États asiatiques aux Nations unies. Ainsi, c'est à l'inititative de l'Inde et d'autres pays du Tiers Monde qu'est décidée à l'Assemblée générale de 1953 la création du sous-comité sur le désarmement des Nations unies. L'Agence internationale pour l'énergie atomique (AIEA), agence onusienne créée en 1957, est elle aussi née sous l'impulsion des pays du Tiers Monde. Enfin, la Conférence des Nations unies pour le commerce et le développement (CNUCED), créée en 1964, est une enceinte directement créée sous l'impulsion des pays du Tiers Monde, et défendant leurs aspirations. L'auteur met en évidence les efforts répétés, et souvent occultés, des États du Tiers Monde à l'ONU pour appeler au désarmement complet et à une meilleure répartition des richesses, et pour démocratiser le système des Nations unies.

Le panafricanisme, le panasiatisme et le panarabisme

Vijay Prashad souligne l'importance des mouvements panafricains, panasiatiques et panarabes. Après le premier Congrès panafricain, tenu à Londres en 1900, avec la participation du communiste américain W.E.B. DuBois, d'autres congrès analogues suivent, comme, en 1945, le Ve congrès panafricain, avec la participation non seulement de W.E.B. DuBois, mais aussi de N'Krumah, de George Padmore et du Kenyan Jomo Kenyatta. La même année est créée la Ligue arabe, qui soutient les peuples arabes dans leur lutte de libération. Puis en 1958, Accra accueille la première Conférence des États africains et celle des peuples africains. Le panasiatisme, lui, émerge dès les années 1920, avec des conférences des peuples panasiatiques, dont Nehru et Sun Yat-sen sont des figures de proue. Tous ces mouvements se rapprochent avec la conférence de Bandoung en 1955. Celle-ci est organisée par le dirigeant indonésien Sukarno, qui tente de concilier nationalisme, marxisme et islam. À la suite de cette grande rencontre, qui rassemble les représentants de 29 peuples, d'autres rencontres suivent. L'auteur montre bien la dynamique qui se crée autour de ces peuples du Tiers Monde. Nasser, qui fonde le socialisme arabe et se tourne vers l'URSS, organise au Caire à la fin de l'année 1957 la Conférence de solidarité des peuples afro-asiatiques. C'est l'événement le plus marquant depuis Bandoung. Elle rassemble deux fois plus de délégués. Cette conférence se positionne contre le bloc de l'Ouest. Une de ses innovations est qu'elle accueille des femmes, comme la féministe égyptienne Aïcha Abdel Rahman. Cette dernière fait un parallèle entre nationalisme anticolonial et libération de la femme.

Le Mouvement des non alignés et l'espoir d'un vaste mouvement internationaliste

L'auteur relate l'émergence du mouvement des non-alignés (MNA), de la conférence de Brioni en 1956 à la conférence de Belgrade en 1961. Il illustre les efforts du MNA pour lutter pour le désarmement nucléaire et pour la démocratisation des Nations unies. Dans la mise en place de ce mouvement, il souligne le rôle des pères fondateurs : Nehru, Nasser, Tito, N'Krumah. Il montre que le projet du Tiers Monde était celui d'un monde plus égalitaire, comportant une redistribution des ressources mondiales. Ce projet s'est incarné avec la création du groupe des non-alignés en 1961 à la conférence de Belgrade. Il visait la mise en place d'un « nationalisme internationaliste ».

La création de la CEPAL et l'échec à créer une Organisation internationale du commerce (OIC)

L'auteur consacre un chapitre important aux efforts des « nations obscures » pour imposer l'égalité non plus seulement politique mais aussi économique. L'économiste argentin Raúl Prebisch, qui dirige à partir de 1948 la Commission économique des Nations unies pour l'Amérique latine (CEPAL) joue un rôle majeur dans cette aspiration. Il promeut, pour le développement des pays d'Amérique latine, l'industrialisation par substitution des importations, pour sortir ces pays de leur dépendance économique par rapport aux puissances occidentales. Spécialiste de « l'économie du développement », il est l'un des fondateurs de la « théorie de la dépendance », qui s'oppose à la « théorie de la modernisation », promue, elle, par les États-Unis. La théorie de la modernisation, représentée notamment par W.W. Rostow, préconise la reproduction du modèle capitaliste dans les pays du Tiers Monde, au moyen notamment d'investissements privés, et considère que le problème du Tiers Monde tient davantage à son traditionalisme qu'à sa pauvreté. Elle affirme qu'une augmentation du taux de croissance résoudra tous les problèmes. Prebisch s'oppose à cette théorie, ainsi qu'à la « théorie des avantages comparatifs » ; cette dernière, inspirée de l'économiste Ricardo, affirme qu'un pays doit se spécialiser dans ce qu'il produit de mieux. Prebisch affirme au contraire que les États exportateurs de matières premières doivent au contraire développer une industrie nationale, diversifier leurs activités, pour ne pas être dépendants de l'exportation d'un seul produit.

Vijay Prashad met en valeur l'importance de la conférence des Nations unies sur le commerce et l'emploi de La Havane, en 1948. À cette rencontre, les « nations obscures » préconisent la création d'une Organisation internationale du commerce (OIC) ; cette institution, qui relèverait des Nations unies, érigerait des barrières tarifaires en vue d'instaurer des échanges économiques plus équitables entre Nord et Sud. Mais les puissances occidentales font échouer le projet et mettent sur pied à la place le GATT, qui promeut les libéralisations économiques et donc les intérêts des pays du Nord.

Des réformes sociales importantes dans les « nations obscures »

Vijay Prashad montre que d'importantes réformes sociales ont été effectuées à partir des années 1950 dans des nations du Tiers Monde. Ainsi, le gouvernement du MNR (mouvement national révolutionnaire) instauré en Bolivie à partir de 1952, avec Victor Paz Estenssoro, a instauré le suffrage universel et adopté d'importantes réformes sociales, comme la nationalisation des mines d'étain et une réforme agraire. Vijay Prashad compare la période d'effervescence sociale vécue par la Bolivie au début des années 1950 à celle vécue par l'Algérie dix ans plus tard, sous le gouvernement de Ben Bella. Il montre comment tous ces pays (d'Amérique latine, d'Asie et d'Afrique) se sont dotés de cadres (comme l'association latino-américaine de libre-échange en 1961, puis le pacte andin en 1969) pour constituer des marchés communs afin de résister aux puissances occidentales.

États-Unis et coups d'État dans le Tiers Monde

Vijay Pradash met en évidence le rôle des États-Unis par rapport au Tiers Monde : les États-Unis ont organisé ou financé de nombreux coups d'État dans le Tiers Monde pour renverser des leaders progressistes et les remplacer par des représentants des élites capitalistes dévoués aux intérêts de Washington. Ainsi, en 1953, un coup d'État renverse Mossadegh en Iran, et le remplace par le chah, très lié aux États-Unis. Ce coup d'État était motivé par le fait que Mossadegh avait en 1951 nationalisé l'industrie pétrolière du pays, qui était aux mains de l'*Anglo-Iranian Company*, une compagnie britannique. Le chah, revenu au pouvoir, mène une dure répression, condamnant à l'exil des dizaines de milliers de communistes. En 1954, au Guatemala, les États-Unis font renverser le gouvernement démocratiquement élu de Jacobo Arbenz Guzman, celui-ci ayant décidé de nationaliser des exploitations agricoles, dont la grande firme transnationale américaine *United Fruit Company*. En 1959, les États-Unis fournissent en armes les « tontons macoutes » à la solde de « Papa Doc » Duvalier arrivé au pouvoir en Haïti au terme d'un coup d'État fomenté par la droite. En 1964-1965, au moment où les États-Unis commencent à bombarder le Vietnam du Nord, l'administration américaine soutient plusieurs putschs en Bolivie, au Brésil, au Congo, en Grèce et en Indonésie. L'approche de l'histoire mondiale permet à Vijay Prashad de faire des rapprochements éclairants entre ces différents coups d'État, leurs motivations, leur déroulement, leurs conséquences. Vijay Prashad fait aussi des rapprochements entre le coup d'État du général Alfredo Stroessner au Paraguay en 1954 et celui du chef de l'armée Sarir Tanarat en Thaïlande en 1957. Il souligne qu'entre 1945 et le début des années 1970, il y aurait eu 200 putschs en Afrique, Asie et dans les Amériques. L'auteur met en évidence le rôle de la CIA dans les putschs survenus en République dominicaine (1963), en Équateur (1963), au Brésil (1964), en Indonésie (1965), au Congo (1965), au Ghana (1966), en Grèce (1967), au Cambodge (1970), en Bolivie (1971) et au Chili (1973).

Essor et apogée du projet du Tiers Monde

Vijay Prashad montre comment les années 1960-1970 ont été celles de l'essor et de l'apogée du Tiers Monde. La Conférence de solidarité des peuples d'Afrique, d'Asie et d'Amérique latine, tenue à La Havane en 1966, en a constitué un moment phare. L'auteur fait des rapprochements intéressants, par exemple entre l'indépendance acquise par les colonies portugaises d'Afrique en 1974 et la mise en place la même année d'un gouvernement de gauche en Ethiopie. Il analyse le rôle de l'URSS et de Cuba, qui ont aidé plusieurs peuples du Tiers Monde. Plusieurs États du Tiers Monde se sont rapprochés de l'URSS dans les années 1960, comme l'Algérie de Boumediene, l'Égypte de Nasser, la Guinée de Sékou Touré, le Mali de Modibo Keita. L'auteur analyse la revendication d'un nouvel ordre économique international (NOEI) par le Président algérien Boumediene au IVe sommet du mouvement des non-alignés à Alger en 1973, puis l'expression de cette revendication l'année suivante en 1974 à l'Assemblée générale de l'ONU.

Vijay Prashad retrace les efforts menés par les pays du Tiers Monde producteurs de matières premières (cacao, sucre, caoutchouc, et surtout pétrole), pour s'unir et résister aux cartels privés en créant des cartels publics, et en particulier en nationalisant leur production de matières premières. Les pays du Tiers Monde ont essayé de trouver des solutions au problème de la détérioration des termes de l'échange, problème qui se traduit par le fait qu'ils exportent vers les pays du Nord des matières premières dont les prix tendent à baisser, tandis qu'ils sont obligés d'importer des pays du Nord des produits transformés, à forte valeur ajoutée, dont le prix tend à augmenter au fil du temps. Ainsi, dès 1959, l'Égypte de Nasser et la Ligue arabe organisent le premier Congrès arabe du pétrole. L'année suivante, en 1960, est créée l'OPEP, organisation des pays exportateurs de pétrole ; les membres fondateurs en sont le Venezuela, le Koweït, l'Arabie saoudite, l'Irak et l'Iran. Ces cinq membres fondateurs fournissent alors 82 % des exportations mondiales de pétrole brut. À partir de 1964, les membres de la CNUCED envisagent la création de cartels publics de produits bruts pour les pays du Tiers Monde (ainsi Prebisch envisage un cartel du cacao), mais cela n'aboutira pas réellement.

L'échec du projet du Tiers Monde

Après avoir montré l'essor du projet du Tiers Monde et son apogée dans les années 1960, l'auteur analyse son échec. Il décrit comment les forces communistes ont été écrasées en Indonésie en 1965 : la chute de Sukarno en Indonésie en 1965, sous l'impulsion de la CIA, s'accompagne du massacre par l'armée d'un à deux millions de communistes et de sympathisants, avec l'encouragement des États-Unis. Suharto est placé au pouvoir par les États-Unis. 100 000 Indonésiens sont faits prisonniers par le gouvernement du « Nouvel Ordre » mis en place par Suharto. Vers la même époque, les partis communistes du Soudan et de l'Irak sont anéantis eux aussi.

Vijay Prashad montre également comment plusieurs partis de libération nationale se sont peu à peu discrédités, en se transformant en dictatures. Il analyse l'exemple de Mobutu au Congo (Zaïre). Mobutu, qui a gouverné plus de trente ans avec l'appui des Américains, a ruiné la population et a laissé derrière lui une dette nationale d'environ cinq milliards de dollars. Prashad dresse ainsi le triste bilan des sinistres dictatures qui ont régi plusieurs pays du Tiers Monde. Il souligne aussi les contradictions internes du mouvement des non alignés : ainsi, Nehru et Sukarno ont réprimé les mouvements communistes dans leurs pays respectifs.

Surtout, Vijay Prashad montre bien comment le FMI et la Banque mondiale ont, avec le soutien de la bourgeoisie des « nations obscures », étouffé le projet du Tiers Monde, avec leurs programmes d'ajustement structurel, qui ont placé les pays du Tiers Monde dans l'engrenage de la dette extérieure, et qui les ont forcés, en échange de l'octroi de prêts, à transformer tout leur système économique, à opérer des privatisations et des libéralisations à l'extrême.

Prashad montre aussi les errements de plusieurs gouvernements du Tiers Monde : dans plusieurs de ces pays, après l'indépendance s'est mis en place un gouvernement qui prône le retour à l'« authenticité » en s'appuyant sur la culture traditionnelle. C'est le cas par exemple en Tanzanie où Julius Nyerere préconise la « villagisation », la création de « communautés villageoises », de « villages socialistes » (« *ujamaa* ») dans lesquels il déplace une grande partie de la population (3 millions de personnes, soit 20 % de la population), suite à sa « déclaration d'Arusha » de 1967. De même, l'État indien, entre la fin des années 1940 et la fin des années 1980, a déplacé 25 millions de personnes de force, et l'État chinois 40 millions. De nombreux projets agricoles du Tiers Monde ont échoué, car ils ont été lancés dans la précipitation et de manière autoritaire.

Prashad explique surtout l'échec du projet du Tiers Monde par le fait que ce projet a été en fait récupéré et détourné par les classes dominantes de ces pays, qui se sont alliés avec les puissances occidentales et avec les firmes transnationales. Les projets de réforme agaire ont souvent été détournés par la bourgeoisie. Les nouvelles nations ont échoué à remodeler vraiment les rapports sociaux, et à modifier la structure étatique héritée de l'ère coloniale. Elles ont souvent laissé la place à des régimes militaires.

Comme l'analyse l'auteur, à la conférence des non-alignés de Delhi en 1983, le mouvement des non-alignés a subi une évolution : parmi les deux courants qui s'y opposaient depuis les années 1970 (pour ou contre le capitalisme), c'est celui favorable au capitalisme et à la globalisation décidée par le FMI qui l'emporte. Selon Prashad, ce camp, représenté notamment par Singapour, est responsable de « l'assassinat du Tiers Monde ». Faisant l'éloge de la libre concurrence et du libre marché, ce groupe de pays représente les intérêts de la bourgeoisie du Tiers Monde. À partir des années 1980, le Tiers Monde perd ainsi de son unité et de sa cohérence. Plusieurs pays du Tiers Monde inclinent dans le camp pro-américain et pro-FMI. Les Nations unies aussi changent : alors qu'en 1974, avait été créé le Centre des Nations unies sur les sociétés transnationales (CNUST), afin de contrôler la politique sociale de ces dernières, en 1993 il est supprimé, ce qui révèle un virage idéologique des Nations unies. Désormais, il est tacitement admis parmi les dirigeants du Tiers Monde qu'il n'y a pas d'autre voie possible que celle promue par le G-7, le FMI et la Banque mondiale. Vijay Prashad dépeint comment plusieurs pays du Tiers Monde, tels l'Inde, ont fait le choix de la mondialisation libérale. Le Brésil, la Corée du sud, l'Inde, le Mexique et l'Argentine sont selon Vijay Prashad parmi les États qui ont joué un rôle déterminant dans la dérive du projet du Tiers Monde. Dès 1975, l'Inde a mis en place un programme en 20 points reprenant à la lettre les demandes soumises au gouvernement indien par la Banque mondiale. Ce programme aboutit à la libéralisation de l'économie indienne. Le pays s'ouvre aux investissements et aux capitaux étrangers. À l'image de l'Inde, plusieurs États endettés ont dans les années 1980 cédé leur souveraineté économique au FMI : en échange de prêts, ils se sont engagés à libéraliser leur économie. Le FMI a utilisé ses fonds comme une redoutable arme servant à imposer un changement économique structurel dans les pays auxquels il prête. C'est un des grands mérites du livre de Vijay Prashad de bien décrire ce mécanisme, souvent occulté. Il en démonte tous les ressorts et montre qu'avec l'abandon de la souveraineté économique, a disparu l'une des grandes sources de légitimité des régimes de libération nationale du Tiers Monde. Les « programmes d'ajustement structurel » lancés par le FMI à partir des années 1980 ont fait beaucoup de tort à l'économie des pays du Tiers Monde. Ces programmes leur ont imposé des privatisations, des réductions des dépenses publiques, des libéralisations. Prashad analyse ce véritable « dépeçage » de l'économie des pays du Tiers Monde qui s'est produit alors, et qui, ajouté à la chute de l'URSS en 1991, a sonné le glas du Tiers Monde. En particulier, Prashad montre comment le FMI s'est attaqué à tous les programmes qui avaient été mis en place par les Nations unies et notamment par la CNUCED. Avec la fermeture du CNUST en 1993, puis avec le projet de Kofi Annan de « pacte mondial », les Nations unies ne considèrent désormais plus les FTN comme des instances à contrôler mais comme des partenaires privilégiés et dont les intérêts doivent être ménagés. Quant au FMI, les 5 premières puissances industrielles y contrôlent plus de 40 % des votes.

Enfin, ainsi que l'observe Prashad, d'autres facteurs ont aussi contribué à briser l'unité du Tiers Monde, comme le décollage des « tigres » asiatiques (Singapour, Hong Kong, Taïwan et la Corée du sud) et l'expansion de mouvements fondamentalistes comme en Arabie saoudite avec la Ligue islamique mondiale (LIM).

Cet ouvrage de synthèse est très novateur dans la mesure où il rompt avec l'historiographie atlantiste. Véritable ouvrage d'histoire critique, il met en évidence le rôle parfois réactionnaire joué par le « premier monde » (le bloc de l'Ouest sous l'égide des États-Unis) et par les firmes transnationales[131].

---

131. Ce développement est tiré de : Chloé Maurel, compte rendu de ce livre dans *Cahiers d'histoire*, n°119, avril-juin 2012, p. 127-137.

Un renouveau de l'histoire comparée

L'histoire comparée, introduite par Marc Bloch dans les années 1920, connaît de nouveaux développements aujourd'hui. Elle peut donner lieu à des comparaisons entre aires de civilisations. C'est ce que fait par exemple Gerald Horne en 2008 dans *The End of Empires: African Americans and India*[132] Il a aussi écrit en 2005 *Black and Brown: African Americans and the Mexican Revolution, 1910-1920*[133], qui montre les connexions économiques, sociales et politiques entre Africains-Américains et le Mexique, de même qu'entre Africains-Américains et Mexicains-Américains. On y voit comment les Africains-Américains ont vu la révolution mexicaine de 1911 comme un refuge contre le racisme, comment beaucoup d'éminents Africains-Américains se sont réfugiés au Mexique et comment ce lien a produit une tradition de solidarité « Black-Brown » (« noirs-bruns ») qui a eu un impact dans la lutte pour les droits civiques. Gerald Horne s'est aussi intéressé aux liens entre Africains-Américains et Asiatiques-Américains, il a questionné l'image traditionnelle des Asiatiques-Américains comme « minorité modèle ». Dans *Race War: White Supremacy and the Japanese Attack on the British Empire*, *The White Pacific: U.S. Imperialism and Black Slavery in the South Seas after the Civil War*, et *The End of Empires*, il a brassé une énorme quantité d'archives trouvées aux quatre coins du monde. Ainsi, de manière novatrice, il a utilisé des archives trouvées à New Delhi et Hong Kong pour aider à éclairer l'histoire des Africains-Américains. Il replace au centre de l'histoire des Africains-Américains leurs expériences planétaires : leurs voyages comme missionnaires, soldats, diplomates, musiciens. *The End of Empires* traite des Africains-Américains qui sont allés en Inde, des Indiens-Américains qui ont rencontré des Africains-Américains aux États-Unis, et d'une manière générale des liens entre les Africains-Américains et l'Inde. Il souligne la similarité entre la domination coloniale en Inde et l'esclavage aux États-Unis. Il étudie notamment le cas des musulmans Ahmediyya qui ont migré de Detroit vers le Penjab, ou du Ghadar Party qui a été créé à San Francisco en se fondant sur le lien entre colonialisme et racisme, ou encore l'action politique de certains personnages comme W. E. B. DuBois et Lala Lajpat Rai. Un chapitre est aussi consacré à l'action des troupes africaines-américaines en Inde pendant la Seconde Guerre mondiale.

Dans *Living standards in the past: new perspectives on well-being in Asia and Europe* (2005), les auteurs s'attachent à comparer le niveau de vie en Asie et en Europe, à l'aide de plusieurs indicateurs statistiques[134].

Dans un ouvrage publié en 2009, l'historien autrichien Walter Scheidel se livre à une comparaison entre Rome et la Chine[135]. On a souvent comparé

---

132. Gerald Horne, *The end of empires: African Americans and India*, Philadelphia, PA, Temple University Press, 2008.
133. Gerald Horne, *Black and Brown: African Americans and the Mexican Revolution, 1910-1920*, New York, NYU Prem, 2005.
134. Robert C. Allen, Tommy Bengtsson and Martin Dribe (dir.), *Living standards in the past: new perspectives on well-being in Asia and Europe*, Oxford, Oxford University Press, 2005.
135. Walter Scheidel (dir.), *Rome and China: comparative perspectives on ancient world empires*, Oxford, Oxford University Press, 2009.

l'Empire romain avec les débuts de l'Europe moderne, et la Chine avec l'Europe. Mais il apparaît important de comparer directement l'Empire chinois et l'Empire romain. Ce livre relève le défi en examinant les développements militaires, politiques, sociaux et économiques dans la Chine des Han à la lumière des développements à Rome, et vice versa. Dans l'introduction, Walter Scheidel affirme que de telles comparaisons sont éclairantes. Il pense qu'il y a eu beaucoup de développements parallèles au niveau macro, bien qu'il ne nie pas l'existence de profondes divergences, telles que l'échec de la Chine à développer un proche équivalent de la tradition de droit civil des Romains. Dans le chapitre 1, Scheidel essaie de démontrer les forces de la méthode comparative en appelant l'attention sur des parallèles frappants entre schémas de formation étatique dans la Chine des Qin et dans la République et l'Empire romains. Dans le chapitre 2, Nathan Rosenstein explore les relations entre la guerre, la formation étatique, et les institutions militaires. Pour Scheidel, la principale valeur de la méthode comparative est qu'elle nous invite à remettre en questions des interprétations établies, elle défamiliarise ce qui est familier.

Un autre essai très intéressant d'histoire comparé est l'ouvrage publié en 2010 par David Armitage et Sanjay Subrahmanyam sur « l'âge des révolutions dans un contexte global »[136]. Dans cet ouvrage d'histoire comparée des révolutions, David Armitage, professeur d'histoire à Harvard, et Sanjay Subramanyam, traitent de la Révolution française, de la Révolution américaine, des révolutions dans les Caraïbes, en Afrique, de l'action de l'armée de Bonaparte en Orient, de l'Asie du sud à la fin du XVIIIe et au début du XIXe siècle, et de la Chine à la fin du XVIIIe et au début du XIXe siècle. L'approche transnationale des révolutions avait déjà connu une vogue, avec les travaux de R. R. Palmer et de Jacques Godechot sur les révolutions atlantiques. Il y avait eu aussi le travail d'Eric Hobsbawm sur « l'âge des révolutions », qui mettait l'accent sur la transformation globale par l'industrialisation de même que par les idéaux démocratiques ; et le travail de Jack A. Goldstone sur les révolutions des XVIIe et XVIIIe siècles, qui mettait l'attention sur les tendances globales de la population et des prix et leur impact sur les États. Ce nouvel ouvrage aborde la question : « qu'est-ce qu'une perspective globale peut ajouter à la compréhension des révolutions nationales de 1760 à 1840 ? » Cette périodisation exclut les révolutions britanniques de 1640-1689 et les révolutions européennes de 1848 ; mais elle couvre le monde en profondeur : l'Empire ottoman, l'Inde, Java, la Chine, l'Afrique de l'Ouest, l'Amérique du sud, les Caraïbes. Ce livre revalorise notamment l'importance des révolutions dans les Caraïbes.

Un autre objet d'étude comparé est la révolution industrielle. Dans « Why England and not China and India? Water systems and the history of the Industrial Revolution », Terje Tvedt compare les cas de l'Angleterre, de la Chine et de l'Inde[137]. Il observe que l'histoire globale s'est longtemps centrée sur la comparaison des

---

136. David Armitage and Sanjay Subrahmanyam (dir.), *The Age of Revolutions in Global Context, c. 1760-1840*, Basingstoke, Palgrave Macmillan, 2010.
137. Terje Tvedt, « Why England and not China and India? Water systems and the history of the Industrial Revolution », *Journal of Global History*, vol. 5, n°1, mars 2010, p. 29-50.

succès et échecs économiques des différentes parties du monde, le plus souvent l'Asie et l'Europe. On s'accorde à penser que l'équilibre a changé définitivement dans la dernière partie du XVIIIe siècle, quand en Europe continentale et en Angleterre une transformation a commencé, qui a transformé les relations de pouvoir dans le monde et a mis un terme à la domination de la civilisation agraire. Toutefois il y a encore débat sur la question de savoir pourquoi l'Europe et l'Angleterre se sont industrialisées d'abord, avant l'Asie. Cet article propose une explication qui apporte une nouvelle lumière sur le triomphe de l'Europe et de l'Angleterre, en montrant que le « facteur système de l'eau » (water system) a été une pièce cruciale, qui est souvent manquante dans les récits historiques de la révolution industrielle. Cette grande transformation ne concernait pas seulement les élites modernisantes, les capitaux investis, l'innovation technologique, et les relations commerciales inégales, mais l'explication doit aussi prendre en compte les ressemblances et différences dans la manière dont les pays et régions étaient liés à leurs systèmes hydrauliques, et comment ils pouvaient l'exploiter pour transporter et produire l'énergie pour les machines.

L'ouvrage majeur de Kenneth Pomeranz, spécialiste de la Chine moderne, *Une grande divergence*[138], paru dans le monde anglo-saxon en 2001 et en traduction française en 2010, est un magistral essai d'histoire comparée entre la Chine et l'Europe. L'auteur se consacre à comprendre pourquoi, alors que l'Europe et l'Asie avaient à la fin du XVIIIe siècle un niveau de développement comparable (il montre notamment les « ressemblances étonnantes » en matière de niveau de développement entre le delta du Yangzi en Chine, la plaine du Kantô au Japon, la Grande-Bretagne, les Pays-Bas et le Gujarat en Inde à cette époque), l'Europe a, au XIXe siècle, pris l'ascendant sur les autres parties du monde, au point de bénéficier pendant plus d'un siècle d'une véritable hégémonie sur la scène économique mondiale. Pomeranz observe que jusqu'au début du XIXe siècle, l'Europe ne possédait aucun avantage décisif sur la Chine, qui était alors une des plus grandes puissances économiques. Il note que l'Angleterre n'a dû son décollage industriel qu'à deux avantages fortuits : l'existence de gisements de charbon proches de ses centres industriels et la réserve de terres que lui assuraient ses colonies dans le Nouveau Monde. La thèse de Pomeranz, qui attribue le décollage du Vieux Continent à des facteurs contingents (l'inégale allocation géographique des ressources en charbon et la conquête du Nouveau Monde), heurte les idées reçues et les raisonnements auparavant échaffaudés jusqu'alors par les historiens pour expliquer cet essor par des phénomènes de fond[139]. S'appuyant sur la comparaison des deux régions à l'époque les plus avancées respectivement de la Chine et de l'Europe, à savoir la région du bas-Yangzi et l'Angleterre, il observe que la Chine était au moins aussi riche que l'Europe, et que, au début du XIXe siècle, l'organisation des marchés chinois et son régime de propriété se rapprochaient plus de l'idéal des économistes libéraux

---

138. Kenneth Pomeranz, *Une grande divergence. La Chine, l'Europe et la construction de l'économie mondiale*, Paris, Albin Michel, 2010.
139. Xavier de la Vega, « Une grande divergence », blog Histoire Globale, Sciences Humaines, http://blogs.histoireglobale.com/?p=359.

que l'Europe à la même époque. Ainsi, l'Europe ne possédait aucun avantage endogène sur la Chine. Ce serait donc la possession de gisements de charbon et la réserve de terres coloniales qui auraient permis à l'Angleterre d'éviter le déclin, en lui fournissant des « hectares fantômes ».

L'ouvrage de Pomeranz a suscité des réponses critiques, notamment de la part d'historiens de l'UCLA (Université de Californie à Los Angeles), Robert P. Brenner et Philip Huang. Pour eux, la thèse de Pomeranz ne repose sur aucune base empirique solide. Pour eux, c'est la « révolution agraire » britannique qui aurait fait la différence : alors que la Chine préservait des formes coutumières d'accès à la terre (quasi-propriété des paysans sur leur parcelle et paiement de rentes fixes), l'Angleterre a pour sa part amorcé la réforme des enclosures qui aurait inauguré un mode d'accès à la terre strictement marchand, fondé sur l'offre et la demande. L'Angleterre se serait alors engagée dans un processus de « developpement », c'est-à-dire de progression de la productivité du travail et d'accumulation du capital, tandis que la Chine aurait connu une « involution », c'est-à-dire une croissance sans développement[140]. Quant à l'économiste japonais Kaoru Sugihara, il observe, comme Philip Huang, que la Chine et l'Angleterre ont connu une évolution très différente, l'Angleterre s'attachant à accroître la productivité du travail tandis que la Chine s'employait à augmenter la productivité de la terre. Mais pour lui on ne doit pas réserver le qualificatif de « développement » à la seule voie européenne, parce que l'Asie aurait aussi connu une amélioration régulière de l'efficacité économique, en particulier le Japon aux XVIe et XIXe siècles, par des innovations intensives en travail (et non en capital). Pour lui, tout comme l'Europe, l'Asie de l'Est aurait connu une « révolution industrieuse ». Et d'ailleurs à la fin du XXe siècle et au début du XXIe siècle, on observe au contraire une « grande convergence » entre Asie et occident. Sugihara attribue l'origine du « miracle asiatique » de la fin du XXe siècle à une « fusion » des voies de développement occidentale et est-asiatique, c'est-à-dire à une combinaison des technologies intensives en capital de l'Occident et des modes de production intensifs en travail de l'Asie ; pour lui, le sentier de développement est-asiatique est plus durable, car il est plus économe en ressources naturelles et notamment en combustible fossile[141].

Roy Bin Wong apporte, lui aussi, un nouvel éclairage sur la comparaison entre l'évolution de la Chine et de l'Occident à l'époque moderne[142]. Il suggère que la dynamique de l'expansion économique au sein de l'Empire chinois présente des parallélismes avec l'expansion économique de l'Europe.

---

140. Robert P. Brenner et Christopher Isett, « England's divergence from China's Yangzi delta: Property relations, microeconomics, and patterns of development », *The Journal of Asian Studies*, vol. 61, n°2, mai 2002. Philip Huang, « Development or Involution in XVIIIth century Britain and China? », *The Journal of Asian Studies*, vol. 61, n°2, mai 2002.
141. Kaoru Sugihara, « The East-Asian Path of Economic Development », in Giovanni Arrighi *et alii*. (dir.), *The Resurgence of East-Asia: 500, 150 and 50 Years Perspectives*, Routledge, 2003. Cité dans Xavier de la Vega, « L'Asie, une autre modernité économique », in Philippe Norel, Laurent Testot (dir.), *Une histoire du monde global, op. cit.*, p. 241-247.
142. Roy Bin Wong, « La Chine face à l'Occident », in Laurent Testot (dir.), *Histoire globale, op. cit.*, p. 139-148.

En France, l'helléniste Marcel Détienne est un des plus importants praticiens actuels de l'histoire comparée. Son livre « Comparer l'incomparable » est un manifeste pour une pratique de l'histoire comparée et de l'interdisciplinarité[143]. Influencé par Jean-Pierre Vernant et par Moses I. Finley, il appelle à dépasser le cadre des frontières nationales et les barrières temporelles, et à s'inspirer des anthropologues pour mettre en œuvre un comparatisme plus hardi. Avec Jean-Pierre Vernant, il a animé un Centre d'études comparées dont les travaux portent sur les sociétés anciennes, comparant les sociétés grecque, mésopotamienne, chinoise, indienne, océanienne Il regrette que l'université française soit structurée d'une manière cloisonnée (par aires, par périodes bien précises) qui freine les travaux comparatistes. Il appelle à faire se rencontrer histoire et anthropologie dans des études comparatistes, par exemple sur l'acte de fonder un lieu, acte présent dans toutes les sociétés (fondation de villages, d'autels, de maisons, de cités, d'églises). Pour lui, de telles « micro-analyses » comparées peuvent être révélatrices sur l'essence des sociétés[144].

Gijsbert Oonk, dans *Global Indian Diasporas* paru en 2007, explore les parcours des diasporas indiennes[145]. Ces dernières années ont vu d'ailleurs une explosion des études sur les diasporas indiennes. Ces études portent sur les quelque 20 millions de personnes originaires d'Asie du Sud qui vivent en dehors du sous-continent indien ; elles soulignent la recherche par ces communautés d'une identité commune, leur attachement à l'Inde, et leur production d'une culture spécifique.

C'est aussi la décolonisation qui est l'objet d'essais d'histoire comparée. Dans *Decolonization and Its Impact*, paru en 2008[146], Martin Shipway, qui a auparavant travaillé sur la colonisation française, élargit la perspective en comparant les aspects de cette colonisation avec les formes de la décolonisation dans les possessions britanniques, hollandaises et belges en Asie.

Parmi les travaux d'histoire comparée, particulièrement intéressants sont ceux qui comparent des espaces situés dans des continents différents, ou des situations se produisant à des époques différentes. Ainsi Sabine MacCormack compare Rome, les Incas, l'Espagne et le Pérou[147]. Sandip Hazareesingh compare le port de Bombay et celui de Glasgow au XIXe siècle[148]. A.G. Hopkins compare l'Empire britannique et l'Empire américain[149], ce que fait également Bernard

---

143. Marcel Détienne, *Comparer l'incomparable*, Paris, Seuil, 2000.
144. « Rencontre avec Marcel Détienne : des Grecs aux Iroquois, une démarche comparative », propos recueillis par Nicolas Journet, *in* Laurent Testot (dir.), *Histoire globale, op. cit.*, p. 207-215.
145. Gijsbert Oonk (dir.), *Global Indian Diasporas: Exploring Trajectories of Migration and Theory*, International Institute for Asian Studies Publications Series, Amsterdam, Amsterdam University Press, 2007.
146. Martin Shipway, *Decolonization and Its Impact: A Comparative Approach to the End of the Colonial Empires*, Malden, Mass., Blackwell Publishing, 2008.
147. Sabine MacCormack, *On the wings of time: Rome, the Incas, Spain, and Peru*, Princeton, NJ, Princeton University Press, 2007.
148. Sandip Hazareesingh, « Interconnected synchronicities: the production of Bombay and Glasgow as modern global ports c.1850-1880 », *Journal of Global History*, vol. 4, n°1, 2009, p. 7-31.
149. A. G. Hopkins, « Comparing British and American empires », *Journal of Global History*, vol. 2, n°3, novembre 2007, p. 395-404.

Porter dans *Empire and Superempire: Britain, America and the World*, (2006)[150]. Victoria Tin-bor Hui compare les formes de la guerre et la formation étatique en Chine ancienne et dans les débuts de l'Europe moderne[151]. Et Siep Stuurman compare la Grèce ancienne et la Chine des Han[152], en particulier en étudiant les travaux respectifs d'Hérodote et de l'historien chinois Sima Qian et notamment leurs travaux ethnographiques sur les peuples nomades.

Parmi les travaux qui étudient les contacts entre civilisations dans l'Antiquité, on peut citer celui de Stanley M. Burstein sur le rôle de la culture grecque dans la Nubie ancienne et médiévale[153].

Il est intéressant de noter que certains sujets comme le fascisme sont devenus l'objet d'études comparatives ; ainsi en 2006 est paru un ouvrage collectif proposant une étude conceptuelle sur le fascisme en Orient et Occident[154]. En 2009 Constantin Iordachi a publié une autre étude comparative sur le fascisme[155].

En 2007, Kapil Raj a publié *Relocating modern science: circulation and the construction of knowledge in South Asia and Europe, 1650-1900*[156]: Dans ce livre, excellente réflexion sur la création et la diffusion des savoirs, Kapil Raj utilise plusieurs exemples historiques, sur trois siècles, se déroulant en Inde, en Asie du Sud et aux confins tibétains, pour défendre une thèse originale : il n'y pas eu un simple accaparement des connaissances indiennes locales par les Occidentaux, colonisateurs et conquérants, qui ensuite ont diffusé ces savoirs au-delà des continents. Kapil Raj revalorise le rôle des acteurs indiens dans cette construction scientifique, qui sont des maisons de commerce, des intermédiaires variés, des marchands et des employés, des aventuriers et des hommes de lettres.

Kapil Raj défend une position différente de la vision diffusionniste de George Basalla et de celle qui ne fait état que de la soumission des savoirs locaux au canon européen. Il se livre à une histoire fine de la création d'une zone de contact entre l'Orient et l'Occident.

L'auteur montre que l'orientalisme britannique se construit en opposition à l'universalisme prôné par la Révolution française : les Britanniques se sont appuyés sur les élites nouvelles, urbaines, pour créer une véritable « Université de l'Orient », largement financée par les élites hindoues, au Hindu College de Fort Williams, sous la direction du gouverneur général de l'Inde, Richard Wellesley. Wellesley s'est servi de la Compagnie des Indes pour financer ce projet qui, initialement, devait fournir les cadres de la Compagnie. Les conservateurs britan-

---

150. Bernard Porter, *Empire and Superempire: Britain, America and the World*, New Haven, Yale University Press, 2006.
151. Victoria Tin-bor Hui, *War and state formation in ancient China and early modern Europe*, New York, NY, Cambridge University Press, 2005.
152. Siep Stuurman, « Herodotus and Sima Qian: History and the Anthropological Turn in Ancient Greece and Han China », *Journal of World History*, vol. 19, n°1, mars 2008, p. 1-40.
153. Stanley M. Burstein, « When Greek Was an African Language: The Role of Greek Culture in Ancient and Medieval Nubia », *Journal of World History*, vol. 19, n°1, mars 2008, p. 41-61.
154. Roger Griffin, Werner Loh et Andreas Umland (dir.), *Fascism past and present, West and East. An international debate on concepts and cases in the comparative study of the extreme right*, Stuttgart, Stuttgart-Verlag, 2006.
155. Constantin Iordachi, *Comparative Fascist Studies: New Perspectives*, London, Routledge, 2009.
156. Kapil Raj, *Relocating modern science: circulation and the construction of knowledge in South Asia and Europe, 1650-1900*, Basingstoke, Palgrave Macmillan, 2007.

niques ont longtemps soutenu le projet de former des indigènes aux lettres et à la culture, à la science et aux techniques modernes, et d'associer des instructeurs à la fois britanniques et indiens. C'est seulement à partir de la fin du XIXe siècle que les élites locales se sont rebellées en retournant contre les colonisateurs anglais leurs propres principes humanistes. Ce qui est intéressant dans ce livre est la réflexion de Raj sur le statut des « indigènes » dans la construction du savoir. Il oppose les tenants de l'idée selon laquelle les indigènes ont été exploités comme simples informateurs (opinion soutenue par l'orientalisme à la façon d'Edward Saïd) et ceux qui à l'inverse soulignent le rôle actif des Indiens et la construction d'un « savoir colonial ». Kapil Raj montre que la rencontre entre l'Orient et l'Occident s'est amorcée bien avant la colonisation ; que les sociétés asiatiques étaient aussi changeantes que les sociétés européennes et que le savoir y jouait un rôle analogue dans la transformation sociale ; que, enfin, parler de zones de contact et d'échange ne signifie pas exclure l'asymétrie et l'inégalité des statuts des personnes dans l'ordre politique et social[157].

Christophe Charle et les capitales culturelles

En France, Christophe Charle est un des plus brillants praticiens de l'histoire comparée ; avec l'ouvrage collectif *Le temps des capitales culturelles XVIIIe-XXe siècles* (2009), Christophe Charle poursuit l'exploration des capitales culturelles (Paris, Rome, Berlin, Londres…) commencée avec *Capitales culturelles, capitales symboliques, Paris et les expériences européennes.* (2002) et *Capitales européennes et attraction culturelle* (2004)[158]. Définissant les « capitales culturelles » comme des « espaces urbains dont suffisamment d'indices convergents permettent d'établir qu'ils sont, à l'époque considérée, un lieu d'attraction et de pvoir structurant de tel ou tel champ de production symbolique », les auteurs analysent la diffusion d'innovations culturelles à partir de quelques grands centres urbains, essentiellement européens.

Cet ouvrage est très novateur à de nombreux égards. Il renouvelle l'histoire urbaine, dans laquelle les phénomènes culturels sont souvent abordés de manière marginale. Il innove en outre par son approche comparatiste (comparaisons entre plusieurs villes, aussi bien en Europe qu'hors d'Europe) et par l'adoption d'un cadre temporel long (XVIIIe-XXe siècles). Dans une volonté réunificatrice, l'ouvrage étudie à la fois plusieurs champs culturels (opéra, roman, etc.) et plusieurs espaces urbains : cette double mise en série permet de dépasser les limites de l'approche monographique.

Refusant de se limiter à l'étude de la consommation culturelle, ou à l'étude de l'offre (producteurs, institutions), les auteurs ont sélectionné trois thématiques transversales : les transferts et circulations ; l'évolution des hiérarchies esthétiques ; les concurrences entre États (ou entre élites nationales).

---

157. Compte rendu de cet ouvrage de Kapil Raj par Arvanitis Rigas, *Revue d'anthropologie des connaissances*, vol. 2, n°3, 2008/3, p. 534-537.
158. Christophe Charle (dir.), *Le temps des capitales culturelles XVIIIe-XXe siècles*, Seyssel, Éd. Champ Vallon, collection « Époques Seyssel », 2009. *Capitales culturelles, capitales symboliques, Paris et les expériences européennes*, op. cit., et *Capitales européennes et attraction culturelle*, op. cit.

La question de la domination est au cœur de l'ouvrage : il s'agit de déterminer quand, où, dans quels domaines culturels et pourquoi telles capitales culturelles européennes perdent une partie de leur pouvoir de domination. Dans cette étude des rapports de forces entre capitales culturelles, les auteurs entendent prendre en compte les différentes formes de capital : capital économique, social, politique, symbolique.

Les conclusions sont éclairantes. Sur la période étudiée, les auteurs identifient un triangle dominant : Paris, Rome, Londres. Ils concluent à la pluralité des modèles : il n'y a pas de modèle unifié de fonctionnement de chaque capitale culturelle. Ainsi, alors que pour l'opéra on observe un modèle centraliste de type parisien, pour le roman au contraire on observe une décentralisation en réseau. En outre, les phénomènes de *translatio imperii* apparaissent beaucoup plus rapides dans les arts de la scène (opéra, théâtre) que dans les autres domaines. Mélanie Traversier montre ainsi que, dans le domaine de l'opéra, trois capitales italiennes se succèdent en l'espace d'un siècle (XVIIIe siècle).

Plusieurs des conclusions apportées battent en brèche des idées reçues : ainsi Maria Pia Donato, Giovanna Capitelli et Matteo Lafranconi montrent que la domination artistique de Rome se poursuit en fait bien après la Révolution française.

Christophe Charle met en évidence le rôle prééminent de Paris comme capitale théâtrale de l'Europe au XIXe siècle : allant à l'encontre de l'approche monographique, il recense tous les types d'auteurs français et de pièces françaises qui ont circulé (même ceux ensuite tombés dans l'oubli) et s'intéresse à tous les types de théâtre et à tous les espaces. Des statistiques, réalisées sur une longue période (de 1826 aux années 1930) confirment que l'exportation du théâtre français (en fait surtout parisien) concerne l'ensemble de l'Europe ; elles montrent aussi que la part du théâtre parisien sur les scènes étrangères est plus forte vers l'est de l'Europe, comme si l'éloignement accroissait encore le prestige et l'attractivité. Par ailleurs les statistiques révèlent un déclin vers la fin du XIXe siècle, qui peut être mis en relation notamment avec la règlementation croissante du droit d'auteur (convention de Berne de 1886) et avec l'essor concomitant d'autres théâtres nationaux en lien avec la montée du sentiment national en Europe après 1870. Cette approche par les statistiques, novatrice en histoire culturelle est très convaincante par sa rigueur et apparaît comme un modèle à suivre.

Sophie Cœuré, comparant Moscou à Pétersbourg-Léningrad, souligne que, dans les années qui ont suivi la Révolution d'octobre 1917, c'est surtout Moscou qui est devenue capitale d'une culture moderne, tandis que Léningrad a été muséifiée et est devenue symbole d'une culture traditionnelle, voire obsolète. Le transfert de la capitale politique à Moscou en 1918, les réorganisations et nationalisations de structures culturelles (palais, musées), la création d'institutions culturelles étatiques, le déplacement d'institutions culturelles de Leningrad à Moscou (comme l'Académie des sciences en 1934), les grands projets de transformation urbaine de Moscou, tout concourt à faire de Moscou dans les années 1920-1930 une ville à la pointe de la modernité culturelle. Le rôle de l'État est patent dans cette transformation. Le lien entre facteurs politiques et économiques et facteurs culturels apparaît clairement ici.

L'importance du facteur économique est aussi soulignée par Véronique Tarasco-Long : comparant les musées d'Europe et des États-Unis de 1850 à 1940, elle montre que le recul progressif du modèle parisien est dû notamment à des raisons financières : du fait de la disproportion entre les ressources allouées aux musées américains et celles des musées français, Paris perd peu à peu son rôle d'innovation, ses musées publics tendent à faire davantage œuvre de conservation que de création. Des musées américains, comme ceux de New York et de Chicago, disposant de beaucoup plus de ressources (notamment à cause du mécénat privé) concurrencent Paris. Ainsi, un des autres apports de cet ouvrage est de mettre en évidence l'influence de l'État et du marché sur les phénomènes culturels.

Cet ouvrage est très stimulant par le renouvellement méthodologique qu'il apporte et les nouvelles pistes qu'il ouvre en histoire culturelle internationale.

Jared Diamond et l'histoire comparée par l'approche des sciences expérimentales

Dans l'ouvrage collectif *Histoire comparée et science expérimentale* (2010)[159], *Jared Diamond et son équipe utilisent l'approche des sciences expérimentales pour faire de l'histoire comparée.* Ainsi Nathan Nunn fait le compte des ponctions esclavagistes opérées entre les XVIe et XIXe siècles dans une cinquantaine de régions africaines. Il en conclut que c'est là où la saignée a été forte que le sous-développement actuel est le plus criant. Quant à J.A. Robinson et ses collègues, étudiant le tissu industriel des régions allemandes, et découvrent que celles qui se sont développées le plus tôt sont aussi celles qui ont été soumises à l'influence de la Révolution française, *par* l'occupation napoléonienne. Enfin, J. Diamond lui-même, comparant l'histoire récente de deux moitiés de la même île d'Hispaniola (Haïti d'un côté, la République dominicaine de l'autre), et observant le contraste de développement entre les deux (Haïti étant un des pays les plus pauvres du monde tandis que la République dominicaine est prospère), estime que c'est l'orientation vers le commerce extérieur de la République dominicaine et l'absence d'une telle ouverture au commerce extérieur d'Haïti qui expliquerait cette forte différence.

Ainsi, l'histoire comparée, loin de tomber en désuétude du fait de l'essor de l'histoire globale, connaît au contraire un renouveau et a donné lieu récemment à des travaux féconds comme ceux de Christophe Charle.

Outre les domaines économique, politique et culturel, c'est aussi le domaine de l'histoire sociale qu'il apparaît opportun de développer avec les outils de l'histoire globale. Ainsi pourrait émerger une histoire sociale mondiale.

---

159. Jared Diamond et James A. Robinson (dir.), *Histoire comparée et science expérimentale*, Belknap Press, 2010.

Vers une histoire sociale mondiale ?

Parmi les thèmes abordés par l'histoire globale, il apparaît important de développer l'aspect social. L'engouement pour l'histoire globale pourrait faire émerger une histoire sociale mondiale, bienvenue dans le contexte de la prise de conscience des effets de la mondialisation libérale[160]. Cette histoire pourrait permettre de faire apparaître certains phénomènes sociaux transnationaux qui seraient restés occultés avec une approche seulement nationale. En apportant un décloisonnement à l'histoire sociale, une telle entreprise permettrait de donner un nouveau souffle au courant de l'histoire sociale. Les lieux d'archives pour développer une telle histoire existent : on peut citer par exemple l'Institut international d'histoire sociale d'Amsterdam, créé en 1935.

Plusieurs chercheurs ont réfléchi à cette question. Peter Stearns, historien américain qui a produit plusieurs ouvrages sur l'histoire globale, a écrit en 2007 dans le *Journal of world history* un article sur les liens entre histoire sociale et histoire globale[161]. Il note l'intérêt croissant chez les spécialistes d'histoire sociale pour un élargissement de leur champ géographique d'étude, ce qui donne des perspectives de rapprochement entre histoire sociale et histoire globale. Dans ce même numéro du *Journal of world history*, Kenneth Pomeranz réfléchit lui aussi aux liens entre histoire sociale et histoire mondiale[162]. Il se demande comment l'histoire sociale peut être plus étroitement intégrée à l'histoire mondiale et vice versa. Divisant l'histoire sociale en trois types : l'histoire de la vie quotidienne, l'histoire de l'organisation sociale, et l'histoire des mouvements sociaux, il observe que ce troisième type rencontre particulièrement des difficultés à s'intégrer dans l'histoire mondiale, et que c'est une branche à développer.

Plusieurs travaux récents semblent annoncer l'émergence d'une histoire sociale mondiale. C'est tout d'abord l'histoire de la révolution industrielle et de ses conséquences sociales qui a pu être analysée dans un cadre mondial, comme l'a fait par exemple Peer Vries avec *Via Peking back to Manchester: Britain, the Industrial Revolution, and China* (2003)[163].

Cela peut être aussi par l'histoire des idées sociales que l'histoire sociale mondiale peut être abordée : dans *Creating the 'New Man': from Enlightenment ideals to socialist realities* (2009), Yinghong Cheng étudie la recherche d'un « homme nouveau », des Lumières au socialisme[164]. Pendant et après la guerre froide, beaucoup ont cherché à dépeindre le communisme comme un phénomène étranger, exotique, propre aux sociétés sous-développées aux profondes traditions

---

[160]. Ce développement est tiré de : Chloé Maurel, « Le tournant global de l'histoire. Récents développements en histoire globale dans le monde », *Cahiers d'histoire. Revue d'histoire critique*, n°121, avril-juin 2013, p. 127-152.
[161]. Peter N. Stearns, « Social History and World History: Prospects for Collaboration », *Journal of World History*, vol. 18, n°1, mars 2007.
[162]. Kenneth Pomeranz, « Social History and World History: From Daily Life to Patterns of Change », *Journal of World History*, vol. 18, n°1, mars 2007.
[163]. Peer Vries, *Via Peking back to Manchester: Britain, the Industrial Revolution, and China*, Leiden, CNWS Publications, 2003.
[164]. Yinghong Cheng, *Creating the « New Man »: from Enlightenment ideals to socialist realities*, Honolulu, University of Hawaii Press, 2009.

autocratiques. À l'opposé, le livre de Cheng décrit l'histoire des origines du projet communiste en le replaçant dans le contexte des Lumières, des réflexions des intellectuels européens du XVIIIe siècle. Il étudie les cas de l'URSS, de la Chine maoïste, de Cuba. Il essaie d'examiner la continuité et la cohérence dans le projet communiste dans le temps et l'espace. Il ajoute aux sources du communisme des éléments du confucianisme, ainsi que les idées de José Marti, donc des éléments venus de différents continents. Un des apports de l'œuvre de Cheng est d'essayer de pointer les connexions entre le mouvement communiste et le phénomène de la décolonisation. De même, *The communist experiment: révolution, socialism, and global conflict in the twentieth century* de Robert Strayer (2007)[165] se présente comme une histoire mondiale du communisme. Toutefois, du fait de la très vaste ampleur de son sujet, il ne fait que survoler l'histoire des différents partis communistes et contient plusieurs erreurs[166]. Également en 2007, l'historienne Lynn Hunt, avec *Inventing Human Rights: A History*[167], fruit d'un travail de plusieurs années sur l'histoire des droits de l'homme, identifie les racines de l'idée de droits de l'homme dans les discussions littéraires du XVIIIe siècle et dans les débats politiques pré et post-révolutionnaires. L'histoire des droits de l'homme est un élément très important au cœur des fondements de l'histoire sociale.

Le programme du CAPES et de l'agrégation d'histoire de 2005-2006, portant sur les « Révoltes et Révolutions en Europe (Russie incluse) et aux Amériques 1773-1802 », a donné lieu à l'écriture d'ouvrages de synthèse sur ces sujets, s'efforçant de penser les différentes révoltes et révolutions survenues dans différents pays (notamment France et Amérique) comme en relation les unes avec les autres[168].

Avec *Workers of the world: essays toward a global labor history* (2008), Marcel van der Linden, qui a longtemps été directeur de l'Institut international d'histoire sociale d'Amsterdam, essaie de faire une histoire globale du travail et des travailleurs[169]. Cette recherche porte essentiellement sur l'Europe et les États-Unis. Il décrit l'expérience quotidienne des ouvriers. Dans la deuxième partie, « Varieties of mutualism », il étudie le développement du mutualisme (les assurances mutuelles). Dans la troisième partie, « Forms of resistance », il traite des grèves, des protestations de consommateurs, des syndicats, et de l'internationalisme ouvrier. Dans le même esprit, Patrick Manning, pionnier

---

165. Robert Strayer, *The communist experiment: revolution, socialism, and global conflict in the twentieth century*, Boston, McGraw-Hill Higher Education, 2007.
166. Cf. compte rendu de ce livre par Jean-Louis Margolin, *Journal of Global History*, n°4, 2009, p. 180-182.
167. Lynn Hunt, *Inventing Human Rights: A History*, New York, W. W. Norton and Company, 2007.
168. Jean-Pierre Poussou (dir.), *Le Bouleversement de l'ordre du monde. Révoltes et révolutions en Europe et aux Amériques à la fin du XVIIIe siècle*, Paris, Sedes, 2004 ; Serge Bianchi, *Des révoltes aux révolutions : Europe, Russie, Amérique (1770-1802). Essai d'interprétation*, Rennes, Presses Universitaires de Rennes, 2004.
169. Marcel van der Linden, *Workers of the world: essays toward a global labor history*, Studies in Global Social History, 1, Leiden and Boston, E. J. Brill, 2008.

de l'histoire mondiale, et Aiqun Hu se sont intéressés au mouvement pour l'assurance sociale dans le monde depuis les années 1880[170].

Marcel van der Linden avait déjà entamé quelques années auparavant l'étude des mouvements de travailleurs et des syndicats au niveau international. Dans *Labour and New Social Movements in a Globalising World System* (2004), ouvrage collectif, les auteurs se livrent à une analyse de l'histoire du travail et des nouveaux mouvements sociaux dans la mondialisation[171]. Günther Benzer und Jochen Homann y comparent la première vague de mondialisation de 1850-1880 avec le mouvement actuel de mondialisation et leurs implications sociales. Andrew Herod fait une étude de terrain sur les syndicats d'Europe de l'Est après le modèle soviétique et la vague de privatisations des années 1990. Minjie Zhang étudie les migrations de travail en Chine et Ricardo Arondskind le heurt du global et du local dans le mouvement des travailleurs en Amérique latine.

C'est aussi par le biais de l'histoire des migrations et des diasporas que l'histoire sociale mondiale peut être abordée : dans *Japanese and Chinese Immigrant Activists: Organizing in American and International Communist Movements* (2007), Josephine Fowler étudie le parcours et l'action des immigrants activistes chinois et japonais, notamment communistes, aux États-Unis, de 1919 à 1933[172]. Ce livre pionnier explore l'histoire, jusque là délaissée, des Japonais et Chinois communistes immigrés aux États-Unis, et situe leurs efforts dans le cadre de la politique mondiale du Komintern. Elle retrace l'expérience de ces petits groupes de révolutionnaires chinois et japonais et la met en relation avec les luttes sociales qui ont jalonné l'histoire des États-Unis durant cette période.

L'étude de Frank Dikötter et Ian Brown sur la prison en Afrique, Asie et Amérique latine[173], parue en 2007, se penche sur deux siècles d'histoire de l'incarcération. Les auteurs montrent comment, à différentes époques et dans différents lieux, la prison moderne a remplacé des formes pré-modernes de punition, comme la mutilation du corps, le bannissement, l'asservissement, les amendes et les exécutions. Ce recueil d'essais explore comment la prison moderne a émergé dans un contexte global mais a été modelée par des conditions locales. Les auteurs soulignent les actes de résistance ou d'appropriation qui ont changé les pratiques sociales associées au confinement. Ils montrent que la prison a été conçue selon les spécificités culturelles des lieux et réinventée dans la variété des contextes locaux.

Dans *Le travail contraint en Asie et en Europe*, un collectif d'historiens du marché du travail de nombreux pays (Japon, France, Angleterre, Inde et Chine), sous la direction d'Alessandro Stanziani, historien des normes et du droit, s'interroge pour savoir si l'Europe de la Révolution industrielle a inventé

---

170. Aiqun Hu, Patrick Manning, « The global social insurance movement since the 1880s », *Journal of Global History*, vol. 5, n°1, mars 2010, p. 125-148.
171. Berthold Unfried et Marcel van der Linden (dir.), *Labour and New Social Movements in a Globalising World System*, Leipzig, Akademische Verlagsanstalt, 2004.
172. Josephine Fowler, *Japanese and Chinese Immigrant Activists: Organizing in American and International Communist Movements, 1919-1933*, New Brunswick, N.J., Rutgers University Press, 2007.
173. Frank Dikötter et Ian Brown (dir.), *Cultures of Confinement: A History of the Prison in Africa, Asia, and Latin America*, Ithaca, N.Y, Cornell University Press, 2007.

le travail libre[174]. Ce projet d'histoire globale, qui s'appuie sur les apports des cultural studies (qui ont, depuis une vingtaine d'années, ont souligné la relativité des notions de liberté et de contrainte), met en parallèle l'Europe et l'Asie, et réfléchit au continuum qui va du travail libre au travail forcé. Cet ouvrage entend réévaluer les travaux classiques – aussi bien marxistes que libéraux – portant sur l'évolution des marchés du travail et l'existence du travail contraint en Europe et en Asie depuis le XVIIe siècle. Il remet en cause la structuration de l'historiographie autour de grandes oppositions (travail libre/servage, Europe/reste du monde) et de ruptures temporelles fortes (révolution industrielle, abolition(s) de l'esclavage et du servage, Révolution française), et montre, à l'inverse de la thèse de Kenneth Pomeranz sur la « grande divergence » entre Europe et Asie, que l'Europe ne se distingue pas tant que cela de l'Asie dans l'avènement du travail libre.

Les douze contributions réunies s'ordonnent en trois parties. La première examine l'articulation des modèles juridiques et des dynamiques économiques globales à partir de la discipline du travail en Inde au XIXe siècle (Prabhu Mohapatra), de la multiplicité des conceptions de l'apprentissage et du temps de travail dans le processus d'industrialisation du Japon (Akiko Chimoto), de l'esclavage dans les pays musulmans (William Gervase Clarence-Smith) et d'une intéressante évaluation comparée des contraintes légales pesant sur le travail libre en Angleterre et plus généralement en Occident (Simon Deakin).

La deuxième partie se penche plus précisément sur l'organisation du travail dans des branches et entreprises particulières confrontées à l'essor des marchés internationaux à travers les cas du temps de travail dans les filatures modernes de soie au Japon (Kazue Enoki), de l'échec des tentatives de régulation collective et paritaire dans les usines lyonnaises (Pierre Vernus), du contrôle de la présence au travail dans une maison de commerce japonaise de l'ère Edo (Yasushi Nizhizaka) et du statut de la main-d'œuvre des sociétés commerciales indiennes à l'étranger au début du XXe siècle (Claude Markovits).

La troisième partie porte sur le rôle des pouvoirs publics dans la définition et la mise en place de contraintes au travail, notamment en matière de mobilité, qu'il s'agisse des usages du livret ouvrier en France (Alain Dewerpe), de la relation entre servage domestique, conflits sociaux et transitions dynastiques en Chine (Harriet Zurndorfer), des ressources d'un servage jamais institutionnalisé en Russie (Alessandro Stanziani) et des débats autour du recours au travail forcé dans les travaux publics dans l'Inde coloniale (Chitra Joshi).

D'autres travaux récents explorent l'histoire sociale transnationale, comme l'ouvrage collectif *Want to Start a Revolution? : Radical Women in the Black Freedom Struggle* (2009)[175], qui fait la jonction entre histoire sociale et *black studies*, ou *Labour Intensive Industrialization in Global History* (2011) de Kaoru Sugihara et Gareth Austin[176]. Et l'ouvrage collectif *Social Movements in*

---

174. A. Stanziani (dir.), *Le Travail contraint en Asie et en Europe*, Paris, Éditions de la MSH, 2011.
175. Dayo F. Gore, Jeanne Theoharis, Komozi Woodard (dir.), *Want to Start a Revolution?: Radical Women in the Black Freedom Struggle*, New York, New York University Press, 2009.
176. Kaoru Sugihara, Gareth Austin (dir.), *Labour Intensive Industrialization in Global History*, London, Routledge, 2011.

a Globalizing World reflète le fait qu'à partir du milieu des années 1990, les recherches sur les mouvements sociaux se sont ouvertes au transnational et au monde non occidental ; des nouvelles recherches ont pointé le rôle des acteurs non étatiques[177].

G. Balachandran, dans *Globalizing Labour ?* (2012)[178], étudie les travailleurs de la mer, marchands, marins, coolies dans le sous-continent indien pendant la période de la colonization britannique. Il étudie le recrutement et le contrôle des coolies et des marins, leur composition sociale, leur vie et leurs actes de résistance.

Par ailleurs, pour effectuer des recherches en histoire sociale mondiale, les nouvelles technologies peuvent être très utiles. La mise en service récente de la base de données « Incomka », qui recense des millions de pages d'archives du Komintern (1919-1943), permet d'analyser les activités menés par le Komintern dans différents pays, de la création d'institutions transnationales comme la « ligue anti-impérialiste » dans les années 1920 au parcours de révolutionnaires comme Hô Chi Minh, donc de restituer tout un pan important de l'histoire sociale mondiale[179].

Dans *L'internationale communiste. (1919-1943). Le Komintern ou le rêve déchu du parti mondial de la révolution* (2010), Serge Wolikow[180] explore l'histoire du Komintern, dans la continuité de l'ouvrage sur le même sujet publié par Pierre Broué en 1997[181] et du *Dictionnaire biographique de l'internationale communiste*[182] paru en 2001, mais en apportant plus d'éléments grâce à l'apport des archives du Komintern ouvertes dans les années 1990. Le titre du livre souligne d'emblée que l'auteur se place dans une démarche opposée à celle de François Furet, qui dénonçait l'« illusion » communiste. Serge Wolikow préfère au contraire insister sur la notion de « rêve déchu », car « l'histoire du Komintern est celle aussi bien des espérances et des expériences sans précédent que celles des échecs et des déconvenues ». La première partie retrace le fonctionnement et l'évolution politique du Komintern au cours de ses 34 années d'existence. L'auteur en présente les structures de direction et revient sur le poids du parti bolchévique et de l'État soviétique en son sein. Les organisations « auxiliaires » de l'Internationale, plus particulièrement le Sportintern et le Krestintern, occupent une place à part entière, alors qu'elles sont le plus souvent négligées par l'historiographie. Serge Wolikow retrace ensuite les principales orientations stratégiques du Komintern : de l'espoir de la révolution mondiale à la mise en

---

177. Donatella della Porta, Hanspeter Kriesi, Dieter Rucht, *Social Movements in a Globalizing World*, Basingstoke, Palgrave Macmillan, 2009.
178. G. Balachandran, *Globalizing Labour? Indian Seafarers and World Shipping, c. 1870-1945*, OUP India, Oxford, 2012.
179. La mise en service d'Incomka résulte du travail collectif de nombreux historiens, et notamment en France du groupe de chercheurs organisé autour de Serge Wolikow.
180. Serge Wolikow, *L'internationale communiste (1919-1943). Le Komintern ou le rêve déchu du parti mondial de la révolution*, Paris, Les Éditions de l'Atelier/Éditions Ouvrières, 2010.
181. Pierre Broué, *Histoire de l'Internationale communiste, 1919-1943*, Paris, Fayard, 1997.
182. Cyril Anderson, Mikhaïl Narinski, Michel Dreyfus et Claude Pennetier, Serge Wolikow, José Gotovitch, Brigitte Studer, Peter Huber et Henri Wehenkel, *Komintern : L'Histoire et les Hommes : Dictionnaire biographique de l'internationale communiste*, Paris, Éditions de l'Atelier, 2001.

place du Front unique, de la bolchevisation à la stalinisation, du temps du Front populaire à la guerre. Il dresse un tableau dynamique de l'histoire politique du Komintern, soulignant particulièrement l'implication du cercle dirigeant du Kremlin et le rôle de Staline. Il analyse en détail l'impact de la stratégie du Komintern sur le mouvement communiste français. La seconde partie du livre est la plus novatrice. Alors que la plupart des ouvrages généraux sur le Komintern se concentrent sur les grandes évolutions politiques, l'auteur a choisi de consacrer une place importante à l'étude de la culture politique communiste et aux vecteurs de sa diffusion, la presse et l'édition. Il met en lumière le « rôle souvent pionnier du Komintern » dans ce domaine, tout en soulignant le contrôle de plus en plus strict exercé par le Parti communiste d'Union soviétique sur les organes de diffusion. La troisième partie de l'ouvrage est consacrée aux cadres de l'organisation internationale et aux conséquences de l'ouverture des archives du Komintern pour la recherche historique. Serge Wolikow distingue les différentes générations, qui ont œuvré conjointement ou successivement aux destinées du Komintern et interroge les motivations de l'« engagement kominternien ». Il montre surtout la progressive inféodation de cette élite kominternienne au système stalinien, soulignant le rôle croissant de l'école léniniste et surtout du « contrôle biographique » dans la sélection ou la radiation des cadres. L'ouvrage permet de tirer le meilleur parti de la remarquable base documentaire jointe à l'ouvrage soit près de 800 biographies de dirigeants du Komintern et de militants des partis communistes français, belge, suisse et luxembourgeois. Cette étude des militants du Komintern se clôt sur un récit détaillé des grandes purges. Réfléchissant enfin à l'évolution des pratiques des historiens depuis l'ouverture des archives du Komintern, Wolikow montre qu'aux sources périphériques, aux mémoires des acteurs, les historiens ont substitué depuis une vingtaine d'années des sources de première main qui ont permis d'approfondir la compréhension des liens entre le Komintern et le pouvoir soviétique. Cette évolution a fait émerger une recherche plus internationale permettant de sortir de la vision européanocentriste du Komintern qui prévalait jusque-là[183].

Dans le même esprit, l'historien italien Silvio Pons, directeur de la fondation Istituto Gramsci, a publié récemment *La Rivoluzione Globale* (2012)[184], une histoire du projet communiste à l'échelle mondiale embrassant la plus grande partie du XXe siècle. Il retrace la formidable expansion du communisme dans la première moitié du XXe siècle, incarnée dans la naissance de l'URSS, puis son déclin vertigineux dans la seconde moitié du siècle. Il réfléchit à la question de savoir si le mouvement communiste aurait anticipé ce que nous appelons maintenant la mondialisation.

---

183. Recension de ce livre par Jérémie Tamiatto, site Internet du Mouvement social, http://www.lemouvementsocial.net/comptes-rendus/serge-wolikow-l%E2%80%99internationale-communiste-1919-1943-le-komintern-ou-le-reve-dechu-du-parti-mondial-de-la-revolution/
184. Silvio Pons, *La Rivoluzione Globale, Storia del comunismo internazionale 1917-1991*, Rome, Einaudi, 2012.

Enfin, plusieurs travaux ont été menés récemment sur le concept de « développement »[185], concept élaboré à l'intention des pays du Tiers Monde à partir des années 1950. Dans un article récent paru dans le *Journal of Global History*, Andrés Rivarola Puntigliano et Örjan Appelqvist étudient le rôle de Raul Prebisch et de Gunnar Myrdal dans la pensée sur le développement, dans le cadre des instances onusiennes où ils ont travaillé (respectivement la CEPAL et la commission écnomique pour l'Europe). Les auteurs montrent que ces deux personnages ont été à l'origine de deux approches différentes des questions de développement, élaborées au sein de l'ONU[186].

Ainsi des pistes stimulantes s'ouvrent en histoire sociale mondiale. Dans la continuité des travaux déjà effectués[187], d'autres recherches pourraient être réalisées sur ces questions, et notamment de vastes synthèses comparatives sur les conditions de vie et de travail dans le monde, sur les luttes sociales et les révolutions dans les différents continents et sur leurs liens transnationaux (en insistant notamment sur le rôle des syndicats et des partis), et sur le rôle d'acteurs majeurs, de leurs inspirations et de leurs influences au-delà des frontières.

L'histoire des Forums sociaux mondiaux (structure créée en 2001) et du réseau transnational d'acteurs qu'ils activent, de même que celle du mouvement des Indignés, font partie des sujets d'étude de l'histoire sociale mondiale de demain. Une telle histoire sociale mondiale pourrait servir utilement de base à l'enseignement universitaire, et pourrait permettre de mieux comprendre et d'analyser les effets sociaux des différentes vagues de mondialisation.

Une approche mondiale de certains événements historiques locaux ou régionaux

Plusieurs événements historiques localisés peuvent faire l'objet d'une approche globale qui en renouvelle les perspectives. C'est le cas par exemple pour la Révolution française, la Révolution haïtienne et la guerre du Vietnam.

Kevin H O'Rourke a étudié l'impact mondial de la Révolution française et des guerres napoléoniennes[188]. En étudiant les prix, il montre que le conflit a eu des effets économiques majeurs dans le monde entier. Le fait que les guerres de la Révolution et de l'Empire aient eu de tels effets sur les prix montrent qu'il y avait une économie internationale interconnectée.

---

185. David C. Engerman, « The antipolitics of inequality: reflections on a special issue », *Journal of Global History*, vol. 6, n°1, mars 2011, p. 143-151; Frederick Cooper and Randall Packard (dir.), *International development and the social sciences: essays on the history and politics of knowledge*, Berkeley, CA, University of California Press, 1997 ; Gilbert Rist, *Le développement, histoire d'une croyance occidentale*, Paris, Presses de Sciences Po, 1996.
186. Andrés Rivarola Puntigliano and Örjan Appelqvist, « Prebisch and Myrdal: development economics in the core and on the periphery », *Journal of Global History*, vol. 6, n°1, mars 2011, p. 29-52.
187. Le *Mouvement social* a publié un numéro consacré à « travail et mondialisation », octobre-décembre 2012, n°241, sous la direction de Marcel van der Linden.
188. Kevin H O'Rourke, « The worldwide economic impact of the French Revolutionary and Napoleonic Wars, 1793-1815 », *Journal of Global History*, vol. 1, n°1, 2006, p.123-149.

De même, dans *Universal Emancipation: The Haitian Revolution and the Radical Enlightenment* (2008), Nick Nesbitt replace la révolution haïtienne dans le contexte global des Lumières[189]. Il explore l'influence de la révolution haïtienne sur le mouvement des Lumières. Pour lui, le ferme engagement de la Révolution haïtienne en faveur d'une émancipation universelle montre à quel point le mouvement des Lumières a été transnational.

Mark Atwood Lawrence fait une histoire internationale de la guerre du Vietnam[190]. Il souligne les parallèles entre ce conflit et d'autres, comme les récents conflits au Moyen Orient.

Deux études sur la cocaïne des Andes (objet jusqu'alors resté occulté) inscrivent elles aussi leur réflexion dans un cadre global. Dans *Andean Cocaine: The Making of a Global Drug* (2008)[191], Paul Gootenberg retrace l'histoire de la cocaïne, des champs de coca des versants des Andes aux laboratoires des chimistes européens et aux rues de villes américaines. En s'appuyant sur des sources diverses telles que des revues médicales, les registres fonciers amazoniens, et des rapports de l'agence américaine des médicaments, l'auteur se livre à une « nouvelle histoire de la drogue ». Dans l'ouvrage collectif *From Silver to Cocaine: Latin American Commodity Chains and the Building of the World Economy, 1500-2000* (2006)[192], les auteurs, réunissant 16 historiens de l'économie réputés, explorent, en prenant une très longue période de temps, comment les matières premières, de l'argent à la cocaïne, en passant par l'indigo, le tabac, le café, le sucre, le cacao et les bananes, ont été extraites d'Amérique latine et comment cette production s'est insérée dans tout un système capitaliste international. Les auteurs démontent le mythe que le commerce international des matières premières aurait servi seulement à exploiter et à appauvrir l'Amérique latine. Au contraire, sur cinq siècles, les gouvernements latino-américains, les producteurs et les marchands ont activement et intelligemment modelé la chaîne d'approvisionnement internationale.

Après ce tour d'horizon des travaux récents en histoire globale menés en Occident, il apparaît intéressant de décentrer le regard et de s'intéresser aux travaux d'histoire globale menés en Chine.

---

189. Nick Nesbitt, *Universal Emancipation: The Haitian Revolution and the Radical Enlightenment*, Charlottesville, University of Virginia Press, 2008.
190. Mark Atwood Lawrence, *The Vietnam War: A Concise International History*, New York, Oxford University Press, 2008.
191. Paul Gootenberg, *Andean Cocaine: The Making of a Global Drug*, Chapel Hill, University of North Carolina Press, 2008.
192. Steven Topik, Carlos Marichal, and Zephyr Frank (dir.), *From Silver to Cocaine: Latin American Commodity Chains and the Building of the World Economy, 1500-2000*, Durham, N.C., Duke University Press, 2006.

Chapitre 7

Décentrer le regard : les recherches en histoire mondiale/globale menées en Chine

Le nombre d'articles publiés par des chercheurs établis dans des pays en développement[1] dans le *Journal of world history* et le *Journal of global history* est très faible : dans le *Journal of global history*, sur l'ensemble des articles publiés de la création du journal en mars 2006 jusqu'en juillet 2012, soit au total 142 articles, il y a un seul article écrit par un chercheur établi dans un de ces pays ![2]. Et dans le *Journal of world history*, sur les quatre dernières années[3], sur 69 articles, il y en a seulement un écrit dans un chercheur d'un pays en développement[4]. Et sur les 149 comptes rendus d'ouvrages parus dans cette revue durant les quatre dernières années, on en compte seulement un portant sur un ouvrage de chercheur établi dans un pays en développement[5]. L'occidentalocentrisme de ces revues est donc patent.

Il apparaît donc pertinent de s'intéresser à la recherche en histoire mondiale telle qu'elle est pratiquée par les chercheurs établis dans les pays du Sud. La Chine (RPC), immense pays d'1,3 milliard d'habitants, deuxième puissance mondiale mais appartenant toujours aux pays du Sud, apparaît comme un bon objet pour étudier le développement de l'histoire mondiale dans les pays en développement[6].

---

1. Mais comment délimiter les chercheurs des pays en développement (PED) ? Doit-on prendre en compte des chercheurs issus de PED mais établis dans des institutions occidentales (américaines, britanniques par exemple) ? On a choisi de se limiter aux chercheurs des PED installés dans des institutions des PED. Par PED, on a considéré l'Amérique latine, l'Afrique, le Moyen Orient (en excluant Israël) et l'Asie (incluant la Turquie mais pas le Japon ni Singapour).
2. Il s'agit de Kaushik Roy de Calcutta.
3. Du numéro de mars 2007 (vol. 18, n°1) au numéro de mars 2011 (vol. 22, n°1).
4. Celui d'Ilker Aytürk, de Bilkent University à Ankara en Turquie.
5. Il s'agit d'un ouvrage de l'Indien Amiya Kumar Bagchi : *Perilous Passage. Mankind and the Global Ascendancy of Capital*, Rowman & Littlefield Publishers, 2005.
6. Le développement qui suit est tiré de : Chloé Maurel, « Faire de l'histoire mondiale/globale en Chine à l'heure de la mondialisation », *Revue Tiers Monde*, n°216, octobre-décembre 2013, p. 19-44.

Faute de pouvoir lire le chinois, on s'est surtout fondé, pour ce chapitre, sur des articles parus en anglais, et sur les *abstracts* des communications présentées par des historiens issus de PED dans des congrès d'histoire globale. Citons notamment les différentes éditions du « Congrès européen d'histoire globale » (Leipzig 2005, Dresde 2008, Londres 2011), de la *World History Association Conference*, le colloque « Working Lives in Global History » (Delhi, 2011), et le Congrès asiatique d'histoire mondiale (2012).

Comment s'est construite l'histoire mondiale/globale en Chine ? Quelle est la spécificité des réflexions et des thèmes de recherche élaborés par des historiens chinois dans le domaine de l'histoire globale ? Quel est l'apport de ces travaux ? Et comment l'histoire mondiale/globale est-elle considérée actuellement par la communauté scientifique chinoise ?

L'histoire mondiale en Chine de la période maoïste aux années 1980[7]

Longtemps la pratique de l'histoire en Chine a été sino-centrée. Ainsi en 1990, dans un des principales revues de recherche historique chinoise, *Lishi Yanjiu* (« Recherche historique »), les articles sur les pays étrangers représentent seulement 17,5 % du total.

L'histoire pratiquée en Chine était également, sous l'ère maoïste, très marquée bien évidemment par l'orthodoxie marxiste-léniniste-maoïste[8].

Mais la Chine a aussi une longue tradition d'historiographie eurocentrique depuis Sima Qian (IIe-Ier siècles avant notre ère), c'est-à-dire depuis l'Antiquité ; ainsi « histoire mondiale » a longtemps signifié histoire étrangère, histoire de l'Occident.

En 1974, le département d'histoire de l'université de Pékin a publié *Propos sur l'histoire mondiale moderne*, série d'essais sur des épisodes de l'histoire mondiale de 1640 à 1917[9]. L'aspect le plus significatif qui en ressort est une focalisation croissante sur l'histoire du Tiers Monde. Sur les 16 essais, 7 portent sur les luttes des peuples coloniaux contre l'impérialisme occidental.

La même année, à Shanghai, la plus importante université chargée de former les enseignants a publié un manuel en 2 volumes qui atteste de la même évolution : l'ouvrage se focalise moins sur l'histoire économique et sociale de l'Europe mais davantage sur la résistance du Tiers Monde à l'impérialisme[10].

Avec la libéralisation et l'ouverture du pays sous Deng Xiaoping à partir des années 1980, les historiens chinois ont eu davantage accès aux sources étrangères

---

7. Ce passage doit beaucoup à l'article de Ralph Croizier, « World History in the People's Republic of China », *Journal of World History* 1 (1990), p. 151-169. Cf. aussi Chen Qinan (dir.), *Jianguo Shilai de Shije Shi Yanjiu* [World History Studies since the Founding of the People's Republic of China], Beijing, Archives of Social Sciences, 1991.
8. Cf. Dorothea A. L. Martin, *The Making of a Sino-Marxist World View: Perceptions and Interpretations of World History in the People's Republic of China*, New York, M. E. Sharpe, 1990.
9. *Shijie jindai shi jianghua* (Talks on modern world history), Beijing, Basic Reading Materials on Philosophy and Social Sciences Series, 1974.
10. *Shijie jindai shi* (Modern world history), 2 vol., Shanghai, Shanghai Normal University, 1973-74.

et à des bourses de recherche à l'étranger, cela a eu pour effet de favoriser l'étude de l'histoire étrangère ou « histoire mondiale ».

De nouvelles revues sont alors créées, les deux plus significatives en histoire mondiale étant *Shijie Lishi* (Histoire mondiale) et *Shijie Shi Yanjiu Dongtai* (Développements en recherches sur l'histoire mondiale), toutes les deux créées à Pékin en 1978. Les manuels se sont multipliés sur l'histoire du monde entier[11]. En 1984 est fondé l'Institut d'histoire mondiale de l'Académie chinoise des sciences sociales. En 1989, pas moins de 16 associations nationales font de la recherche en histoire mondiale. Et le nombre de livres d'histoire mondiale publiés en Chine aurait grimpé de 42 en 1982 à 171 en 1997, et le nombre d'articles sur ce sujet de 351 en 1982 à 1280 en 1992. D'importants livres d'histoire mondiale sont publiés dès le début des années 1980, comme *Jianmin Shije Tongshi* (1981) et *Shijie Shi* (1983). Pour Ricardo K.S. Mak, ces travaux se caractérisent alors par une forte sur-évaluation de l'influence des facteurs technologiques, allant jusqu'à « la croyance en la toute-puissance de la technologie »[12].

La pratique et l'écriture de l'histoire en Chine ont connu une sorte d'*aggiornamento* avec l'avènement de l'ère Deng Xiaoping. Cependant, la période la plus ancienne (de la Préhistoire à 1600 environ) a été l'objet de moins de révisions que la période post 1600. Un exemple de réforme dans l'enseignement de l'histoire est, avec la révision de 1982 de l'enseignement de l'histoire en lycée, de mettre moins l'accent, dans l'étude du Moyen Âge en Occident, sur les révoltes de paysans pendant la Guerre de Cent ans (épisodes mis en avant pendant la période maoïste) et davantage l'accent sur l'épopée de Jeanne D'Arc parce que ce dernier épisode est considéré comme propre à renforcer le nationalisme[13]. Ainsi, bien que connaissant un *aggiornamento* depuis les années 1980, l'enseignement de l'histoire en Chine est toujours orienté par des objectifs politiques.

Dans le premier ouvrage sérieux sur l'histoire mondiale durant l'ère post-Mao, *Esquisse d'histoire de la haute Antiquité* qui paraît en 2 volumes en 1979, le chapitre final est consacré à une réfutation de la théorie marxiste du mode asiatique de production[14]. Ainsi, peu à peu, l'historiographie chinoise prend des distances avec le dogme marxiste.

Parmi les plus importants historiens critiques de l'ancienne orthodoxie d'histoire mondiale, il y a Luo Rongqu qui dirigeait le Centre pour l'étude de la modernisation mondiale à l'université de Pékin. La nouvelle donne socio-

---

11. Par exemple, *Shanggudai shi* (World history of high antiquity), *Shijie zhonggudai shi* (World history of middle antiquity), Shijie jindui shi (Modern world history), et *Shijie xiandai shi* (World contemporary history), Jilin, Jilin Literary and History Publishing House, 1981-85.
12. Ricardo K.S. Mak, article cité. Ainsi ces historiens chinois attribuent la prospérité et la domination de l'Angleterre sur le monde jusqu'à la fin du XIXe siècle à son avance technologique. Mais K.S. Mak montre que, curieusement, ce raisonnement ne souscrit pas à la théorie marxiste base/superstructure : ainsi, ces *world historians* chinois attribuent l'essor de la civilisation industrielle moderne en Europe à des courants intellectuels comme la Renaissance, la Réforme, la révolution scientifique. Référence des deux ouvrages d'histoire mondiale cités : Li Chunwu, Shou Juyu, *Jianmin Shije Tongshi*, Beijing, Beijing Renmin Publishing Co., 1981, et collectif, *Shijie Shi*, projet commun entrepris par douze universités chinoises, Beijing, Beijing Renmin Publishing Co., 1983.
13. Cf. Ralph Croizier, article cité.
14. *Shijie shanggu shi gang* (An outline history of world history of high antiquity), 2 vol., Beijing, People's Publishing House, 1979.

économique des années 1980 (réformes, libéralisations, ouverture) favorise l'émergence d'un tel révisionnisme historiographique. On assiste à l'émergence d'une réclamation pour que la Chine ait plus de place dans l'histoire mondiale et l'Europe moins[15]. Mais cela n'a pas vraiment abouti sur le plan pratique.

En 1985, dans la préface d'un manuel d'histoire mondiale, Qiao Mingshun appelle à « détruire l'eurocentrisme » et à consacrer plus de place à l'Asie, à l'Afrique et à l'Amérique latine dans l'histoire mondiale[16]. Mais, même dans ce livre, le Tiers Monde reçoit seulement 3 chapitres alors que l'Europe en a 13.

Une étape importante du développement de l'histoire mondiale en Chine est la traduction en chinois en 1987 du livre *Main Trends in History* de Geoffrey Barraclough's[17]. À ce moment-là, l'expression « vision universelle, globale de l'histoire » a été traduite en chinois par « *quanqiu shiguan* », cette expression devenant alors un véritable concept en Chine[18].

Ainsi, il apparaît que la Chine a une position ambivalente à l'égard de l'histoire mondiale : traditionnellement la pratique de l'histoire en Chine était sinocentrée, mais il y avait aussi une longue tradition d'« histoire mondiale », vocable qui recouvrait en fait l'histoire étrangère, et cette tradition a été renforcée sous l'ère maoïste du fait de l'influence du marxisme. Avec l'ouverture de la Chine après 1976, l'intérêt pour l'histoire mondiale s'est accru.

La difficile construction d'une histoire mondiale en Chine depuis les années 1980[19]

En 1962 a été publié le premier ouvrage officiel d'histoire mondiale en Chine : *Histoire mondiale*, en 4 volumes, par Zhou Yiliang et Wu Yujin [20]. Cet ouvrage suit les étapes marxistes du développement, de l'esclavage au féodalisme, puis au capitalisme et au socialisme. Comme la théorie marxiste se fonde sur l'expérience européenne, cet ouvrage est eurocentrique. De plus, ce texte néglige les interactions entre différentes régions et cultures et il exclut l'histoire chinoise.

Mais depuis les années 1980 de plus en plus d'historiens chinois ont réclamé qu'on écrive une histoire mondiale tenant compte des caractéristiques chinoises,

---

15. Li Chunwu, « Shijie tongshi, zhongguo qupai » (Comprehensive world history, Chinese style), in *Shijie yanjiu dongtai* (Developments in world history research), juillet 1984, p. 15-17.
16. Qiao Mingshun, *Shijie jindai shi* (Modern world history), Beijing, Central Television University, 1985, préface.
17. Geoffrey Barraclough, *Main Trends in History*, New York, Holmes & Meier, 1978.
18. Liu Xincheng, « The Global View of History in China », article en ligne sur : www.global-history.org/wp-content/.../Liu.doc
19. Cette sous-partie doit beaucoup à Xu, Luo, « Reconstructing World History in the People's Republic of China since the 1980s », *Journal of World History*, vol. 18, n°3, septembre 2007, p. 325-350 ; cf. aussi du même auteur : « The Rise of World History Studies in Twentieth-Century China », *History Compass*, vol. 8, n°8, août 2010, p. 780-789. Et Ricardo K.S. Mak, « The Idea of Modernity in World History Studies in Contemporary China », in Yaowei Zhu, Eva Kit-Wah Man, *Contemporary Asian Modernities: Transnationality, Interculturality, and Hybridity*, Bruxelles, Peter Lang, 2010, p. 87-106.
20. Zhou Yiliang et Wu Yujin (dir.), *Shijie tongshi* [World History], vol. 1-4, Beijing, Renmin Chubanshe, 1962.

qui ne soit pas occidentalocentrée[21]. Dans les années 1980 et 1990, en lien avec l'ouverture de la Chine menée par Deng Xiaoping, beaucoup de théories occidentales entrent en Chine et fournissent, de manière paradoxale, des outils pour combattre l'occidentalocentrisme. La *world/global history* telle qu'elle est pratiquée par les historiens euro-américains pénètre en Chine. Grâce aux efforts de l'éminent historien chinois Wu Yujin (1913-1993), la perspective d'histoire globale s'impose en Chine.

Dans les trente dernières années, beaucoup d'œuvres d'historiens occidentaux sont introduites en Chine et traduites en chinois, notamment les œuvres de ceux qui prônent une approche globale, comme Geoffrey Barraclough, L. S. Stavrianos, Fernand Braudel, Immanuel Wallerstein, Andre Gunder Frank, Janet Abu-Lughod, R. Bin Wong, et Kenneth Pomeranz. De plus, en partie sous l'influence des historiens occidentaux et en partie sous l'influence du marxisme, les historiens chinois théorisent l'évolution de sociétés isolées vers des sociétés de plus en plus interdépendantes ; les historiens chinois ont ainsi produit plusieurs ouvrages d'histoire mondiale/globale durant ces trente dernières années[22].

Les historiens chinois cherchent à reconstruire une histoire mondiale qui exclue l'eurocentrisme et inclue l'expérience chinoise. Mais dans cette tâche ils rencontrent des problèmes complexes : institutionnels, idéologiques, sociopsychologiques, liés à la prégnance du modèle historiographique soviétique, et au fossé entre historiens de la Chine et historiens du monde extérieur (qu'on appelle en Chine « histoire mondiale »).

L'historien chinois Wu Yujin, qui mène des recherches à l'université de Wuhan pour étudier l'histoire mondiale aux XVe et XVIe siècles, a entrepris en 1978 de reconstruire l'histoire mondiale en Chine ; vingt ans plus tard, la théorie de Wu Yujin a été établie comme une nouvelle orthodoxie dans le champ historique chinois ; selon Xu Luo, presque tous les ouvrages d'histoire mondiale parus depuis 1990 se réfèrent aux idées de Wu Yujin. Formé à Harvard dans les années 1940, Wu Yujin a pris connaissance de l'historiographie occidentale. Au début des années 1960 il a été l'un des deux directeurs des premiers volumes sur l'histoire mondiale. C'est à l'occasion de cette expérience qu'il met en question l'historiographie soviétique et qu'il se met à chercher des modèles alternatifs pour construire l'histoire mondiale. Après la révolution culturelle (1966-1976) il cherche de nouvelles voies historiographiques, tout en continuant à adhérer à l'historiographie marxiste. Très marqué par les *world historians* occidentaux, Wu est le premier historien chinois à critiquer le modèle historiographique soviétique. Il observe qu'il a des défauts et qu'il est eurocentrique. Pour lui l'histoire mondiale ne doit pas se limiter à être la somme des histoires des pays étrangers, mais doit être l'histoire des interconnexions, des interactions.

---

21. Cf. Leif Littrup, « World History with Chinese Characteristics », *Culture and History* 5 (1989), p. 39-64.
22. Ex : Wu Yujin and Qi Shirong (dir.), *Shijie shi* [World History], vol. 1-6, Beijing, Gaodeng jiaoyu chubanshe, 1994 ; Ma Shili (dir.), *Shijie shigang* [The Outline of World History], vol. 1-2, Shanghai, Shanghai renmin chubanshe (dir.), 1999 ; Qi Tao (dir.), *Shijie tongshi jiaocheng* [A Course in World History], vol. 1-3, Jinan, Shandong daxue chubanshe, 2001 ; Wang Side (dir.), *Shijie tongshi* [A History of the World], vol. 1-3, Shanghai, Huadong shifan daxue chubanshe, 2001.

Il pense que l'histoire mondiale n'existe pas dans l'Antiquité (contrairement à ce que pensent Abu Lughod et Gunder Frank[23]). Il pense qu'elle résulte du développement de l'histoire humaine, qu'elle est apparue avec la mondialisation. Il estime que la longue période pendant laquelle l'histoire des groupes humains s'est développée en une histoire mondiale inclut deux dimensions : longitudinale et horizontale, *jing* et *wei* en chinois. Le développement longitudinal réfère à l'évolution des modes de production et les changements qui y correspondent dans la société au fil du temps ; le développement horizontal est le processus par lequel des parties du monde isolées deviennent connectées ; la base commune à ces deux dimensions (longitudinale et horizontale) est la croissance de la production matérielle.

Au milieu des années 1980, la commission nationale d'éducation autorise Wu Yujin et Qi Shirong à écrire un ouvrage d'histoire mondiale en plusieurs volumes, qui sera publié en 1994[24]. L'ouvrage est rédigé selon les conceptions de Wu et entend montrer les étapes de l'évolution sociale et le processus par lequel des groupes humains isolés s'interconnectent et forment une communauté mondiale. Alors que l'ouvrage de 1962 copiait le modèle soviétique, étant centré sur la lutte des classes, celui de 1994 ne se réfère plus à la lutte des classes, au contraire comme moteur du changement historique il identifie la « révolution agricole » et la « révolution scientifique technologique ». Cet ouvrage est divisé chronologiquement en 3 sections : histoire ancienne, histoire moderne, histoire contemporaine. La section d'histoire ancienne couvre les sociétés esclavagistes et féodales dans le monde, et se centre sur le développement et les changements des sociétés agricoles sur le continent eurasien. La conception eurocentrique d'« époque médiévale » est abandonnée. L'époque ancienne va jusqu'à 1500. La section d'histoire moderne décrit l'émergence et l'expansion mondiale du capitalisme. Pour Wu Yujin comme pour plusieurs historiens occidentaux, 1500 a une signification spéciale comme tournant dans l'histoire mondiale, avec la découverte du Nouveau Monde. La section moderne va jusqu'à 1900.

Mais selon Luo Xu, ce livre de 1994 est, notamment dans sa section d'histoire moderne, presque plus eurocentrique que celui de 1962. Dans la section moderne du livre de 1994, seulement 21 % des pages portent sur l'Asie, l'Afrique, et l'Amérique latine ; 79 % portent sur l'Europe et l'Amérique du Nord. Pourquoi cet eurocentrisme ? Peut-être parce que les historiens se sont centrés sur le capitalisme, né et développé en Europe ; et parce qu'ils se sont centrés sur les interactions croissantes entre les parties du monde, et que cela a été accéléré par les grandes découvertes des Européens. Peut-être aussi l'ambivalence des Chinois par rapport au marxisme a renforcé leur eurocentrisme ; en effet plusieurs idées de Marx, reprises par les historiens chinois, apparaissent eurocentriques comme sa conception du « mode asiatique de production », du « despotisme oriental »

---

23. Janet L. Abu-Lughod, *Before European Hegemony: The World System A.D. 1250-1350*, New York, Oxford University Press, 1989 ; Andre Gunder Frank et Barry K. Gills (dir.), *The World System: Five Hundred Years or Five Thousand?*, New York, Routledge, 1993.
24. Wu and Qi, *Shijie shi* [World History], 1994.

et sa conception de l'économie asiatique comme « arriérée », et les historiens chinois auteurs du livre de 1994 continuent à être inspirés par Marx.

Un des facteurs de faiblesse pour la pratique d'une véritable histoire mondiale englobante en Chine est la coupure, qui existe depuis longtemps et continue à perdurer, entre histoire chinoise et histoire dite mondiale mais concernant en fait les pays étrangers excluant la Chine. Depuis des décennies, les départements d'histoire dans les universités chinoises sont divisés en deux parties étanches : l'histoire chinoise d'un côté, et l'histoire non chinoise ou « histoire mondiale » de l'autre. Le développement d'une véritable histoire mondiale en Chine souffre de cette coupure. Les historiens chinois choisissent un de ces deux domaines, ils ne peuvent pas choisir les deux, ce que pourtant la pratique d'une véritable histoire mondiale exigerait. Cette coupure a des répercussions sur la manière dont s'écrit l'histoire mondiale en Chine : ainsi, le livre d'histoire mondiale de 1962 ne parle quasiment pas de la Chine, sauf pour aborder les relations économiques et culturelles de la Chine avec d'autres pays. Récemment encore, des livres d'histoire mondiale parus en Chine excluent la Chine[25].

Les auteurs du livre de 1994 ont tenté d'inclure la Chine mais sans grand succès. Dans la section d'histoire moderne, la Chine n'occupe que 4 % des pages, alors que l'Europe en occupe 58 %.

D'un point de vue plus conceptuel, dans le livre de 1994, dans la section d'histoire moderne, la Chine est présentée comme en déclin par rapport à l'Europe, cette dernière étant présentée comme en essor à cette époque du fait du développement du capitalisme. Cette vision a été cependant remise en question par des auteurs comme Roy Bin Wong, Andre Gunder Frank, et Kenneth Pomeranz[26]. Les livres de Frank (*ReOrient*) et de Pomeranz (*La Grande divergence*) ont envoyé une onde de choc aux historiens chinois. Ils ont été controversés en Chine. Beaucoup ont été impressionnés par les idées anti-eurocentriques de Frank et de Pomeranz, leur idée que la croissance de la Chine a continué à augmenter à l'époque moderne ; pour Frank, entre 1500 et 1800, le centre de l'économie mondiale et du commerce international n'est pas l'Europe mais l'Asie. Et c'est cette dernière qui a joué un rôle crucial dans le développement de l'Europe.

Pour beaucoup d'historiens chinois, *La Grande divergence* de Pomeranz a déconstruit le discours dominant eurocentrique. Fondé sur une comparaison détaillée entre le delta du Yangtsé et l'Angleterre, il a affirmé que l'Europe n'était pas plus avancée que la Chine au XVIIe siècle. La « grande divergence » entre Chine et Europe a commencé au début du XIXe siècle. La raison du décollage de l'Europe est l'exploitation des colonies américaines et la présence de charbon en Angleterre. Une des innovations de Pomeranz est de considérer non seulement la Chine à la lumière de l'Europe, mais l'Europe à la lumière de la Chine.

---

25. Ex : Qi, *Shijie tongshi jiaocheng* [A Course in World History] et Wang, *Shijie tongshi* [A History of the World].
26. Les traductions en chinois des livres de Roy Bin Wong *China Transformed: Historical Change and the Limits of European Experience* (1997), Andre Gunder Frank, *ReOrient: Global Economy in the Asian Age* (1998), et Kenneth Pomeranz, *The Great Divergence: China, Europe, and the Making of the Modern World Economy* (2000) ont été publiées en Chine respectivement en 1998, 2000, et 2003.

Les historiens chinois ont été inspirés par ces œuvres de Frank et Pomeranz, mais se sont souvent montrés critiques, pointant la rareté des sources. Ils ont fait plusieurs critiques. Beaucoup d'historiens chinois considèrent que les œuvres de Frank et de Pomeranz manquent d'analyse du rôle des institutions politiques et culturelles dans le développement économique. Par exemple, Wang Jiafan estime que la partie la plus problématique de la méthodologie de Pomeranz est qu'elle a presque totalement ignoré le système socio-politique comme facteur important et contexte indispensable de l'économie. Quant à Qin Hui, il critique le fait que Frank utilise les surplus commerciaux pour prouver l'avance économique d'un pays. Plus généralement, plusieurs chercheurs chinois critiquent les conséquences idéologiques des théories de Frank et de Pomeranz : selon eux, ces deux chercheurs occidentaux ne répondraient pas à la question de pourquoi la Chine a connu un déclin au XIXe siècle, et ils embelliraient la situation de la Chine avant le XIXe siècle, c'est ce que pense notamment Wang Jiafan.

Ainsi, paradoxalement, la réévaluation à la hausse de la situation économique de la Chine à l'époque moderne a été faite par des historiens occidentaux, et n'a pas été très bien reçue parmi les historiens chinois, malgré leur désir de se débarrasser des représentations eurocentriques. Et, du fait de la séparation nette, en Chine, entre histoire chinoise et histoire étrangère (dite histoire « mondiale »), la place de la Chine dans les études d'histoire mondiale est longtemps restée minime.

Qu'en est-il aujourd'hui ? Quelles sont les tendances récentes dans les études d'histoire mondiale, globale, en Chine ?

Tendances récentes dans les travaux d'histoire globale en Chine

La Préhistoire, une période fondatrice

Zhe Miao, de l'université du Zhejiang en Chine, montre que dans les reliefs des tombes Han du Shandong, les centaures en robes confucéennes sont décorées de motifs étrangers. Cela montre les circulations artistiques entre l'Asie et l'Europe (et plus précisément avec l'Empire romain). Ces circulations sont liées au commerce (route de la soie, route de la fourrure). Depuis les années 1980, bien que des milliers de tombes Han aient été ouvertes, l'étude de ce domaine a été négligée et discréditée, estime Zhe Miao, qui entend remédier à cela[27].

Xiaobo Feng, de la Beijing Union University, observe que beaucoup de chercheurs croient que la culture chinoise vient de l'Occident. L'archéologue américain Hallam L. Movius qui a étudié la culture paléolithique en Asie orientale, Asie du Sud-Est et nord de l'Inde et du Pakistan au milieu du XXe siècle a développé la théorie des « deux traditions culturelles » en 1948. Il pensait que

---

27. 20e WHA conférence, Pékin 2011: Zhe MIAO, « Centaurs in Confucian Robes: Some Foreign motifs in Han tomb reliefs ».

la culture paléolithique ancienne est divisée en deux aires culturelles (cercles culturels), c'est ce qu'on a appelé la « Movius line » : il pensait que la culture paléolithique ancienne était divisée entre d'une part l'Europe, l'Afrique et l'Asie occidentale, qui utiliseraient le biface acheuléen, et d'autre part l'Asie orientale (dont la Chine), qui utiliserait le galet taillé (*chopping tool*). Cette théorie, estime Xiaobo Feng, impliquerait que la civilisation paléolithique chinoise serait plus arriérée que d'autres civilisations. Le chercheur chinois s'insurge contre de telles conclusions et dénonce que « certaines personnes croient que les peuples anciens en Asie orientale et du Sud-Est étaient déficients mentalement » durant la Préhistoire. Au fil du temps, et surtout depuis les années 1970, avec la découverte de nombreux matériaux en Asie orientale et du Sud-Est, il a été prouvé que le biface existait dans cette culture. De nouvelles découvertes en Chine ont montré que le biface y a été utilisé, seulement un peu plus tard qu'en Afrique, et même un peu plus tôt qu'en Europe. Pour Xiaobo Feng, le biface, symbolique de la culture paléolithique tardive, joue un rôle de messager entre cultures occidentale et orientale. Cela prouve que déjà il y a un million d'années, il y avait des échanges entre Orient et Occident [28].

Hua Yi, de *l'Institute of Ethnology & Anthropology* de Chine, se réfère à la fois à Fernand Braudel, à Immanuel Wallerstein et au linguiste chinois Fu Sinian, pour étudier d'un point de vue anthropologique la place de la Chine dans le système-monde ancien. En particulier, il montre que la civilisation chinoise ancienne est le fruit de deux cultures différentes, celle des Yi (venant d'Asie du Sud-Est, qui ont créé une culture sédentaire agraire) et celle des Xia (liés aux Indo-Européens, nomades, qui ont introduit le bronze). Il est intéressant de mettre au jour les origines duales des peuples et cultures est-asiatiques. La combinaison des Yi et des Xia a initié l'histoire de la Chine et a formé la tradition culturelle spéciale de l'Asie orientale [29].

Beaucoup de chercheurs chinois s'intéressent à la route de la soie, qui a relié l'Asie à l'Europe entre le Ier millénaire avant notre ère et le XVe siècle : Jianye Han, de la Beijing Union University, étudie « la route des poteries peintes et le début de l'échange culturel sino-occidental ». La « route de la poterie peinte » fait référence aux routes par lesquelles la culture orientale a transmis la poterie peinte orientale vers l'ouest entre le IIIe millénaire et le Ier millénaire avant notre ère. C'était la route essentielle par laquelle s'est fait l'échange culturel sino-occidental pendant cette période. La théorie selon laquelle la culture de la poterie peinte viendrait en fait d'Occident, théorie populaire il y a quelques années, a été, dit-il, discréditée par les nouvelles découvertes archéologiques. Maintenant, on sait que la poterie peinte à l'origine vient de la culture Bai Jia, développée au Shaanxi et au Gansu dès 6000 avant notre ère Puis vers 3500 avant notre ère, la culture Majiayao est apparue et la poterie peinte est devenue la caractéristique la plus importante de celle-ci. Depuis - 3000, la culture de la poterie peinte de

---

28. 20e WHA conférence, Pékin 2011 : Xiaobo FENG, « Hand-axe: The Messanger of the Western and Eastern Cultural Communications ».
29. 20e WHA conférence, Pékin 2011 : Hua YI, « China in the Ancient World System: The Transformation in East Asian Neolithic-Bronze Age ».

type Majiayao s'est étendue vers l'ouest, selon deux routes : la route du sud et la route du nord (de part et d'autre du plateau tibétain). Il est possible certes, concède Jianye Han, que l'émergence de couteaux en bronze soit influencée par la culture occidentale du bronze, se diffusant en Chine par ces routes ; après - 2000, le nombre croissant de bronzes trouvés dans la culture Siba et la culture Qija notamment, ont été essentiellement transmis depuis l'Occident par la route du nord. Jianye Han conclut que la route de la poterie peinte est le précurseur de la route de la soie[30].

Ce qui est intéressant dans les communications de ces chercheurs portant sur la Préhistoire, c'est qu'ils semblent très attachés à défendre l'originalité et la primauté de la culture orientale, asiatique, ayant apparemment l'impression que les chercheurs occidentaux ont tendu à minimiser l'importance de cette culture au profit de la culture occidentale. Ainsi, alors qu'initialement avec l'ère Deng Xiaoping l'*aggiornamento* qu'a connu l'histoire mondiale pratiquée en Chine a porté essentiellement sur la période après 1600, on constate qu'aujourd'hui cette volonté d'*aggiornamento*, consistant essentiellement en une revalorisation de la place de la Chine, concerne aussi les périodes les plus reculées, et notamment la Préhistoire.

L'Antiquité

Contrairement au défaut relevé dans les années précédentes, à savoir une coupure entre les études sur la Chine et les études portant sur le reste du monde, on observe aujourd'hui, dans les recherches d'histoire mondiale menées par des Chinois portant sur l'Antiquité et au-delà, une approche comparative entre la Chine et l'Europe.

Ainsi, à la *World History Association Conference* tenue à Pékin en 2011, Xiaoji Wei, de la Capital Normal University de Pékin, a réfléchi à la formation de l'identité ethnique dans la Chine classique et dans la Grèce antique. Il observe que la formation de l'identité ethnique de soi, d'un point de vue subjectif, est obtenue par la construction de la notion de « barbares », jugés irrationnels, inférieurs, injustes, bestiaux. Ces populations qui vont être désignées comme « barbares » sont, pour les Chinois Han (Huaxia), les Man, les Yi, les Rong. Pour les Grecs, ce sont les Perses. L'identité ethnique des Grecs et des Chinois a été inspirée par des violents conflits (les Grecs contre les Perses de - 492 à - 478, les Chinois autour du VIIIe siècle avant notre ère, période durant laquelle les États du centre ont combattu des tribus nomades). Les hommes politiques, historiens, penseurs et œuvres littéraires ont joué un rôle important dans ce processus. La conscience de soi ethnique est développée essentiellement par les élites. Les élites chinoises considéraient que leurs notions de propriété et de justice, et les Grecs que leurs concepts de liberté et de démocratie, étaient supérieures à ceux des « barbares ». Cependant, Xiaoji Wei note aussi des différences entre le concept d'identité ethnique en Chine et en Grèce. La caractéristique de l'identité

---

30. 20e WHA conférence, Pékin 2011 : Jianye HAN, « "Painted Pottery Road" and Early Sino-Western Cultural Exchange ».

ethnique chinoise est la notion d'« un seul monde ». Confucius est un pionnier dans la conceptualisation de la relation entre Ha (Chine) et Yi (barbares). Cela a été développé à la période des Printemps et des Automnes (- VIIIe à - VIe siècles). Pour les relations entre Xia et Yi (c'est-à-dire entre Chinois et barbares), le raisonnement de Confucius est qu'un groupe étranger désireux de garder de bonnes relations avec Huaxia (ce terme désigne les populations de la Chine antique constituant le noyau des futurs Han) et absorber son système peut devenir membre de Huaxia ; si un membre de Huaxia par contre insiste pour utiliser des rituels étrangers, son appartenance sera annulée jusqu'à ce qu'il se plie à nouveau à l'étiquette de Huaxia. Pour les Grecs, la caractéristique de leur identité ethnique est l'opposition binaire, elle est représentée dans de nombreuses œuvres classiques, comme celles d'Eschyle, d'Hérodote, et d'Aristote. Ainsi, Aristote développe l'opposition rationel/irrationnel, démocratie/monarchie absolue, liberté/esclavage, intelligent/bête. Xiaoji Wei observe cependant qu'on trouve rarement des idées sur l'intégration ethnique et l'égalité ethnique dans les œuvres des Grecs anciens avant la période hellénistique, époque à laquelle la notion d'universalisme apparaît, influencée selon lui par l'impact de l'Orient. Xiaoji Wei se réfère à la notion créée par Karl Jaspers de « période axiale » : ce serait durant cette période située entre - 800 et - 200 que la conscience ethnique de soi se serait forgée, aussi bien en Orient qu'en Occident. Cette période aurait vu l'apparition, en Orient comme en Occident, de modes de pensée totalement nouveaux, et notamment l'apparition de la spiritualité, fondement des religions[31]. Observant que des groupes ethniques conscients d'eux-mêmes ne peuvent pas facilement être assimilés ou anéantis, et qu'inversement, des groupes sans contact avec les civilisations axiales restent primitifs dans leur mode de vie ou périssent, Xiaoji Wei souligne l'importance de l'acquisition par les Grecs comme par les Chinois, durant la période axiale, de l'identité ethnique de soi, même s'il y a des différences entre Chinois et Grecs dans la nature de cette identité ethnique, les différences constituant la culture de l'identité des Chinois et des Grecs anciens[32.] Xiaoji Wei développe donc une intéressante réflexion comparative entre la société grecque et la société chinoise, montrant des similarités mais aussi des différences, et s'attachant à montrer l'influence que l'Orient aurait eu sur la société grecque, avec notamment l'apparition en Grèce de la notion d'universalisme à l'époque hellénistique.

Le « Moyen Âge », une période d'intenses interactions

La période du Moyen Âge, notion occidentale sans pertinence pour le monde chinois, que nous utilisons ici par commodité, est une période privilégiée des chercheurs chinois pour les études d'histoire mondiale.

Les interactions entre Chinois et Arabes sont un thème récurrent. Ainsi Dandan Li, de la *Capital Normal University* de Pékin, étudie les interactions de la

---
31. Karl Jaspers, *Origine et sens de l'histoire*, Paris, Plon, 1954.
32. 20e WHA conférence, Pékin 2011 : Xiaoji WEI, « Interaction and Identity: the Formation of Ethnic Identity in Classical China and Greece ».

dynastie Tang avec les régions arabes. La dynastie Tang était l'âge florissant de la société médiévale chinoise pendant laquelle les relations entre la Chine et le monde extérieur se sont développées avec une ampleur sans précédent. C'est surtout à partir de la seconde moitié du VIIe siècle que l'interaction entre l'Empire tadjik et les Tang a augmenté beaucoup, et la connaissance par les Chinois des régions arabes s'est approfondie. Selon les archives historiques chinoises, les Tang et les Tadjiks ont commencé à établir des liens officiels en 651. Du fait des nombreux marchands arabes, beaucoup d'installations se sont formées au Guangzhou, Yangzhou, Quanzhou, etc., ce qui a affecté les habitudes traditionnelles chinoises et les religions traditionnelles chinoises ; des musulmans locaux ont commencé à apparaître. La bataille de Talas (751) a favorisé l'interaction culturelle entre Orient et Occident, et la fabrication chinoise du papier s'est diffusée en Occident à partir de cette époque. Le voyageur chinois Du Huan, qui a effectué un grand voyage dans les régions arabes et a été capturé dans cette bataille, offre dans son livre *Jingxingji* (en partie perdu) des descriptions intéressantes du climat, style de vie, habitudes, fonctionnement de l'État et croyances religieuses des habitants des régions arabes[33]. L'insistance de Dandan Li sur les interactions entre Chinois et Tadjiks à cette époque et son étude des « passeurs » comme le voyageur chinois Du Huan apparaissent novatrices. Il est intéressant de voir la volonté de ce chercheur de valoriser l'antériorité culturelle de la Chine sur l'Occident, notamment lorsqu'il insiste sur le fait que la connaissance du papier s'est diffusée de la Chine en Occident.

Plusieurs chercheurs chinois s'intéressent aux relations entre le christianisme et l'islam au Moyen Âge. Ainsi, Yaping Wang, de la *Tianjin Normal University*, étudie les conflits politiques et l'intégration culturelle religieuse liés aux relations entre christianisme et islam au Moyen Âge. Il observe qu'au Moyen Âge le christianisme et l'islam ont connu de fortes interactions, notamment à l'occasion de conflits armés (comme au VIIIe siècle dans la péninsule ibérique, au XIe siècle avec l'expansion des turcs seldjoukides dans l'Empire byzantin et avec les croisades, et au XVIe et XVIIe siècle avec l'expansion de l'Empire ottoman)[34].

Certaines cités chinoises se prêtent particulièrement bien à des études monographiques ouvertes à l'étude des circulations, des échanges et des réseaux transnationaux qui s'y sont développés. Cheng Shi, de la *Capital Normal University* de Pékin, étudie le commerce entre la ville chinoise de Quanzhou (que Marco Polo et Ibn Battuta ont décrite avec admiration) et l'Océan indien, et la diffusion des religions à Quanzhou. Après l'an 1000 le commerce dans l'Océan indien s'est développé, Quanzhou est devenu l'un des ports les plus importants, avec une économie prospère. Des marchands se sont installés et ont apporté leurs croyances et cultures. L'islam, le christianisme, l'hindouisme ont coexisté avec le taoïsme et le bouddhisme. Entre le XIe et le XIVe siècle, à Quanzhou c'est une sorte de « miracle » : la coexistence harmonieuse de différentes religions

---

33. 20e WHA conférence, Pékin 2011 : Dandan Li, « The Tang Dynasty's Interaction with and Knowledge of the Arab Regions ».
34. 20e WHA conférence, Pékin 2011 : Yaping Wang, « Political Conflicts and Religious Cultural Integration: On the Relationship Between Christianity and Islam in the Middle Ages ».

dans une cité commerciale cosmopolite. Quanzhou relie alors le sud-est de la Chine au système commercial de l'Océan indien. Les marchands sont des pionniers de l'échange culturel[35]. Ainsi, sur le modèle des études d'histoire globale développées depuis quelques décennies en Occident portant sur les interactions et échanges culturels dans un lieu donné (comme par exemple les travaux de Romain Bertrand sur Java[36]), les chercheurs chinois commencent à faire de telles études monographiques sur des lieux stratégiques situés en Chine et ayant été au cœur d'échanges et de mélanges de civilisations.

Les débuts de l'époque moderne

Plusieurs historiens chinois s'intéressent aux relations entre les Chinois et les missionnaires occidentaux, notamment jésuites, durant l'époque médiévale et moderne. Ils étudient l'influence sans précédent exercée par les missionnaires chrétiens sur la haute société chinoise. De nombreuses sources permettent à ces historiens de cerner combien ces échanges culturels ont été féconds : lettres, journaux intimes, œuvres de missionnaires occidentaux, archives des empereurs chinois, œuvres des chercheurs et lettrés chinois, récits des missionnaires comme Matteo Ricci[37].

Yaochum Liu, de l'université du Sichuan, s'intéresse à l'échange de culture matérielle entre Orient et Occident et étudie en particulier les éléments orientaux de la Renaissance italienne. Il observe qu'on connaît bien l'influence de la culture byzantine sur la Renaissance italienne, mais moins l'influence des cultures islamique et chinoise sur cette même Renaissance italienne. Il explore ce domaine par l'étude des échanges culturels matériels (soie, porcelaine) ; et de l'engouement pour les « chinoiseries » en Italie et en Europe ; il étudie aussi l'introduction de la culture matérielle européenne et de la culture de la Renaissance en Chine[38].

La route de la soie et l'« échange colombien »

Le Chinois Weiwei Zhang de l'université de Nankai (Chine) réfléchit à la notion d'« échange colombien » et y relie la route de la soie. L'échange colombien est un événement majeur de l'histoire de l'écologie, de l'agriculture et des civilisations. Cette notion désigne l'immense échange de plantes et d'animaux, ainsi que de populations humaines (et de ce qui en découle comme les maladies)

---

35. 20ᵉ WHA conférence, Pékin 2011 : Cheng SHI, « Trade between Quanzhou and Indian Ocean and the Spread of Religions in Quanzhou ».
36. Romain Bertrand, *L'Histoire à parts égales. Récits d'une rencontre Orient-Occident (xvɪᵉ-xvɪɪᵉ siècles)*, Paris, Seuil, 2011 ; *État colonial, noblesse et nationalisme à Java : la Tradition parfaite (xvɪɪᵉ-xxᵉ siècles)*, Paris, Karthala, 2005.
37. 20ᵉ WHA conférence, Pékin 2011 : Mei JIANG, « Foreign Barbarians as Recorded by Chinese Envoys Abroad and the Problem of "Chinese v. Barbarians" During the Song Dynasty ». Yuqin LAI, « Other Image: Western Missionaries in the Ming and Qing Dynasties in both Chinese and Foreign Annals ».
38. 20ᵉ WHA conférence, Pékin 2011 : Yaochun LIU, « The Exchange of Material Culture between West and East: the Oriental Elements of the Italian Renaissance ».

entre les hémisphères ouest et est à partir de 1492, lorsque le premier voyage de Christophe Colomb a ouvert une ère de contact entre Ancien et Nouveau monde. L'échange colombien apparaît comme une révolution écologique due au début de ces échanges entre Ancien et Nouveau monde. Des aliments nouveaux ont été introduits en Europe, en Amérique et en Afrique, et de nouvelles régions dans le Nouveau monde ont été mises en culture. Mais pour Weiwei Zhang, l'échange colombien n'est qu'une expansion de la route de la soie. Cet historien conteste la conception qu'il juge eurocentrique de l'échange colombien comme d'un événement d'une importance révolutionnaire, et la vision selon laquelle cet échange se serait fait entre d'une part l'Europe/Occident/cœur et d'autre part ses colonies/périphéries. L'auteur suggère que la route de la soie et l'échange colombien ne sont pas deux processus séparés mais sont les composantes d'un même réseau d'échange global[39]. En fait il réclame que la route de la soie soit considérée comme aussi importante que l'échange colombien, et que l'on n'adopte plus, pour la considérer, le schéma centre/périphérie (l'Europe vue comme le centre et l'Orient, la Chine, comme la périphérie). Cet historien s'inscrit donc dans le courant anti-eurocentrisme, répandu chez les *world historians* chinois.

De la Renaissance à l'époque contemporaine

Plusieurs historiens chinois s'intéressent à l'influence de la civilisation chinoise en Occident à l'époque moderne. Jingjun Yang, de la Beijing Union University, étudie les interactions entre Occidentaux et Chinois pendant les dynasties Ming (XIVe-XVIIe siècle) et Qing (XVIIe-début XXe siècle). Ces dynasties ont été des périodes de grandes interactions entre la Chine et l'Europe. Jingjun Yang analyse l'introduction de la culture chinoise en Occident. Elle s'est faite essentiellement par le biais des missionnaires occidentaux, qui ont introduit en Europe les objets chinois (objets de porcelaine, soie, laque) et les innovations scientifiques et technologiques chinoises. Il montre les impacts qu'a eus la culture chinoise sur l'Occident, dans le domaine de l'architecture, de l'art, des sciences et technologies et de la vie quotidienne [40]. D'autres historiens s'intéressent également aux relations entre la Chine et l'Occident autour du XVIIIe siècle[41].

Les missionnaires occidentaux, et en particulier les jésuites, apparaissent comme des sujets d'étude très pertinents pour une histoire mondiale des échanges culturels Orient/Occident. Étudiés jusqu'à présent essentiellement par des chercheurs occidentaux, ils font à présent l'objet de recherches de la part des historiens chinois : Zhesheng Ouyang, de l'université de Pékin, étudie « l'expérience de Pékin » des jésuites français au XVIIIe siècle. Les jésuites occupaient un statut avantageux par rapport aux autres occidentaux à Pékin,

---

39. Asian world history Congress, 27-30 avril 2012 : Weiwei ZHANG, « The Silk-road and the Columbian Exchange: Global Exchange Networks of Asia in a Noncentric and Holistic Perspective ».
40. 20e WHA conférence, Pékin 2011 : Jingjun YANG, « A Study of the Influence of "the East Doctrine to the West" during the Ming and Qing Dynasties ».
41. 20e WHA conférence, Pékin 2011 : Xiaohua CHEN, « The Interactive Relationship between China and the West in the 18th Century: Academic Exchange and Inheritance - A Case Study of Handed-Down Documents ».

étant donné leur nombre, le rôle important qu'ils jouaient et l'importance de leurs écrits. Beaucoup d'entre eux étaient des scientifiques et des artistes en plus d'être des théologiens. Ils sont devenus le symbole de l'échange culturel sino-français. Leurs écrits sur la Chine, essentiellement sous forme de lettres et de mémoires, peuvent être selon cet historien divisés en trois groupes : 1) leurs observations de la ville de Pékin, des scènes de rue ; 2) leur vie à Pékin ; leurs relations avec la dynastie Qing, avec les habitants, leurs activités missionnaires, scientifiques et artistiques ; 3) leur évaluation des capacités chinoises politiques, économiques, culturelles, technologiques, militaires et leur comparaison entre Chine et Occident. Ces œuvres ont eu un profond impact sur le monde intellectuel français et la société occidentale en général. Les jésuites sont sûrement, estime-t-il, pour quelque chose dans le courant des « chinoiseries » dans l'Europe du XVIIIe siècle. Les livres monumentaux du jésuite Du Halde sont la principale source par laquelle les Occidentaux ont imaginé la Chine, ils ont exercé un impact sur les Lumières. L'image de la Chine qu'ont développée les Européens est très redevable aux jésuites[42].

La littérature est aussi une source importante pour le *world historian*, et son étude sous l'angle historique est particulièrement fructueuse lorsqu'elle est transculturelle (c'est-à-dire lorsqu'un chercheur d'une aire culturelle étudie une œuvre d'une autre aire culturelle). Ainsi, Xiangyang Ye, de la *Beijing Foreign Studies University*, étudie l'image de la Chine en Occident aux XVIIIe-XIXe siècles, et en particulier à travers les œuvres de la femme de lettres française Judith Gauthier (1845-1917). Son père, l'écrivain Théophile Gauthier, ayant recueilli un lettré chinois, Ding Dunling, réfugié politique en France, celui-ci a appris à Judith la langue chinoise et l'a initiée à la littérature chinoise. À vingt-deux ans, elle publie *Le Livre de Jade*, une collection d'anciens poèmes chinois, ce qui lui assure grand succès auprès des lettrés de l'époque. Puis en 1869 elle publie *Le Dragon impérial*, roman à thème chinois. À cette époque et depuis le XVIIIe siècle, les œuvres littéraires à thème chinois connaissent une grande vogue en Occident, c'est la mode des « chinoiseries ». Xiangyang Ye étudie l'image de la Chine reflétée dans les œuvres littéraires occidentales publiées au tournant du XIXe-XXe siècles, en se centrant sur quatre pièces de Judith Gautier (1845-1917) avec des thèmes chinois : *Le Ramir blanc* (1880), *La Tunique merveilleuse* (1889), *L'Avare chinois* (1908), *La Fille du ciel* (1911). Le chercheur observe que ces pièces partagent les caractéristiques suivantes : distance par rapport à la réalité chinoise, non-respect pour les faits et la chronologie historique, passion romantique et exotisme. La Chine sous la plume de Judith Gautier est un pays merveilleux ; on peut y voir un retour à la sinophilie des Lumières[43]. Il est intéressant que ces œuvres d'une romancière française soient étudiées par un chercheur chinois, jusque là de telles œuvres avaient été uniquement étudiées par des chercheurs occidentaux,

---

42. 20e WHA conférence, Pékin 2011 : Zhesheng OUYANG, « The "Beijing Experience" of 18th Century French Jesuits ».
43. 20e WHA conférence, Pékin 2011 : Xiangyang YE, « Dramatic China: Centering on Judith Gautier's Dramas with Chinese themes ».

le fait qu'elles soient étudiées par un chercheur chinois permet de décentrer la perspective.

Outre les œuvres littéraires, ce sont aussi les carnets de voyage et les journaux intimes qui peuvent servir de source au *world historian*. Jinghe Liang, de la *Capital Normal University* de Pékin, étudie « la vie européenne et américaine vue par les Chinois du début de la modernité ». Dès avant les années 1870, des étudiants chinois ainsi que des ambassadeurs chinois sont allés à l'étranger ; quel regard ont-ils porté sur la vie en Europe et en Amérique ? Ils ont noté leurs remarques dans des journaux intimes et notes de voyage, matériaux précieux pour l'historien. Ces matériaux peuvent apparaître comme des « encyclopédies de l'Occident », ils concernent la démocratie, la production industrielle, le développement agricole, la géographie, le commerce, l'éducation, la culture, la vie sociale. Ils décrivent les habitudes alimentaires et vestimentaires... Jinghe Liang observe que les Chinois avaient un intérêt particulier pour la vie quotidienne en Occident, qui exerçait un grand attrait sur eux. Cet intérêt a permis de faire naître des échanges et un dialogue entre les deux cultures[44].

Une autre source très intéressante est la presse, et en particulier la presse transculturelle, c'est-à-dire publiée dans une autre langue que le pays où elle paraît[45] ou bien publiée par des étrangers au pays où elle paraît. Daichun Yang de la *Hunan University* (Chine) étudie l'introduction et la diffusion de la philosophie occidentale par le *Wan Kwoh Kung Pao* à la fin de la dynastie Qing[46]. Ce mensuel paru en Chine de 1868 à 1907 a été fondé et édité par le missionnaire américain méthodiste Young John Allen. Il traitait aussi bien des questions politiques concernant l'Occident que des vertus du christianisme. Il a eu un lectorat important en Chine. Il est intéressant d'étudier de tels journaux qui ont fait le lien entre culture occidentale et culture chinoise.

Si plusieurs chercheurs chinois s'attachent à mettre en valeur la spécificité de la civilisation chinoise et même, parfois, à établir sa primauté, sa précocité sur celle de l'Occident, certains soulignent au contraire les points communs entre culture chinoise et occidentale. Ainsi, Hong Yin, de la *Huanan Normal University*, s'intéresse à la médecine traditionnelle et, de manière novatrice, rapproche la médecine traditionnelle occidentale de la médecine traditionnelle chinoise, il montre qu'« il y a beaucoup de similarités entre la médecine occidentale traditionnelle et la médecine chinoise traditionnelle » ; « le fossé entre la médecine occidentale et la médecine chinoise est apparu il y a seulement un siècle », observe-t-il[47].

---

44. 20ᵉ WHA conférence, Pékin 2011 : Jinghe LIANG, « European and American Life as Seen by the Early Modern Chinese: A Case Study of Going Global Series ».
45. Cette presse en langue étrangère a été étudiée pour le cas de la France par Diana Cooper-Richet. Cf. Diana Cooper-Richet, « Des objets de recherche à l'épreuve des frontières et des temporalités : l'histoire des mineurs de charbon et des imprimés en langues étrangères », in *Essais d'histoire globale*, Chloé Maurel (dir.), Paris, L'Harmattan, 2013, p. 45-60.
46. 20ᵉ WHA conférence, Pékin 2011: Daichun YANG, « The Introduction and Diffusion of Western Philosophy by Wan Kwoh Kung Pao during the Late Qing Dynasty ».
47. 20ᵉ WHA conférence, Pékin 2011: Hong YIN, « Analysing the Development of the Regimen of Medicine in Early Modern England ».

Les associations transnationales sont un autre objet d'étude particulièrement pertinent pour l'histoire mondiale. Étudier l'action de telles institutions sur le sol chinois est une démarche novatrice. C'est ce que fait Furong Zuo, de la *Beijing Union University* : il étudie les relations entre le YWCA chinois et les YWCA d'Europe et d'Amérique. Le YWCA, organisation religieuse féminine, est né en 1855 à Londres et s'est diffusé en Europe puis en Amérique, s'étendant sur plus de 100 pays. Il a été introduit en Chine à la fin du XIXe siècle. Les secrétaires occidentaux de cette association ont influencé le YWCA chinois, introduisant des idées comme le management démocratique. Sous la conduite du YWCA chinois, des femmes ont pris part activement aux affaires internationales et se sont émancipées. À travers son étude du YWCA chinois, Furong Zuo montre que les relations entre le YWCA chinois et ceux d'Europe et d'Amérique reflètent à la fois la collision et la fusion entre les deux cultures[48].

Les études d'histoire mondiale peuvent aussi porter sur des objets transnationaux comme les maladies. C'est ce qu'a fait dès 1976 l'historien américain William McNeill (un des principaux précurseurs de l'histoire mondiale), avec son livre *Plagues and Peoples*, puis en 1989 Alfred Crosby avec son étude sur la grippe espagnole de 1918, *America's Forgotten Pandemic: The Influenza of 1918*[49]. Des chercheurs chinois se placent aujourd'hui dans la lignée de ces travaux : ainsi, Shian Li, de l'université Renmin à Pékin, étudie la flambée de l'épidémie de choléra indienne dans le monde au XIXe siècle. Cette épidémie a été diffusée dans le monde par les Occidentaux, essentiellement les Britanniques de 1817 à 1846. L'armée britannique a joué un rôle comme disséminateur. Le choléra s'est diffusé de l'Inde vers le Népal et l'Afghanistan, en Chine, en Europe de l'Est, de l'Ouest, et en Grande-Bretagne, puis en Amérique. Pour Shian Li, la Chine a été forcée de commencer son processus de modernisation juste après la diffusion du choléra sur son territoire dans les années 1820 et non pas après la guerre de l'opium en 1840 comme on le considère traditionnellement. Il estime aussi qu'en Occident également cette épidémie a eu des conséquences sur les politiques sociales : la diffusion du choléra y aurait entraîné le développement d'idées réformistes, la volonté d'instaurer des structures sanitaires ; en Grande-Bretagne le « comité de la santé » a été instauré par le Parlement en 1842. Presque en même temps les États-Unis ont établi le système national de santé et notamment l'eau courante, les égouts [50]. Cette analyse qui lie diffusion transnationale d'une maladie et évolution des politiques sociales est novatrice et intéressante.

La mémoire de la Seconde Guerre mondiale en Chine

Les études sur la mémoire d'une guerre, ou plus généralement sur les relations entre histoire et mémoire, ont été développées depuis plusieurs années en

---

48. 20e WHA conférence, Pékin 2011 : Furong ZUO, « The Relations Between the Modern Chinese YWCA and those in Europe and America ».
49. William McNeill *Plagues and Peoples*, New York, Doubleday, 1976; Alfred Crosby *America's Forgotten Pandemic: The Influenza of 1918*, Cambridge, Cambridge University Press, 1989-1990.
50. 20e WHA conférence, Pékin 2011 : Shian LI, « The Outbreak of Indian Endemic Cholera in the World ».

Occident, on peut citer par exemple les travaux d'Elise Julien sur la mémoire de la Première Guerre mondiale en France et en Allemagne[51] et les réflexions de Jean-Louis Robert sur le thème « mémoire et société »[52]. Récemment, plusieurs chercheurs chinois se sont mis à travailler sur la mémoire de la Seconde Guerre mondiale dans différents pays. La Seconde Guerre mondiale est un épisode particulièrement important pour la Chine, ayant commencé dès 1937 par l'invasion japonaise. Ainsi, Zhanjun Liang de la *Capital Normal University* de Pékin étudie la mémoire nationale de la Seconde Guerre mondiale en Chine. Cette victoire est aussi la première victoire de la Chine sur des agressions étrangères dans les temps modernes. Mais, au lendemain de la guerre, comme il l'observe, la commémoration de la victoire a été vite tempérée par le début de la guerre civile (1945-1949). Après la fondation de la RPC en 1949, le gouvernement chinois a prêté peu d'attention à la commémoration de la victoire de la Seconde Guerre mondiale, du fait de la division désormais patente entre communistes et nationalistes (alors que les deux camps étaient unis durant la Seconde Guerre mondiale) et du début de la guerre froide. Une commémoration officielle a eu lieu seulement avec les réformes et l'ouverture de la Chine sous Deng Xiaoping. En 1985, le gouvernement chinois a organisé la première commémoration à grande échelle de la victoire de 1945. Par la suite, le gouvernement a organisé de grandes commémorations à chaque anniversaire de 10 ans, en 1985, 1995 et 2005[53]. La mémoire de la Seconde Guerre mondiale en RPC semble ainsi avoir été, durant la période maoïste, en quelque sorte « refoulée », un peu comme celle de la période de Vichy et de la guerre d'Algérie en France[54], et ce quand bien même il s'agissait d'une victoire de grande ampleur, ayant permis à la Chine d'obtenir un siège de membre permanent au conseil de sécurité des Nations unies.

L'étude des diasporas

Dans le sillage de l'étude de l'historien singapourien Wang Gungwu sur les migrations[55] et de l'ouvrage magistral de l'historien africaniste américain Patrick Manning *The African Diaspora*[56], plusieurs historiens chinois s'intéressent aux diasporas, notamment celles qui ont été effectuées dans l'aire chinoise[57]. Ils lient cette étude des diasporas avec celle des religions. Ainsi Jinhong Zhang, de l'université normale du Fujian en Chine s'intéresse à la province du Fujian dans le sud-est de la Chine. Cette province tient une place majeure dans l'histoire de la

---

51. Élise Julien, *Paris, Berlin : la mémoire de la Première Guerre mondiale (1914-1933)*, Rennes, PUR, 2010.
52. Jean-Louis Robert a animé un séminaire sur ce thème en 2000 au Centre d'histoire sociale du xxe siècle à Paris.
53. 20e WHA conférence, Pékin 2011 : Zhanjun LIANG, « National Memory of World War II in China ».
54. Raphaëlle Branche, *La guerre d'Algérie, une histoire apaisée ?*, Paris, Points Seuil Histoire, 2005 ; Éric Rousso, Henry Rousso, *Vichy, un passé qui ne passe pas*, Paris, Fayard, 1994.
55. Wang Gungwu, *Global History and Migrations*, Boulder, Westview Press, 1996.
56. Patrick Manning, *The African Diaspora: A History through Culture*, Columbia University Press, 2010.
57. La diaspora chinoise a été étudiée en France notamment par Pierre Gentelle, *Chine et « diaspora »*, Paris, Ellipses, 2000.

diaspora chinoise. Ses habitants avaient une tradition d'aller travailler outre-mer du fait d'une forte population et du manque de terres arables ; depuis le temps des grandes explorations, les missions protestantes et les ordres catholiques se sont rendus en Asie maritime, ainsi s'est formé un christianisme multinational en Asie. Jinhong Zhang montre que cette population a développé de ce fait une culture métissée[58].

C'est, de manière novatrice, à la diaspora juive en Chine que s'intéresse Guang Pan, de la *Shanghai Academy of Social Sciences*. Il étudie les quatre vagues d'immigration juive en Chine. C'est pendant la dynastie Tang autour du XIIIe siècle que les premiers groupes de juifs sont arrivés en Chine par la route de la soie. D'autres ont pu venir par voie maritime. Ce n'est pas avant la dynastie Song (960-1279) que la communauté juive Kaifeng s'est formée. Plus tard, des juifs sépharades sont arrivés en Chine suite à la guerre de l'opium en 1840-41, beaucoup d'entre eux étaient marchands et hommes d'affaires faisant affaires avec les Britanniques. Ils ont révélé leurs talents commerciaux, ils ont développé des activités d'import-export florissantes. Avant 1940, les juifs sépharades, juifs russes et juifs réfugiés de l'Europe nazie étaient plus de 40 000 en Chine, formant la plus grande communauté juive en Extrême-Orient[59]. Cette étude de la diaspora juive en Chine sur un temps long ouvre des perspectives de réflexion stimulante et permet d'éclairer d'un jour nouveau l'histoire de l'implication de la Chine dans la Seconde Guerre mondiale contre le nazisme.

Gros plan sur les passeurs entre les civilisations d'Orient et d'Occident

Les « passeurs » de civilisation, personnes qui ont été au contact de deux cultures et ont contribué à l'influence d'une culture sur une autre, sont des sujets privilégiés d'étude pour le *world historian*. Plusieurs historiens occidentaux ont étudié le rôle de ces passeurs, par exemple entre la société coloniale et ses colonies[60]. Récemment, des historiens chinois se sont intéressés à ces passeurs entre Chine et Occident, aussi bien des Chinois étant allés en Occident que des Occidentaux s'étant implantés en Chine.

C'est à l'archéologue chinois Li Ji (1896-1979), que s'intéresse Chunmei Yang, de la *Qufu Normal University*. Li Ji a étudié aux États-Unis de 1918 à 1923 avec l'aide du gouvernement chinois. Il a étudié l'anthropologie à Harvard, puis est retourné en Chine où il a entrepris des fouilles archéologiques. Ses travaux d'archéologue sont influencés par les méthodes anthropologiques, il utilise la méthode comparative, dépassant le cadre strictement national. Pour lui, la Chine est un espace ouvert qui a été ouvert aux influences de différentes civilisations.

---

58. Asian world history Congress, 27-30 avril 2012 : Jinhong ZHANG, « Fukien and the Maritime Asian History: An Approach of Missology ».
59. 20e WHA conférence, Pékin 2011 : Guang PAN, « Four Waves of Jewish Immigration to China in History ».
60. Ex : Claude Liauzu, *Colonisations, migrations, racismes : histoires d'un passeur de civilisation*, Paris, Syllepse, 2009.

Il refuse l'idée que la culture chinoise trouve son origine en Occident[61]. Li Ji est considéré comme le père de l'archéologie chinoise moderne[62]. Il est intéressant de cerner l'ambivalence de la position de Li Ji, à la fois influencé par la culture et les méthodes occidentales, et soucieux d'affirmer la spécificité de la culture chinoise.

C'est surtout à des « passeurs » occidentaux que s'intéressent les historiens chinois, et le regard d'historiens chinois sur ces personnages occidentaux est complémentaire de celui que peuvent porter sur eux des historiens occidentaux. Minlu Zhang, de la *Capital Normal University* de Pékin, étudie les relations sino-anglaises au XIXe siècle et en particulier le rôle du diplomate britannique Thomas F. Wade, qui a vécu en Chine de la guerre de l'opium jusqu'en 1882. Linguiste et sinologue, Wade s'est beaucoup consacré à la compréhension interculturelle par le biais de ses échanges avec la société chinoise[63]. Il a créé en 1859 un système de romanisation pour la transcription de la prononciation chinoise. Après son retour en Angleterre en 1883, il a fait don de plus de 4 000 volumes de littérature chinoise à la bibliothèque de l'université de Cambridge (où il avait été étudiant), enrichissant ainsi sa collection orientale[64]. Ce personnage a donc beaucoup contribué à la connaissance de la Chine par les intellectuels britanniques.

Yanli Gao, de l'université de Pékin, s'intéresse quant à lui à l'Américain Walter Henry Judd (1898-1994), qui a joué un rôle important dans les relations sino-américaines : guidé par de fortes convictions religieuses et par ce qu'il considérait comme l'appel de Jésus, il a quitté les États-Unis pour la Chine en 1925. Il a travaillé comme médecin missionnaire en Chine du sud de 1925 à 1931 et dans le nord de la chine de 1934 à 1938, puis est retourné aux États-Unis en 1938 à cause de l'invasion de la Chine par le Japon. Entre 1938 et 1940 il a parcouru les États-Unis, faisant quelque 1 400 discours dans 46 États d'Amérique sur la crise en Asie orientale. Il a exprimé un désaccord en particulier sur les expéditions américaines de matières premières au Japon, et a appelé à un programme d'aide économique et en armes vers la Chine. Il a appelé les États-Unis à soutenir la Chine contre l'agression japonaise. Il aurait aussi prédit le conflit entre le Japon et les États-Unis plusieurs années avant Pearl Harbor. Après l'attaque de Pearl Harbour, beaucoup d'Américains qui avaient entendu ses discours ont considéré Judd comme un prophète. Cela lui a apporté des soutiens dans sa tentative d'être élu au Congrès. Soutenu par les républicains libéraux et les indépendants, il se présente dans le Minnesota en 1942. Il est élu comme républicain en 1943 pour 9 mandats successifs. Il a été considéré comme le premier et un des meilleurs « *China Hand* » au Congrès. La notion américaine de « *China Hand* » est

---

61. 20e WHA conférence, Pékin 2011 : Chunmei YANG, « Clasical China and the World in the Eyes of an Archaeologist: Liji's World View and Synthetical-Comparative Methods ».
62. Cf. Clayton D. Brown : *Li Ji: Father of Chinese Archaeology*. In: *Orientations*, vol. 39, n° 3, avril 2008, p. 61-66 ; « Li Chi » in *Encyclopædia Britannica*, 2010. Encyclopædia Britannica Online, 13 septembre 2010 <http://www.britannica.com/EBchecked/topic/338559/Li-Chi>
63. 20e WHA conférence, Pékin 2011 : Minlu ZHANG, « T. F. Wade and Sino-Anglo Relations in the 19th Century ».
64. Sur ce personnage, cf. Cooley, James C., Jr. *T.F. Wade in China: Pioneer in Global Diplomacy 1842-1882*, Leiden, E. J. Brill, 1981.

intéressante : elle désigne des diplomates, journalistes, militaires ou intellectuels américains qui ont, autour des années 1940, promu la cause de la Chine aux États-Unis ; un autre « *China Hand* » de renom est l'historien américain John Fairbank, professeur à Harvard et l'un des créateurs du domaine des « *Area Studies* », études sur des aires culturelles spécifiques et notamment sur l'aire chinoise ; après la victoire des communistes en Chine en 1949, les « *China Hand* » ont souvent été suspectés de communisme et inquiétés dans le cadre du maccarthysme. Judd, pendant 17 de ses 20 ans passés au Congrès, a été membre du comité des affaires étrangères de la Chambre des représentants ; ce poste lui a permis de jouer un rôle significatif en encourageant le Congrès à prêter plus attention aux questions extrêmes-orientales et à la Chine. Ferme soutien de Tchiang Kaï-chek et de son gouvernement nationaliste exilé à Taiwan, il a pressé le gouvernement américain d'adopter une politique de *containment* envers la RPC[65]. Le fait que des historiens chinois de RPC s'intéressent aujourd'hui, en toute impartialité, à ce personnage qui était un anti-communiste convaincu et qui soutenait le régime de Taïwan, révèle l'ouverture actuelle et la plus grande liberté de recherche régnant dans la communauté scientifique chinoise, et complète utilement, par un regard décentré, les études faites sur ce personnage par des chercheurs occidentaux ou établis dans des institutions occidentales[66]. L'étude des « *China Hand* » permet de mieux saisir les relations diplomatiques américano-chinoises au XXᵉ siècle et est une contribution importante à l'étude des réseaux et des circulations culturelles transnationales.

Une contestation du modèle centre/périphérie

Weiwei Zhang, de la *Nankai University de Tianjin* (Chine), étudie l'enseignement de l'histoire mondiale en Chine. Ce chercheur a enseigné durant trente ans l'histoire mondiale à l'université de Nankai, selon une approche se voulant « non-centrique et holistique »[67]. Il fait une critique de la structure centre-périphérie, héritée de chercheurs d'inspiration marxiste comme Andre Gunder Frank, Immanuel Wallerstein, Samir Amin[68]. L'histoire chinoise ne doit pas se limiter, dit-il, à une histoire de la Chine dans ses limites frontalières. Malheureusement l'histoire chinoise a été comprise et interprétée dans une perspective soit sinocentrique soit eurocentrique/occidentalocentrique, aussi bien par les Chinois que par les historiens étrangers. La Chine a été considérée comme centre ou comme périphérie dans la structure centre/périphérie de l'histoire globale. L'auteur pense que la place de la Chine a été marginalisée avec la structure centre/périphérie, et qu'il faut réévaluer sa place dans l'histoire globale. Il estime que

---

65. 20ᵉ WHA conférence, Pékin 2011 : Yanli GAO, « An American's Observations on China in the Early 20th Century ».
66. Cf. Edwards, Lee, *Missionary for Freedom: The Life and Times of Walter Judd*, New York, Paragon House, 1990 ; Yanli Gao, « Judd's China: a missionary congressman and US-China policy », *Journal of Modern Chinese History*, vol. 2, n°2, décembre 2008, p. 197-219.
67. Asian world history Congress, 27-30 avril 2012, Weiwei ZHANG, « World History Teaching in China: Past, Present and Future ».
68. Cf. Georges Saunier, « Quelques réflexions sur le concept de Centre et Périphérie », *Hypothèses*, n°1, 1999, p. 175-180.

dans le cadre de l'histoire mondiale/globale, il y aurait un préjugé de supériorité des Occidentaux, et un sentiment d'infériorité des historiens chinois, influencés par l'occidentalocentrisme[69]. Ainsi, de manière apparemment étonnante, la volonté de cet historien de revaloriser la place de la Chine l'amène à contester un schéma mis en place par des historiens inspirés par le marxisme, doctrine pourtant toujours en vigueur en Chine.

---

69. 20e WHA conférence, Pékin 2011: Weiwei ZHANG, « Critique of Center-Periphery Structure: China in Global History from a Noncentric and Holistic Perspective ».

Conclusion
de la deuxième partie

Aujourd'hui, en Chine, l'histoire globale (« *quanqiu shiguan* ») est un concept très répandu : cette expression suscite plus de 2 millions d'occurrences sur le moteur de recherche chinois Baidu, et tout récemment l'importante revue *China Social Sciences Today* a publié un article sur l'histoire globale[1]. Le grand nombre et la diversité des thèmes d'histoire mondiale/globale abordés par des chercheurs chinois dans des colloques internationaux attestent de l'engouement de ce courant en Chine.

Mais ce concept, comme l'observe l'historien chinois Liu Xincheng, donne lieu à des réactions contrastées dans la communauté historienne chinoise : d'une part, beaucoup de chercheurs chinois adhèrent à cette notion, sont enthousiastes, vantant l'avancée épistémologique qu'une telle approche permet, considérant même pour certains que c'est un des progrès épistémologiques les plus importants depuis la Seconde Guerre mondiale[2] ; mais d'autre part, plusieurs historiens chinois sont méfiants, réticents ; la réticence, analysée par Sun Yue, de la communauté historienne chinoise envers la *Big History* (courant englobant l'ensemble de l'histoire de la planète Terre) l'illustre[3] ; l'ouvrage *China: A Macro History* (1988, traduit en chinois en 1993), de l'historien chinois établi aux États-Unis Ray Huang[4], a reçu beaucoup de commentaires critiques, et celui de l'Américain David Christian, *Map of Time: An Introduction to Big History* publié en 2007, a été reçu froidement en Chine.

Pourquoi cette réticence de beaucoup d'historiens chinois envers l'histoire globale ? Certains, comparant l'histoire globale avec la doctrine du matérialisme historique de Marx, reprochent à l'histoire globale de ne pas constituer un récit aussi uniforme, cohérent que cette dernière ; d'autres s'inquiètent d'un possible « discours néocolonialiste » caché derrière l'histoire globale, à l'instar de la théorie de la modernisation en vogue en Occident à partir des années 1950 ; d'autres encore qualifient d'utopique la tentative des *global historians* d'adopter une approche anti-eurocentrique, de se libérer du tropisme nationaliste et

---

1. Li Qiang, « Global History: A Representative of Those Reflecting on Occident-Centrism », *China Social Sciences Today*, 9 juin 2011, p. 9.
2. Liu Xincheng, article cité.
3. Asian world history Congress, 27-30 avril 2012 : Yue SUN, « Why Is Big History Neglected in China? ».
4. Ray Huang a obtenu un doctorat de l'université du Michigan, et a travaillé avec l'historien des sciences britannique Joseph Needham, contribuant à son imposant ouvrage *Science et civilisation en Chine* (projet lancé en 1948 et publié à partir de 1954). Ray Huang a ensuite enseigné l'histoire chinoise aux États-Unis et a travaillé dans ce domaine avec le sinologue américain John Fairbank.

d'écrire une histoire accessible aux habitants du monde entier. Ainsi, l'histoire mondiale/globale suscite en Chine une véritable « controverse académique »[5]. Mais celle-ci, loin d'affaiblir le développement de ce courant en Chine, le renforce au contraire, donnant lieu à des débats passionnés et à un intense foisonnement de publications. Ainsi, alors que jusqu'à présent les œuvres majeures en histoire globale sont provenues d'Occident et plus particulièrement des États-Unis (McNeill, Gran, Gunder Frank, Manning...), peut-être que les prochains ouvrages-clés sur l'histoire globale nous viendront de Chine ?

---

5. Liu Xincheng, article cité.

Conclusion

Ainsi l'histoire mondiale/globale offre des chantiers de recherche passionnants. De multiples travaux ont été menés dans la dernière décennie dans ce domaine dans le monde anglo-saxon, attestant d'un renouveau de la méthode comparative et d'une vogue non démentie de l'approche transnationale. C'est également dans plusieurs autres pays, comme l'Allemagne ou la Chine, que des travaux d'histoire globale ont émergé. Toutefois, mener des travaux en histoire mondiale/globale nécessite souvent de maîtriser plusieurs langues étrangères et de brasser une bibliographie considérable, ainsi que d'étudier des sources disséminées dans le monde entier, ce qui peut être un frein. Néanmoins, le dynamisme de ce courant outre-atlantique et la richesse des conclusions qui découlent de ces travaux pourraient inciter les chercheurs français à davantage s'investir dans ce créneau de recherche.

Bibliographie indicative

Cette bibliographie est volontairement succinte et comporte uniquement des ouvrages parus au XXIe siècle pour permettre au lecteur une approche abordable et actuelle de l'histoire globale.

Livres

BAYART Jean-François, *Le Gouvernement du monde. Une critique politique de la globalisation*, Paris, Fayard, 2004.

BERTRAND Romain, *L'histoire à parts égales : Récits d'une rencontre Orient-Occident (XVIe-XVIIIe siècle)*, Paris, Seuil, 2011.

CAILLÉ A. et DUFOIX S. (dir.), *Le « tournant global » des sciences sociales*, Paris, La Découverte, 2013.

CHAKRABARTY Dipesh, *Provincializing Europe. Postcolonial thought and historical difference*, Princeton, Princeton University Press, 2000.

CHARLE Christophe, SCHRIEWER Jürgen, WAGNER Peter (dir.), *Tansnational intellectual networks. Forms of academic knowledge and the search for cultural identities*, New York, Francfort, Campus, 2004.

DELACROIX C., DOSSE F., GARCIA P. et OFFENSTADT N. (dir.), *Historiographies. Concepts et débats*, Paris, Gallimard / Folio Histoire, tomes 1 et 2, 2010.

DE LA PORTA Donatella, KRIESI Hanspeter, RUCHT Dieter, *Social Movements in a Globalizing World*, Basingstoke, Palgrave Macmillan, 2009.

GRANDMER Margarete, ROTHERMUND Dietmar, and SCHWENTKER Wolfgang (dir.), *Globalisierung und Globalgeschichte*, Vienne, Mandelbaum Verlag, 2005.

HARTOG François, *Régimes d'historicité : présentisme et expériences du temps*, Paris, Seuil, 2003.

HOPKINS Anthony G. (dir.), *Globalization in world history*, Pimlico, 2002.

MANNING Patrick, *Navigating world history*, Palgrave Macmillan, 2003.

MANNING Patrick (dir.), *World History : Global and Local Interactions*, Markus Wiener Publications, 2005.

MCNEILL John R. and MCNEILL William H., *The human web : a bird's-eye view on world history*, New York, W.W. Norton, 2003.

NOREL Philippe, *L'histoire économique globale*, Paris, Seuil, 2009.

NOREL Philippe, *L'Invention du Marché. Une histoire économique de la mondialisation*, Paris, Seuil, 2004.

SACHSENMAIER Dominic, *Global perspectives on global history. Theories and approaches in a connected world*, Cambridge, New York, Cambridge University Press, 2011.

SAUNIER Pierre-Yves et IRIYE Akira (dir.), « Transnational », *Palgrave Dictionary of transnational history*, Londres, Palgrave Macmillan, 2009.

SUBRAMANYAM Sanjay, *Explorations in Connected history: from the Tagus to the Ganges*, Oxford, Oxford University Press, 2005.

Testot Laurent et Norel Philippe (dir.), *Une histoire du monde global*, Paris, Éditions Sciences humaines, 2012.

Testot Laurent, *Histoire globale, un autre regard sur le monde*, Paris, Éditions Sciences humaines, 2008.

Unfried Berthold, Mittag Jürgen, and Van der Linden Marcel (dir.), *Transnational networks in the 20th century. Ideas and practices, individuals and organizations*, Leipzig, Akademische Verlagsanstalt, 2008.

Werner Michael et Zimmermann Bénédicte (dir.), *De la comparaison à l'histoire croisée*, Paris, Seuil, 2004.

Woolf Daniel, *A global history of history*, Cambridge, Cambridge University Press, 2011.

Dossiers de revues françaises consacrés à l'histoire globale

– Dossier « Une histoire à l'échelle globale », *Annales. Histoire, sciences sociales*, vol. 56, n° 1, 2001.

– Dossier « Histoire globale, histoires connectées », *Revue d'histoire moderne et contemporaine* (RHMC), Belin, vol. 54, n° 4 bis, 2007.

– Dossier « Écrire l'histoire du monde », *Le Débat*, n° 154, mars-avril 2009.

– Dossier « Pourquoi l'histoire globale ? », *Cahiers d'histoire. Revue d'histoire critique*, n° 121, avril-juin 2013.

– Dossier « Histoire globale », *Actuel Marx*, n° 53, avril 2013.

Table des matières

Introduction générale   5

Première partie
Historique de l'histoire globale

Chapitre 1   L'histoire comparée et l'histoire universelle   9
     Avant le XXe siècle : les origines de l'histoire comparée   9
         Un précoce usage de la comparaison en histoire dès l'Antiquité   9
         Comparaison et élargissement des horizons à la Renaissance
         et à l'époque moderne (XVIe - XVIIIe siècles)   10
         Une volonté de comparaison rigoureuse au XIXe siècle   10
     Le véritable développement
     de l'histoire comparée au XXe siècle   10
         Un essor notable au début du XXe siècle   11
         La réalisation d'importantes études d'histoire comparée
         dans la seconde moitié du XXe siècle   13
     Les difficultés de l'histoire comparée à s'imposer   15
         Un courant qui demeure marginalisé...   15
         ... à cause d'un flou méthodologique persistant
         et de difficultés pratiques   16
     Une autre origine de l'histoire globale : l'histoire universelle   16

Chapitre 2   L'émergence de l'histoire mondiale *(world history)*   19
     Un courant nourri par l'idée de paix   19
         Le climat universaliste de l'après-guerre   19
         Les Peace studies   20
         L'action pionnière de l'Unesco
         dans le domaine de l'histoire mondiale   20
     Les précurseurs français de l'histoire mondiale   21
     Le développement de la *world history* aux États-Unis   24
         L'invention de la globalité aux États-Unis
         pendant la Seconde Guerre mondiale   24
         La première génération de la world history *américaine*   26
         La 2e génération : Abu-Lughod, Gunder Frank, Wallerstein   31
         La 3e génération de la world history   39

	Recompositions conceptuelles	41
	Essor et déclin des « Area Studies »	41
	Le débat sur les origines du capitalisme	42
	Giovanni Arrighi et Éric Mielants :	
	du capitalisme diffus au capitalisme concentré	43
	Le formidable essor de la *world history*	
	aux États-Unis depuis les années 1980	45
	Une institutionnalisation rapide de la world history	
	aux États-Unis	45
	Une profusion de travaux	46
	L'objectif pédagogique de la world history	47
Chapitre 3	De la *world history* à la *global history*	49
	L'affirmation de la *global history*	49
	Bruce Mazlish, Wolf Schäfer	
	et la « New Global History Initiative »	49
	Un courant qui donne lieu à des réflexions	
	sur l'appréhension du temps et de l'espace	50
	La *Big History* et l'histoire environnementale	52
	Une aspiration interdisciplinaire	54
	L'histoire globale de l'environnement	55
	Jared Diamond et le rôle des facteurs biologiques	56
	Les échanges biologiques	58
	La « géohistoire », de Braudel à Grataloup	59
	Le spatial turn	61
	Un va-et-vient entre local et global	61
	Cultural, postcolonial et *subaltern studies*	62
	Les Cultural studies	62
	Les Postcolonial studies	63
	Les Subaltern Studies	69
	Autres travaux visant à battre en brèche	
	l'occidentalocentrisme	73
	L'afrocentrisme	73
	L'Atlantique noir de Paul Gilroy (1993)	75
	Le Vol de l'histoire de Jack Goody (2006)	76
	Jonathan Friedman et l'occidentalisme	77
Chapitre 4	L'histoire transnationale,	
	connectée, croisée, partagée...	79
	L'histoire transnationale	79
	L'émergence du terme « transnational »	79
	La notion de « transnational » appliquée à l'histoire	80
	Un récent essor de l'histoire transnationale	81
	De multiples études historiques sur des sujets transnationaux	82
	L'étude des transferts culturels	83

	L'histoire connectée	86
	Sanjay Subramanyam	86
	Romain Bertrand	88
	Serge Gruzinski	89
	L'histoire croisée, partagée (*shared, entangled history*)	91

Chapitre 5   De l'histoire économique globale à l'histoire culturelle globale en passant par l'anthropologie globale   93

L'histoire économique globale   93
L'histoire du capitalisme :
Polanyi et la construction de l'économie de marché   93
Les travaux de Philippe Norel   94
Rosenthal et Wong, Before and Beyond Divergence :
The Politics of Economic Change in China and Europe (2011)   97

L'anthropologie globale   97
Marc Abélès   98
Jean-Loup Amselle   102

Une histoire culturelle globale ?   105
Un difficile mariage entre histoire culturelle et histoire globale   105
L'étude des circulations culturelles   107
Utiliser l'interdisciplinarité et les différents outils
et apports de l'histoire globale   107
L'emploi de méthodes quantitatives,
une piste pour l'histoire culturelle globale   108
Rapprocher enjeux économiques et enjeux culturels ?   109
Quelques pistes en histoire culturelle transnationale   110

Conclusion de la première partie   111

Un courant riche en apports épistémologiques et méthodologiques   111

Une influence à relativiser   111

Un regard critique sur l'histoire globale   113
« Qui trop embrasse, mal étreint » :
le risque d'un manque de rigueur   113
Des innovations pas si nouvelles que cela…   113
Une vision téléologique de l'histoire,
célébrant la mondialisation libérale ?   114

Deuxième partie
Tendances actuelles de la recherche en histoire mondiale/globale

Un courant pas seulement américain
mais représenté aussi par les chercheurs de plusieurs pays   117

L'histoire globale, signe d'une nouvelle identité
de la profession d'historien   120

Chapitre 6	Les recherches menées en Occident	121
	Des réflexions épistémologiques	121
	Des manuels	121
	Des recherches sur les institutions internationales	122
	Une remise en question des conceptions fondatrices de l'ONU	123
	L'Unesco et son projet d'Histoire de l'Humanité	123
	L'histoire de l'OIT	123
	Les institutions économiques internationales	126
	Ludovic Tournès et les fondations philanthropiques américaines	127
	Jean-Yves Mollier et l'histoire mondiale du livre et de l'édition	130
	De multiples objets d'étude transnationaux	132
	Histoire des techniques : un décentrage du focus vers les zones non occidentales	132
	Le commerce	133
	La longue histoire de la mondialisation	134
	Les religions	136
	Le climat	138
	L'écologie	139
	Le Moyen Âge	140
	L'alimentation	142
	La faim et la famine	143
	Les maladies et les questions sanitaires	146
	Les océans	146
	Les contacts entre aires de civilisations	148
	L'énergie	149
	Les guerres et les violences	150
	Les migrations	151
	Le fait colonial	155
	L'esclavage, objet d'étude global	157
	Le Tiers Monde	159
	États-Unis et coups d'État dans le Tiers Monde	162
	Un renouveau de l'histoire comparée	166
	Vers une histoire sociale mondiale ?	175
	Une approche mondiale de certains événements historiques locaux ou régionaux	181
Chapitre 7	Décentrer le regard : les recherches en histoire mondiale/globale menées en Chine	183
	L'histoire mondiale en Chine de la période maoïste aux années 1980	184
	La difficile construction d'une histoire mondiale en Chine depuis les années 1980	186

Tendances récentes
dans les travaux d'histoire globale en Chine 190
   La Préhistoire, une période fondatrice 190
   L'Antiquité 192
   Le « Moyen Âge », une période d'intenses interactions 193
   Les débuts de l'époque moderne 195
   La route de la soie et l'« échange colombien » 195
   De la Renaissance à l'époque contemporaine 196
   La mémoire de la Seconde Guerre mondiale en Chine 199
   L'étude des diasporas 200
   Gros plan sur les passeurs
   entre les civilisations d'Orient et d'Occident 201
   Une contestation du modèle centre/périphérie 203

Conclusionde la deuxième partie 205

Conclusion 207

Bibliographie indicative 209

309452 – (I) – (1,2) – OSB 80° – STYL – BTT
Dépôt légal : mai 2014

Achevé d'imprimer par la **Nouvelle Imprimerie Laballery**
58500 Clamecy
N° d'impression : 403348

Composé par *Style Informatique*